A invenção do cotidiano

1. Artes de fazer

Dados Internacionais de Catalogação na Publicação (CIP)
(Câmara Brasileira do Livro, SP, Brasil)

Certeau, Michel de
   A invenção do cotidiano : 1. Artes de fazer / Michel de Certeau; Tradução de Ephraim Ferreira Alves. 23 ed. revista – Petrópolis, RJ : Vozes, 2025.
   "Edição estabelecida e apresentada por Luce Giard."

   Título original: L'invention du quotidien. 1. Arts de faire.

   ISBN 978-85-326-1148-2

   1. Conduta de vida 2. Cultura 3. Vida – Habilidades básicas I. Título.

94-0329   CDD-306-4

Índices para catálogo sistemático:
1. Artes de fazer: Cultura: Sociologia 306.4
2. Vida cotidiana: Cultura: Sociologia 306.4

Michel de Certeau

A invenção do cotidiano

1. Artes de fazer

Edição estabelecida e apresentada por Luce Giard

Tradução de Ephraim F. Alves

© Éditions Gallimard, 1990
Título do original em francês intitulado *L'invention du quotidien*
1. Arts de faire

Direitos de publicação em língua portuguesa no Brasil:
1994, 2025 Editora Vozes Ltda.
Rua Frei Luís, 100
25689-900 Petrópolis, RJ
www.vozes.com.br
Brasil

Todos os direitos reservados. Nenhuma parte desta obra poderá ser reproduzida ou transmitida por qualquer forma e/ou quaisquer meios (eletrônico ou mecânico, incluindo fotocópia e gravação) ou arquivada em qualquer sistema ou banco de dados sem permissão escrita da editora.

CONSELHO EDITORIAL	PRODUÇÃO EDITORIAL
Diretor	Anna Catharina Miranda
Volney J. Berkenbrock	Bianca Bribel
	Eric Parrot
Editores	Marcelo Telles
Aline dos Santos Carneiro	Mirela de Oliveira
Edrian Josué Pasini	Natália França
Marilac Loraine Oleniki	Priscilla A.F. Alves
Welder Lancieri Marchini	Rafael de Oliveira
	Samuel Rezende
Conselheiros	Verônica M. Guedes
Elói Dionísio Piva	Vitória Firmino
Francisco Morás	
Teobaldo Heidemann	
Thiago Alexandre Hayakawa	

Secretário executivo
Leonardo A.R.T. dos Santos

Diagramação: Sheilandre Desenv. Gráfico
Capa: Nathália Figueiredo
Ilustração de capa: Trabalhadores que regressam a casa, de Edvard Munch

ISBN 978-85-326-1148-2 (Brasil)
ISBN 2-07-032576-8 (França)

Este livro foi composto e impresso pela Editora Vozes Ltda.

Sumário

Apresentação de Luce Giard, 9

Mais que das intenções..., 33

Introdução geral, 35

1. A produção dos consumidores, 36

    O uso do consumo, 36 • Os modos de proceder da criatividade
    cotidiana, 38 • A formalidade das práticas, 39 • A marginalidade de
    uma maioria, 41

2. Táticas de praticantes, 42

    Trajetórias, táticas e retóricas, 42 • Ler, conversar, habitar,
    cozinhar..., 45 • Extensões: prospectivas e políticas, 47

PRIMEIRA PARTE
UMA CULTURA MUITO ORDINÁRIA

I. UM LUGAR-COMUM: A LINGUAGEM ORDINÁRIA, 55

"Cada um" e "Ninguém", 55 • Freud e o homem ordinário, 56 •
O perito e o filósofo, 60 • O modelo Wittgenstein da linguagem
ordinária, 63 • Uma historicidade contemporânea, 66

II. CULTURAS POPULARES, 69

Uma "arte" brasileira, 69 • A enunciação proverbial, 73 •
Lógicas: jogos, contos e artes de dizer, 76 • Uma prática de
dissimulação: a "sucata", 79

III. FAZER COM: USOS E TÁTICAS, 84

O uso ou o consumo, 86 • Estratégias e táticas, 89 •
Retóricas das práticas, astúcias milenares, 95

SEGUNDA PARTE
TEORIAS DA ARTE DE FAZER

IV. FOUCAULT E BOURDIEU, 103

1. Tecnologias disseminadas: Foucault, 103

2. A "douta ignorância": Bourdieu, 108

Duas metades, 109 • As estratégias, 111 • A "teoria", 116

V. ARTES DA TEORIA, 121

Destacar e pôr do avesso: uma receita da teoria, 122 •
A etnologização das "artes", 125 • Os relatos do não sabido, 129 •
Uma arte de pensar: Kant, 134

VI. O TEMPO DAS HISTÓRIAS, 138

Uma arte de dizer, 138 • Contar os lances: Detienne, 141 •
A arte da memória e a ocasião, 143 • Histórias, 151

TERCEIRA PARTE
PRÁTICAS DE ESPAÇO

VII. CAMINHADAS PELA CIDADE, 155

Voyeurs ou caminhantes, 155

1. Do conceito de cidade às práticas urbanas, 157

Um conceito operatório?, 158 • O retorno das práticas, 159

2. A fala dos passos perdidos, 161

Enunciações pedestres, 162 • Retóricas ambulatórias, 164

3. Míticas: aquilo que "faz andar", 167

Nomes e símbolos, 168 • Críveis e memoráveis: a
habitabilidade, 170 • Infâncias e metáforas de lugares, 174

VIII. NAVAL E CARCERÁRIO, 176

IX. RELATOS DE ESPAÇO, 180

"Espaços" e "lugares", 182 • Percursos e mapas, 184 •
Demarcações, 188 • Delinquências?, 195

QUARTA PARTE
USOS DA LÍNGUA

X. A ECONOMIA ESCRITURÍSTICA, 199

Escrever: prática mítica "moderna", 201 • Inscrições da lei no
corpo, 207 • De um corpo ao outro, 210 • Aparelhos de
encarnação, 212 • A maquinaria da representação, 216 •
As "máquinas celibatárias", 219

XI. CITAÇÕES DE VOZES, 223

A enunciação deslocada, 226 • A ciência da fábula, 229 •
Ruídos de corpos, 231

XII. LER: UMA OPERAÇÃO DE CAÇA, 234

A ideologia da "informação" pelo livro, 235 • Uma atividade
desconhecida: a leitura, 237 • O sentido "literal", produto de uma
elite social, 240 • Um "exercício de ubiquidade", esta "impertinente
ausência", 242 • Espaços de jogos e astúcias, 244

QUINTA PARTE
MANEIRAS DE CRER

XIII. CREDIBILIDADES POLÍTICAS, 249

Queda de cotação das crenças, 250 • Uma arqueologia. O tráfico
do crer, 252 • Do poder "espiritual" à oposição de esquerda, 255 •
A instituição do real, 257 • A sociedade recitada, 260

XIV. O INOMINÁVEL: MORRER, 262

Uma prática impensável, 263 • Dizer é crer, 264 • Escrever, 266
O poder terapêutico e seu duplo, 268 • O perecível, 270

INDETERMINADAS, 273

Lugares estratificados, 276 • O tempo acidentado, 278

Notas, 281

HISTÓRIA DE UMA PESQUISA[*]

> "Somente o fim de uma época permite enunciar o que a fez viver, como se ela tivesse que morrer para tornar-se um livro" (p. 300).

Em fevereiro de 1980 sai a primeira edição francesa de *A invenção do cotidiano*[1]. Trata-se de uma obra inédita, apresentando os resultados de uma pesquisa de longo fôlego (do final de 1974 a 1978), da qual só haviam circulado até então alguns pedaços fragmentários[2].

Michel de Certeau é um destes espíritos anticonformistas e perspicazes. No cenário intelectual, é personagem especial, inconformado com os cânones de uma disciplina rígida, e cuja irradiação intelectual segue caminhos estranhos à lógica das instituições, quer estas se achem ligadas à universidade, à Igreja ou ao Estado. Historiador conhecido, respeitado por sua produção científica sobre a mística e as correntes religiosas nos séculos XVI e XVII, é também temido por sua crítica exigente e lúcida da epistemologia que governa em silêncio a profissão de historiador. É censurado por relativizar a noção de verdade, por suspeitar da objetividade das instituições do saber, por sublinhar o peso das dependências e das conivências hierárquicas e, enfim, por colocar em dúvida modelos recebidos que fazem a fama da escola francesa de história. Logo o censurarão por dar a primazia à escrita em detrimento da apreensão do "real" de que o historiador quer dar uma descrição "verdadeira". Não se interessa demais pela leitura semiótica ou psicanalítica das situações e dos textos, coisa estranha ao bom método histórico e que danifica o ideal (sagrado) de fixação a partir do arquivo, de acumulação de uma (impossível) documentação exaustiva? Censuras repetidas, censuras injustas e que se irritam por

---

[*] As referências que dizem respeito a esta obra estão integradas no corpo do texto. As notas numeradas foram postas no final do volume.

serem tais, pois em nenhum dos pontos em litígio consegue-se vê-lo falhar na sua prática profissional. Assim Emmanuel Le Roy Ladurie deixa transparecer seu embaraço e irritação corporativa diante da releitura brilhante (demais?) do caso de Loudun sob Richelieu: "para Michel de Certeau, teólogo e historiador, o diabo se acha em toda a parte, salvo no lugar exato onde os caçadores de bruxas julgaram tê-lo detectado". Certeau "sabe fazer o jogo de todas as palavras e assumir consecutivamente todas as linguagens. Ele é sucessivamente historiador da medicina e da sociedade, teólogo, psicanalista, quantificador, discípulo de Freud ou Foucault"; "nunca baixa a guarda. Mantém-se indecifrável. Apresentando esta astuciosa *Possession de Loudun*, Michel de Certeau escreveu, portanto, o livro mais diabólico do ano"[3].

Pelo leque de seus interesses de estudo, pelo entrecruzamento dos métodos que pratica sem prestar vassalagem a nenhum deles, e pela diversidade de suas competências, Certeau intriga e desconcerta. No tabuleiro de uma profissão de gostos geralmente sedentários ele não para de se movimentar e nunca se identifica com um lugar determinado. Jesuíta, ele se recusa a ganhar dividendos com esta situação de pertença a uma grande Ordem, mas nunca rompe os vínculos com a Companhia. Historiador que se mostrou magistral na erudição mais clássica, como o mostra a sua edição monumental da *Correspondência* de Surin, um jesuíta místico do século XVII, alvo de suspeita por sua "loucura", não se contenta com este estatuto de excelência em um compartimento delimitado do passado. Preocupa-se com psicanálise, pertence à Escola Freudiana de Jacques Lacan, desde a fundação em 1964 e, até a sua dissolução em 1980, mantém amizade intelectual com diversos grandes barões lacanianos[4]. Mas ainda encontra tempo para estudar linguística, frequenta assiduamente os seminários de semiótica no grupo de A.J. Greimas, em Paris, e os encontros anuais de Urbino, na Itália, discretamente orquestrados por Pino Paioni.

Se em 1974 um órgão público lhe encomenda uma pesquisa sobre os problemas de cultura e sociedade (voltarei a falar das circunstâncias dessa tarefa), isto se deve a uma outra faceta de sua atividade. Com efeito, em 1968 sua notoriedade já ultrapassara as fronteiras dos meios dos historiadores onde seus trabalhos o consagravam, fora das redes cristãs onde se inseria por sua condição de jesuíta, mas a que se recusava a limitar a sua circulação intelectual e social. Doravante recebe convites de inúmeros círculos intelectuais de esquerda, dos decisores políticos que o consultam ou mandam consultar, de grupos de reflexão nos mais altos escalões administrativos. Vê-se assim associado, de modo informal, ao *brain-trust* que, em torno de Edgar Faure, procura reformar a universidade durante o verão de 1968 e cria novas fundações para organizar a volta às aulas. Logo vai receber propostas para ensinar história e antropologia nesses locais: primeiro em Paris-VIII--Vincennes (1968-1971) e depois em Paris-VII-Jussieu (1971-1978).

Este novo papel social nasceu de sua surpreendente capacidade de analisar, ao vivo, entre maio e setembro de 1968, o turbilhão dos "acontecimentos", como se dizia então. Numa série de artigos brilhantes, e ainda atuais, publicados em *Etudes*, revista mensal dos jesuítas, apresentou desse tempo de incerteza uma leitura inteligente e generosa, acolhedora da mudança, livre do medo que paralisava muitos dos seus contemporâneos[5]. Procurou não propor soluções, nem apresentar um diagnóstico definitivo que encerrasse o futuro, mas sobretudo compreender o que estava acontecendo. Toma por objeto não a escuma dos dias, o desconcerto e a confusão do discurso político, as lamentações de uns, as censuras dos outros, mas o sentido oculto daquilo que, mais profundo, e ainda misterioso, se manifesta essencial em uma grande confusão de palavras. Esta ebulição, esta desordem de palavras e barricadas, esta revolta e tantas greves, o que dizem a respeito de uma sociedade, do que ela esconde e espera? Na brecha entre o dizer e o fazer, que ele acredita perceber[6], Certeau não vê ameaças, mas uma possibilidade de futuro. Decifra ali o começo de uma grandiosa aventura social e reconhece, em face da geração dos pais (a sua) que não soube ou não conseguiu assumir a sua paternidade, as legítimas impaciências de uma geração de filhos que nem a mediocridade das pequenas venturas nem a gestão da ordem social poderiam satisfazer.

Maio de 1968 deixa Michel de Certeau intrigado, "tocado", "alterado", segundo seus próprios termos. Receberá uma marca definitiva. Segundo outra de suas fórmulas, forjada para descrever a situação contemporânea do cristianismo, deu-se então nele "uma ruptura instauradora"[7], não que ele queira abandonar, esquecer ou renegar a sua existência anterior, mas porque doravante o seu saber e sua inteligência, sua energia social serão mobilizados de outra forma, pondo-se a serviço de um esforço de elucidação agora prioritário. Doravante ele precisa, como diz, "voltar a esta 'coisa' que aconteceu e compreender aquilo que o imprevisível nos ensinou a respeito de nós mesmos, ou seja, aquilo que, então, nos tornamos"[8]. Ninguém poderia furtar-se a essa tarefa: "elucidá-la era, para mim, uma necessidade. Não primeiro para os outros. Antes de mais nada, por uma necessidade de veracidade"[9]. E a essa busca radical, ele não sabe como lhe dar realidade, hesita, tateia, busca um campo de ação, instrumentos de análise, um modo adequado para intervir. Reflete sobre os problemas da escola, das universidades, das minorias linguísticas, sobre aquilo que constitui a cultura numa sociedade. Seu pensamento procura achar seu próprio caminho e seu objeto, e já identificou a sua verdadeira questão: "a questão indiscreta": Como *se* criar?, que toma o lugar daquela que fora a "imperiosa urgência: 'criar o quê e como'?"[10] Nesta pergunta eu reconheço a primeira forma de inversão de perspectiva que fundamenta *A invenção do cotidiano*, deslocando a atenção do consumo supostamente passivo dos produtos recebidos para a criação anônima, nascida da prática do desvio no uso desses produtos.

Em vista de suas originais tomadas de posição em diversos estudos publicados a partir de 1968, Certeau recebe a proposta de ser o relator do Colóquio Internacional de Arc-et-Senans (abril de 1972), onde se deve preparar o encontro de Helsinque entre Ministros da Comunidade (setembro do mesmo ano), para definir uma política europeia da cultura. Esse trabalho será uma etapa decisiva na cristalização de sua reflexão sobre as práticas culturais. Em 1974, ele reúne sob um título revelador, *A cultura no plural*[11], os relatórios redigidos para Arc-et-Senans e alguns trabalhos com objeto semelhante. O simples título escolhido já manifesta a recusa da uniformidade que um poder administrativo gostaria de impor em nome de um saber superior e do interesse comum. Através dos textos reunidos, pode-se acompanhar, nas entrelinhas, o programa de pesquisa que vai ter o seu desdobramento em *A invenção do cotidiano*. Já se acha claramente esboçada a sua "empreitada teórica": é preciso interessar-se não pelos produtos culturais oferecidos no mercado dos bens, mas pelas operações dos seus usuários; é mister ocupar-se com "as maneiras diferentes de *marcar* socialmente o desvio operado num dado por uma prática"[12]. O que importa já não é, nem pode ser mais a "cultura erudita", tesouro abandonado à vaidade dos seus proprietários. Nem tampouco a chamada "cultura popular", nome outorgado de fora por funcionários que inventariam e embalsamam aquilo que um poder já eliminou, pois para eles e para o poder "a beleza do morto" é tanto mais emocionante e celebrada quanto melhor encerrada no túmulo[13]. Sendo assim, é necessário voltar-se para a "proliferação disseminada" de criações anônimas e "perecíveis" que irrompem com vivacidade e não se capitalizam[14]. Um domínio de pesquisa é circunscrito se os meios teóricos de trabalhar nele se acham ainda mal definidos. Esse domínio dirá respeito às "operações culturais (que) são movimentos" e cujas "trajetórias não são indeterminadas, mas insuspeitáveis", constituindo aquilo cuja formalidade e modalidades se deve estudar para dar-lhes o estatuto de inteligibilidade[15]. Em *A cultura no plural*, não podendo dizer mais, ele retornará aos trabalhos ulteriores de esclarecer os caminhos sinuosos que se percebem nas astúcias táticas das práticas ordinárias.

A ocasião para tanto se apresentará graças à amizade e admiração de Augustin Girard. Responsável pelo Serviço de Estudos e Pesquisas, na Secretaria de Estado da Cultura (esse era o departamento governamental em vigor), Girard leu e escutou Certeau. Começa por assegurar durante um ano a sua colaboração graças a uma direção de estudos *ad hoc* em seu serviço. Essa experiência o confirma em sua convicção: Certeau é o homem indicado, ele é capaz de definir esta problemática de pesquisa e de ação sobre a cultura da qual os decisores políticos e suas administrações necessitam para orientar suas escolhas e fixar prioridades orçamentárias. Com habilidade e um certeiro senso da oportunidade, Girard apresenta uma proposta junto à DGRST[16], onde atua no Comitê de Direção (presidido por Paul Delouvrier), encarregado da tarefa determinada "Desenvolvimento cultural". Corre o mês de junho de 1974, já está à vista a preparação do VII Plano, o Comitê está embaraçado, sem ideias bem claras a propor ao delegado-geral (Hubert Curien, antigo diretor-geral do

CNRS (Centre National de Recherches Scientifiques), e futuro ministro da Pesquisa sob o governo de esquerda). Mas ainda há créditos de pesquisa disponíveis e é preciso alocá-los, logo, antes que, como de praxe, os serviços do orçamento congelem os excedentes não gastos. Girard sugere um projeto de reflexão de envergadura, esboça-o, propõe que se chame Michel de Certeau, argumenta, persuade, atinge o seu *desideratum*. Logo se pede a Certeau "uma síntese feita simultaneamente a partir da prospectiva, de casos concretos e do meio da pesquisa" (termos do Comitê).

A encomenda ganha a forma oficial de um contrato de pesquisa, intitulado "Conjuntura, síntese e prospectiva", inicialmente previsto para dois anos, depois prolongado por mais um ano. O contrato dura materialmente do final de 1974 ao final de 1977, a redação final dos trabalhos será apresentada em 1979, pois, no intervalo, Certeau lecionará como professor-convidado na Universidade de Genebra (1977-1978), e depois como professor-titular na Universidade San Diego (Califórnia), a partir de setembro de 1978. Dá-se a Certeau ampla liberdade para definir o conteúdo e os métodos do contrato, ele sozinho garante a sua direção científica e se cerca de colaboradores escolhidos. São-lhe impostos um plano de trabalho sobre a prospectiva (os tecnocratas acreditam então nesse gênero de discurso) e um pesquisador encarregado de trabalhar no projeto, mas este último logo deixará o trabalho em curso, de sorte que Certeau terá que resolver, para honrar a letra do contrato assinado, constituir um grupo de prospectiva cultural, considerada "sob a sua formalidade científica e como literatura utópica" (segundo um documento de trabalho enviado à DGRST)[17]. A leitura crítica dos "cenários para o futuro" e dos grandiosos projetos de uma "sistêmica" supostamente capaz de colocar ordem na descrição do presente e possibilitar a previsão do futuro se mostrará decepcionante, pobre em conceitos, rica em redundâncias e retóricas cifradas, de tal sorte que o estudo anunciado não será redigido. No intervalo, felizmente, o vento mudará de direção e a DGRST cessará de acreditar na importância desse amável palavrório.

O contrato assinado prevê que Certeau poderá beneficiar-se da documentação e da experiência acumuladas pelo Serviço de Girard.

Este acabara de publicar uma ampla enquete sobre as práticas culturais[18], fornecendo um instantâneo preciso e quantificado dos modos de consumo cultural e de ocupação do tempo livre, repartidos segundo a idade, o sexo, a categoria social, a área de residência etc. Quanto a Certeau, pretende afastar seu projeto desse tipo de sondagem estatística, cujos limites percebe, limites devidos à própria natureza dos processos aplicados. Não que ele despreze as estatísticas, mas uma *demarche* como esta deixa escapar o que mais lhe interessa: as operações e os usos individuais, suas ligações e as trajetórias variáveis dos praticantes. A introdução das *Artes de fazer* resumirá claramente a sua crítica. A estatística "apreende o material destas práticas e não a sua *forma*; ela põe à mostra os elementos utilizados e não o 'fraseado' devido à bricolagem, à inventividade 'artesanal', à discursividade que combinam esses elementos, todos 'recebidos' e de cor indistinta". Por isso, "a sondagem estatística só 'acha' o que é homogêneo. Ela reproduz o sistema a que pertence".

A crítica de Certeau tem como fonte a sua reflexão sobre a epistemologia da história. Em sua geração, foi ele um dos raros historiadores ao mesmo tempo apaixonado pelos novos métodos, disposto a correr o seu risco e lúcido sobre suas determinações e seus limites. Por isso, não sucumbe aos cantos de sereia do quantitativo ou às seduções modernistas da informatização; talvez tenha sido o seu amor ao texto (e sua consciência da diversidade dos métodos de leitura) que o protegeu das ilusões contemporâneas. De modo semelhante, foi capaz de não ceder ao *parti pris* contrário, que difamava sistematicamente o recurso ao número, ao computador, à formalização. Em última instância, sua lucidez provinha, creio eu, de sua formação filosófica e do interesse pela epistemologia. Daí sua insistência no fato de que os dados numéricos só têm validade e pertinência conforme as condições de sua coleta. Tratados manualmente ou submetidos a um tratamento sofisticado pela máquina, os dados continuam sendo o que são no momento de sua produção como tais; sua qualidade e sua significação informativa são proporcionais às dos procedimentos para obtê-los e construir as categorias que organizaram essa produção. E umas valem o que valem as outras[19]. Historiador, Certeau estava armado para resistir às ilusões da cientificidade através do número, dos quadros e porcentagens. Analista da cultura, não tinha razão alguma para aceitar aqui o que lá rejeitara.

Tendo definido o seu quadro de pesquisa em relação ao contrato estabelecido com a DGRST, Certeau se ocupa em precisar o seu objetivo e as principais orientações. Um documento de trabalho, enviado ao comanditário em fevereiro de 1975, enfatiza a "cultura comum e cotidiana enquanto apropriação (ou reapropriação)", o consumo ou recepção considerada como "uma maneira de praticar", enfim a necessidade de "elaborar modelos de análise que correspondam a essas trajetórias (ou séries de operações articuladas umas às outras no tempo)". Ficam, portanto, definidos um campo de objetos, uma linha de pesquisa, uma tarefa teórica. Trata-se, diz o texto, "de esboçar uma *teoria das práticas cotidianas* para extrair do seu ruído as maneiras de fazer" que, majoritárias na vida social, não aparecem muitas vezes senão a título de "resistências" ou de inércias em relação ao desenvolvimento da produção "sociocultural". O essencial do que será feito em *A invenção do cotidiano* está claramente enunciado e a introdução geral das *Artes de fazer* não dirá outra coisa senão que "as astúcias de consumidores compõem, no limite, a rede de uma antidisciplina que é o tema deste livro".

Somente um termo novo, "antidisciplina", aparece a mais em 1980, como eco, certamente, do trabalho de Michel Foucault cujo livro-chefe (aos olhos de Certeau), *Vigiar e punir*, veio a lume em 1975 e teve logo uma grande repercussão[20]. No entanto, não está absolutamente exato dizer que "existe uma filiação evidente e aliás reivindicada" entre as duas obras[21], filiação na qual Certeau teria construído as *Artes de fazer* em resposta e oposição à análise de Foucault, pois os grandes temas de Certeau estão nitidamente articulados nos seus textos anteriores à leitura de *Vigiar e punir*. Assim ele usa já o vocabulário das "estratégias" e das "táticas" em um artigo publicado em abril de 1974, e esse vocabulário estrutura os documentos internos de trabalho, redigidos para a DGRST na fase de definição do contrato em junho de 1974 ou dirigidos na mesma data àqueles que Certeau esperava reunir no "primeiro círculo" de interlocutores (voltarei a este ponto mais adiante)[22]. Mas é verdade que a referência a Foucault está em bom lugar na obra de 1980. Quantitativamente,

Bourdieu se acha tão presente aí quanto ele, senão um pouco mais[23]. Os dois autores recebem de fato um tratamento comparável, dividem o mesmo papel de fornecedores de propostas teóricas fortes, lidas de perto, com admiração e respeito, cuidadosamente discutidas e, enfim, postas de lado.

Se Foucault e Bourdieu servem ao mesmo tempo de figuras teóricas de oposição, é por motivos semelhantes, e a discussão de suas teses não basta para explicá-lo. Aqui entra em jogo uma diferença que precede a teoria, uma distância que se poderia qualificar de *antiafinidade eletiva* e que não impede o interesse ou o fascínio pelas teses contrárias. Por estas palavras quero referir-me a uma coisa que caracterizaria a inspiração de conjunto de um pensamento, seu "estilo", sua tonalidade própria, em suma, seus pressupostos que não dependem da consciência crítica do autor e jamais são explicitados, mas onde se enraíza aquilo que especifica um modo de estar no mundo e de tornar o mundo inteligível a si mesmo. Isto se refere à organização das forças internas que governam a economia de um pensamento, determinando suas preferências e desconfianças[24]. Em Michel de Certeau são sempre perceptíveis um elã otimista, uma generosidade da inteligência e uma confiança depositada no outro, de sorte que nenhuma situação lhe parece *a priori* fixa ou desesperadora. Dir-se-ia que, sob a realidade maciça dos poderes e das instituições e sem alimentar ilusões quanto a seu funcionamento, Certeau sempre discerne um movimento browniano de microrresistências, as quais fundam por sua vez microliberdades, mobilizam recursos insuspeitos, e assim deslocam as fronteiras verdadeiras da dominação dos poderes sobre a multidão anônima. Certeau fala muitas vezes desta inversão e subversão pelos mais fracos, por exemplo a propósito dos indígenas da América do Sul, submetidos à cristianização forçada pelo colonizador hispânico. Parecendo por fora submeter-se totalmente e conformar-se com as expectativas do conquistador, de fato "metaforizavam a ordem dominante", fazendo funcionar as suas leis e suas representações "num outro registro", no quadro de sua própria tradição.

Essa diferença em face da teoria se deve a uma convicção ética e política, alimenta-se de uma sensibilidade estética que se exprime em

Certeau através da constante capacidade de se maravilhar. "O dia a dia se acha semeado de maravilhas, escuma tão brilhante [...] como a dos escritores ou dos artistas. Sem nome próprio, todas as espécies de linguagens dão lugar a essas festas efêmeras que surgem, desaparecem e tornam a surgir"[25]. Se Michel de Certeau vê por toda a parte essas maravilhas, é porque se acha preparado para vê-las, como Surin no século XVII estava apto a encontrar "o cocheiro analfabeto" que lhe falaria de Deus com mais vigor e sabedoria que todas as autoridades da Escritura ou da Igreja[26]. Sua não credulidade diante da ordem dogmática que as autoridades e instituições querem sempre organizar, sua atenção à liberdade interior dos não conformistas, mesmo reduzidos ao silêncio, que modificam ou desviam a verdade imposta, seu respeito por toda resistência, ainda que mínima, e por toda forma de mobilidade aberta por essa resistência, tudo isso dá a Certeau a possibilidade de crer firmemente na *liberdade gazeteira das práticas*. Assim, é natural que perceba microdiferenças onde tantos outros só veem obediência e uniformização. É natural que ele concentre a atenção nos minúsculos espaços de jogo que táticas silenciosas e sutis "insinuam", como lhe apraz dizer, brincando com os dois sentidos do verbo, na ordem imposta. E pouco importa que esta ordem hoje diga respeito a produtos de consumo oferecidos por uma distribuição de massa que pretende conformar a multidão a modelos de consumo impostos, ao que ontem se trataria da ordem das verdades dogmáticas que se devem crer e dos ritos obrigatórios de celebração. Os mecanismos de resistência são os mesmos, de uma época para outra, de uma ordem para outra, pois continua vigorando a mesma distribuição desigual de forças e os mesmos processos de desvio servem ao fraco como último recurso, como outras tantas escapatórias e astúcias, vindas de "imemoriais inteligências", enraizadas no passado da espécie, nas "distâncias remotas do vivente", na história das plantas ou dos animais – tema aristotélico inesperado num homem que preferia ao lógico naturalista da Grécia Antiga a escrita poética da filosofia platônica.

Certeau resume sua posição em uma tirada que se deve levar a sério:

"Sempre é bom recordar que não se devem tomar os outros por idiotas." Nesta confiança posta na inteligência e na inventividade do mais fraco, na atenção extrema à sua mobilidade tática, no respeito dado ao fraco, sem eira nem beira, móvel por ser assim desarmado em face das estratégias do forte, dono do teatro de operações, se esboça uma concepção política do agir e das relações não igualitárias entre um poder qualquer e seus súditos. Aqui me parece que ele reconhece o vestígio de uma concepção ignaciana do agir. Assim designo não o conteúdo de um projeto político definido por sua relação a uma época, um lugar, uma situação, mas as próprias molas do agir assim como Inácio de Loyola as aplica em seus enunciados principais (por exemplo as regras dos *Exercícios espirituais* ou as normas das *Constituições*). Esta concepção do agir é, em Michel de Certeau, inseparável da referência a uma "arte", um "estilo", duas noções igualmente familiares à cultura jesuítica da Renascença. Certeau se utiliza desses dois conceitos, em *Artes de fazer*, para compreender as práticas culturais, assim como lhe servem aliás para interpretar os textos místicos. Na cultura ordinária, diz ele, "a ordem é *exercida* por uma arte", ou seja, ao mesmo tempo exercida e burlada. Nas determinações da instituição "se insinuam assim um estilo de trocas sociais, um estilo de invenções técnicas e um estilo de resistência moral". Ou seja, "uma economia do *dom*", "uma estética de *lances*" e uma "ética da *tenacidade*", três qualificativos que levam ao termo a valorização da cultura ordinária e atribuem com todo o direito às práticas o estatuto de objeto teórico. Resta então encontrar o meio para "distinguir maneiras de fazer", de pensar "estilos de ação", ou seja, fazer a teoria das práticas.

Para realizar tão difícil tarefa, convoca-se uma multiplicidade de saberes e de métodos, aplicada segundo procedimentos variados, escolhidos segundo a diferença das práticas consideradas. Mas Certeau se precavém dissipando qualquer equívoco sobre suas intenções, ele não quer nem oferecer "uma história das teorias sobre as práticas" nem "a constituição de uma semiótica" que tentasse satisfazer o sonho do século XVIII de ter enfim uma descrição completa e sistemática das artes. Mas se limita a propor "algumas maneiras de pensar as práticas cotidianas dos consumidores, supondo no ponto de partida que elas são do tipo tático". Com esse intuito, a análise se ordena em três níveis: as modalidades da ação, as formalidades das práticas, os tipos de operação especificados pelas maneiras de fazer. Cada proposição teórica é logo submetida ao teste de uma prática concreta, aqui o modo de caminhar na cidade, ali a descrição de uma moradia, alhures a leitura silenciosa. Não se trata de elaborar um modelo geral para derramar neste molde o conjunto das práticas, mas, pelo contrário, de "especificar esquemas operacionais" e procurar se existem entre eles categorias comuns e se, com tais categorias, seria possível explicar o conjunto das práticas. Voluntariamente, em sua adequação a seu objeto concreto, a análise aqui se dedica a um incessante vaivém do teórico para o concreto, e depois do particular e do circunstancial ao geral. Certeau o diz claramente a propósito da leitura para a qual traça um paradigma central, esta análise das práticas "vai e vem, cada vez novamente captada [...], brincalhona, protestatária, fujona", à imagem da realidade móvel que procura captar.

Para cumprir esse programa de pesquisa, ambicioso e complexo, Certeau tentou organizar três círculos de interlocutores, círculos distintos com funções separadas, mas com pontos de contato, certos membros circulando de um para o outro. O "primeiro círculo" em ordem cronológica aparece em junho de 1974. Certeau reúne aí jovens pesquisadores, cursando ou terminando a faculdade, com poucas exceções, pessoas que ainda não têm um estatuto institucional ou que empreendem um trabalho de pesquisa à margem de uma atividade alimentar. A sua média de idade beira os trinta anos, quanto aos mais experientes, e na maioria dos casos não passa dos vinte e cinco. A proposta inicial se dirige a Marie-Pierre Dupuy, Marie Ferrier, Dominique Julia (que se recusou, absorvida por seus trabalhos históricos), Patrick Mignon, Olivier Mongin, Isabelle Orgogozo e eu. Em julho entram no "primeiro círculo" Thomas Gunther (estudante americano), Pierre Mayol e Pierre Michelin. O círculo não se estenderá mais, talvez por causa de sua duração efêmera. Numa carta circular, Certeau propõe a cada interlocutor que escolha "uma prática observadora e engajada" num bairro parisiense a determinar em conjunto, mas especifica que não se trata nem de se ligar a uma "comunidade" (nascida nos anos de 1960, o sonho comunitário ainda é muito atraente) nem constituir um grupo fechado. Pelo contrário, escreve, "nosso grupo se acha aberto a outros que poderiam interessar-se", "formamos um lugar transitório que se percorre e de onde se sai tão amigavelmente como se entrou"[27]. O que ele deseja é um trabalho em cooperação, um confronto de experiências e de engajamentos com a geração mais moça, mas não quer que a aventura culmine na constituição de um "refúgio" nem na formação de uma seita, ainda que de pensamento. Protege-se desses perigos, e ao grupo, conhecido sob o título vago e insólito de "grupo experimental", recusando instalar-se como líder carismático como "maître à penser" cercado de discípulos[28]. Ainda que a vida do "primeiro círculo" tenha sido efêmera, o eco dessa proposta se encontra, enunciado quase nos mesmos termos, na abertura de *A invenção do cotidiano*, cujos dois tomos escritos em colaboração permitiram que "a pesquisa se pluralizasse" e que "vários passantes se cruzassem", sem erigir um lugar próprio nem acumular um tesouro cuja propriedade guardariam. Pelo contrário, "esse entrelaçamento de percursos, muito ao invés de constituir um fechamento, prepara, assim espero, nossos caminhos para se perderem na multidão".

O "primeiro círculo" funciona de junho de 1974 à primavera de 1975, e suas atividades vão decrescendo silenciosamente. Desfaz-se tranquilamente. Os participantes, cada um preso por seu lado em redes, trabalhos e militâncias, não souberam ou não puderam inventar para si um lugar comum de investimento e de investigação, suas práticas e seus interesses eram provavelmente muito divergentes para chegarem a um acordo sobre um projeto. Talvez só tivessem em comum a impaciência de sua geração e sua ligação pessoal a Michel de Certeau, coisa que era muito pouco para que pudesse emergir um grupo sólido na medida em que seu promotor se recusava a ser a sua razão e seu cimento. Talvez a procura de Certeau fosse ambivalente e deixasse o círculo se desfazer à medida que tomou consciência dessa ambivalência (quero falar da ambivalência de seu papel no grupo que suscita, mas do qual não quer ser o polo de atração nem a razão de ser). Em todo o caso, após alguns meses, fica evidente que a inserção do grupo em um bairro fora um sonho e continuaria sendo. Outro fator dessa dissolução silenciosa foi a importância logo assumida pelo "segundo círculo" e a vitalidade que irradiava. Do "primeiro círculo" subsistirão entre os membros laços de intensidade variável, uma cumplicidade duradoura e a insistência posta na necessidade de referir-se a casos concretos para fazer "sua descrição ou historiografia", fórmula diversas vezes usada por Certeau nos documentos internos do "primeiro círculo". O "primeiro círculo" não foi inútil, pois reuniu pessoas que, com raras exceções, como o duo inseparável Mignon e Mongin (cuja duração parecia consolidar-se com o parentesco dos sobrenomes), não se conheciam anteriormente. Além disso, os colaboradores efetivos da pesquisa foram enfim escolhidos por Certeau entre os membros do "primeiro círculo", o que alguns dos outros membros sentiram como forma de desaprovação e me explicaram alguns anos depois.

O "segundo círculo" de interlocução foi o Seminário de 3º Ciclo, assegurado por Michel de Certeau em Antropologia na Universidade de Paris-VII-Jussieu, de 1974 a 1978, até sua ida definitiva para a Califórnia. Foi este na verdade o ponto onde se ancorou a empreitada, um lugar extraordinário onde a gente aprendia, confrontava dados e perguntas, ia buscar esquemas teóricos, instruía-se no leque das ciências sociais, segundo a tradição francesa, mas também na produção estrangeira recente, da Europa e da América. Ali qualquer proposição era submetida à crítica comum e ao mesmo tempo levada a sério, pois toda posição teórica era *a priori* considerada defensável, contanto que esteada em argumentos e posta em relação com uma prova concreta. Certeau gostava de citar a refutabilidade das teorias, sugerida por Karl Popper como critério de cientificidade e inspirando-se, sem no entanto ser um popperiano, quanto ao resto (no passado frequentara muito Hegel, e recentemente se interessava muito em Wittgenstein, para se deixar iludir pelas pretensões de Popper). O Seminário discutia com equanimidade todas as etapas de uma pesquisa, desde as primeiras hipóteses teóricas mal-afinadas, com as quais se partia à procura de um "terreno", até as interpretações últimas que formalizavam os resultados obtidos. Isto ocorria num clima de liberdade intelectual e de igualdade de todos os participantes, aprendizes inseguros ou pesquisadores tarimbados, todos igualmente ouvidos e discutidos. Ali não reinava nenhuma ortodoxia, não se impunha nenhum dogma, pois a única regra (implícita, mas vigorosa) era um desejo de elucidação e um interesse de conhecer a vida concreta. Momento miraculoso, ali pairava um ar de inteligência, uma forma de alegria no trabalho que jamais eu encontrara na instituição do saber. Havia ali um vau onde o barqueiro encorajava, orientava, e depois se apagava, cada um recebido com a mesma intensidade de escuta, o mesmo calor, a mesma atenção incisiva, cada um tratado como interlocutor único, insubstituível, com delicadeza extrema, cheia de respeito[29].

Nesse lugar de população heterogênea, móvel, que atraía os estranhos, reinava curiosa mistura de proximidade e distância em face do responsável, de disponibilidade a cada um e de reserva que evitava ao mesmo tempo a familiaridade, o mimetismo ou a instalação na dependência. Por ali a gente passava, depois continuava o caminho, por vezes se voltava lá depois de longa ausência, como um psicanalista que procura outro psicanalista para "controle" num momento difícil. Desta "maneira de fazer", que tanto talento propiciou aos estudantes (como atestam inúmeras memórias de DEA e teses do 3º Ciclo, fruto do Seminário), Michel de Certeau levou consigo o segredo para a Califórnia[30]. Mas há como que um reflexo deste segredo em *A invenção do cotidiano*, dando a esta obra seu particular sabor. No fundo, o "segundo círculo" constituiu o lugar de experimentação e a câmara de ressonância em que as proposições teóricas das *Artes de fazer* foram elaboradas e testadas em vários contextos, no cruzamento de múltiplas sondagens *in loco*, feitas em Paris e fora da cidade. O Seminário não produziu essas proposições teóricas das quais, como já indiquei, o essencial se encontra nos trabalhos de Certeau entre 1968 e 1974, mas forneceu um lugar favorável para serem afinadas e levadas ao ponto final.

O "terceiro círculo" foi um grupinho restrito e estável, composto de colaboradores diretos do contrato com a DGRST. Primeiro, Pierre Mayol e eu, a seguir, na última fase do trabalho, Marie Ferrier. Logo em seguida, Pierre Mayol tomou como tema a prática da cidade, na relação entre o bairro e o espaço privado da moradia. Foi uma colaboração preciosa, pois aportava ao grupo parisiense a diferença de uma inserção na província, num bairro popular, e o material de um estudo longitudinal, levando em conta três gerações de uma família que ficara sempre ligada ao mesmo bairro. Minha colaboração teve inicialmente como objeto um pedido de Michel de Certeau, que esperava encontrar na lógica da ação (da qual ouvira vagamente falar em círculos de semioticistas e linguistas chomskianos) um modelo teórico aplicável às práticas. Logo cheguei a um diagnóstico negativo, que foi difícil fazer com que ele aceitasse em nome da "limpeza" lógica. Ampliei então o meu campo de pesquisa até as lógicas do tempo, das modalidades e normas, na esperança de ali encontrar um núcleo rigoroso e preciso para analisar, se não as práticas, ao menos enunciados referentes a elas. Num segundo momento dessa reflexão, comecei a estudar a articulação entre língua formal e língua natural, apoiando-me em particular nas teses em confronto de Wittgenstein (ao mesmo tempo o "primeiro" e o "segundo" Wittgenstein) e do lógico Hintikka. Elementos desse trabalho foram incorporados à primeira parte das *Artes de fazer*.

Era meu intuito redigir à parte um estudo técnico sobre este problema das lógicas e sua maneira de "folhear" os enunciados linguísticos, mas com Michel de Certeau, quando em 1979 terminaram os dois volumes, decidimos publicá-los sem esperar o término do terceiro que pretendíamos consagrar a este problema das lógicas e à questão das práticas de linguagem. Esta última parte teria sido um trabalho a quatro mãos, redigido por ele e por mim. Este projeto foi inicialmente intitulado *Lógicas e astúcias* (nos documentos intermediários redigidos para a DGRST), depois *Dizer o outro* (quando a obra apareceu, em 1980), enfim, o título que lhe conservamos, *Artes de dizer*. Depois de 1980, discutimos mais de uma vez o projeto, refizemos seu plano, tentamos fixar-lhe o calendário de redação, e Certeau a ele consagrou alguns de seus cursos e seminários, na Califórnia. Mas estava então absorto na sua história da mística, e eu pela história da lógica e das línguas na Renascença, o tempo correu, e o terceiro volume nunca veio à luz[31]. Ele o lamentou sempre, bem como os "capítulos faltantes", dizia ele, em *Artes de fazer*, que teriam abordado a memória e a museologia, o crer (deste se acha um esboço no capítulo XIII), a tortura, enfim a cientificidade (um dossiê no qual havíamos trabalhado intensamente e do qual publiquei minha parte em diversos artigos, particularmente em *Esprit*, entre 1974 e 1981).

Mas logo o meu trabalho no "terceiro círculo" assumiu um rumo inesperado. Nosso trio se reunia uma vez por semana, de manhã, para discutir, isto é, para fazer uma análise teórica de práticas concretas. Observei que as mulheres estavam estranhamente ausentes dessa música concreta, protestei, arrazoei (era no tempo da tomada de consciência feminista), e o fiz tão bem que se decidiu sanar esta grave lacuna, assim que houvessem cessado os outros assuntos. Fui encarregada de definir rapidamente um objeto, um terreno, um método, pois já chegara a primavera de 1976, o tempo urgia, a DGRST pedia resultados. Depois de meditações e debates diversos, escolhi a cozinha por sua necessidade primordial, sua capacidade de perpassar todas as clivagens e sua relação intrínseca com a *ocasião* e a *circunstância*, duas noções que se haviam tornado centrais em nossa compreensão de praticantes. Para conhecer, em seus detalhes ocultos, os gestos de cada dia, pensamos em recolher, com mulheres idosas e em situações diversas, longos diálogos construídos segundo um esquema flexível, capaz de permitir comparações sem que houvesse respostas estereotipadas. Pensava-se em ganhar a confiança no diálogo, para que aflorassem aos lábios lembranças, receios, reticências, todo um não dito dos gestos de mão, decisões e sentimentos que presidem em silêncio ao cumprimento das tarefas do cotidiano. Essa maneira de "dar a palavra" às pessoas ordinárias correspondia a uma das principais intenções da pesquisa, mas ela exigia na coleta das conversas uma atenção nunca diretiva e uma capacidade de empatia fora do comum.

A tarefa foi proposta a Marie Ferrier, então a ponto de retornar da Grécia onde havia morado e trabalhado por um bom tempo, e que fizera parte do "primeiro círculo" em sua existência efêmera. Ela aceitou, deixou-se envolver, aplicou-se o melhor que pôde em 1974, e soube travar com suas interlocutoras diálogos de maravilhosa liberdade, ricos em informações inesperadas. O "segundo círculo", como o nosso pequeno trio antes da chegada de Marie Ferrier, refletira longamente sobre as técnicas de observação-participação e de coleta de conversas profundas, com relação aos métodos clássicos da antropologia e em relação à redescoberta, pela linguística, do significado da distinção entre o oral e o escrito. O trabalho de Marie Ferrier se beneficiou então dessas explorações teóricas preliminares, igualmente aproveitadas por Pierre Mayol em seu estudo sobre o bairro de Croix-Rousse, em Lião. Decidiu-se também publicar *in extenso*, no tomo 2, um diálogo de cada série (o bairro, a cozinha) para atestar a riqueza da palavra das pessoas ordinárias, por menos que alguém se dê o trabalho de escutá-las e encorajá-las a exprimir-se[32]. Em fazendo isto, o trio que se tornara um quarteto não perdia de vista a intenção primeira da empreitada, a refutação das teses comuns sobre a passividade dos consumidores e a massificação dos comportamentos.

A evocação desses três círculos de interlocutores não basta para explicar como é que a pesquisa se baseou em experiências concretas levadas a cabo em meios diversos. A isso é mister acrescentar o aporte de muitos grupos de ação social ou de pesquisa, situados no estrangeiro. Nos anos 1974-1978, Michel de Certeau não cessou de viajar, convidado a lecionar, participar, supervisionar inúmeros programas de pesquisa ou de ação social, e ele aproveitou essas ocasiões para acumular impressionante documentação sobre os problemas, os métodos, as experimentações culturais e sociais[33]. Algumas dessas estadas se prolongaram bastante (até um trimestre), o que lhe permitiu participar diretamente em experiências concretas, e outras mais breves só lhe deixaram o tempo de escutar e discutir os relatórios de outros. Assim se estabeleceu uma rede de pesquisa informal e ativa, da Europa até a América, que teve em Michel de Certeau o seu pivô, graças a uma imensa correspondência mantida com grande regularidade e sempre sob forma pessoal, malgrado o acúmulo de tarefas e suas inúmeras viagens. O aporte desta rede informal se deixa ver por toda a *Arte de fazer*, quer se trate do tema dos relatos referentes às façanhas dos heróis populares no Brasil, à coleta da cultura oral da Dinamarca, ao espaço construído da cidade americana ou à maneira como os nova-iorquinos descrevem o seu local de residência. No entanto, esses elementos, lembranças e testemunhos sobre um outro lugar não têm função de incrustação decorativa ou de realce exótico, são a cada passo incorporados à análise como tal e postos a serviço da intenção teórica que dá unidade à tarefa.

Esta circulação diversificada e múltipla através do tecido social jamais se limitou apenas ao espaço situado fora da França, pois teve o seu equivalente na França nos grupos mais diversos: militantes da periferia mobilizando-se contra grandes operações urbanísticas, decididas por um poder tecnocrático, educadores no meio carcerário ou nas periferias deserdadas, associações de auxílio aos imigrantes, arquitetos responsáveis pela edificação das cidades novas em região parisiense, moças tentando aprender a administrar a própria saúde, minorias defendendo uma tradição e uma língua regionais contra o Estado centralista, unificador etc. Todas essas experiências, esses encontros, esses relatos e esses debates, e igualmente todo um terreno feito de panfletos, de publicações efêmeras e de relatórios de estudos produzidos por minúsculos canais, todos esses filetes de água foram irrigar a reflexão, enriqueceram-na, sob o mesmo título que o despojamento da literatura científica e da "literatura cinza", empilhada nos centros de pesquisa e nos ministérios comanditários. A todas essas fontes Michel de Certeau em *A invenção do cotidiano* deve muito, mesmo que o rastro de seu aporte se tenha fundido na massa dos materiais acumulados. Certeau reconhecia suas dívidas para com eles, e a eles também se dirigem as páginas que fazem referência à dimensão coletiva de todo trabalho científico, e é a eles ainda que se deve referir a dedicatória da I Parte: "Este ensaio é dedicado ao homem ordinário. Herói comum. Personagem disseminada. Andarilho inumerável".

Quis o acaso (seria mesmo?) que eu cuidasse da publicação da primeira edição, em 1980, ao passo que Michel de Certeau lecionava a tempo integral na Califórnia. E eis que dez anos depois, e quase cinco anos depois da morte do autor, aqui esteja eu de novo debruçada sobre o texto das *Artes de fazer*, para estabelecer pormenorizadamente a sua segunda edição. À primeira versão publicada eu acrescentei algumas modificações menores, quer para corrigir erros tipográficos da precedente edição (quando as condições materiais de sua produção não permitiram uma apresentação perfeita do texto impresso), quer para levar em conta correções posteriores indicadas por Michel de Certeau sobre o exemplar de seu livro. Assim se suprimiram algumas repetições pouco felizes entre o desenvolvimento da análise e a "Introdução geral", redigida *a posteriori* para explicar à

DGRST a natureza dos resultados obtidos. Da mesma forma, se corrigiram erros pequenos ou imprecisões notadas por ocasião da releitura efetuada com os tradutores da obra (em inglês em 1984, em japonês e em espanhol em 1987, em alemão em 1988). Como o decidira o autor em 1984, para a versão americana, o texto da apresentação de conjunto recebeu o novo título de "Introdução geral", conforme sua função.

Nas notas desta introdução suprimi as três menções que anunciavam estudos complementares futuros, pois sabemos agora que jamais hão de vir à luz; elas se referiam, como já indiquei, às lógicas, às práticas da linguagem e à prospectiva. Acrescentei algumas notas ao pé de página, sempre indicadas por minhas iniciais, para dar pequenas precisões e traduzir as citações em língua estrangeira. Fazendo esse pequeno trabalho, percebi que essas citações, em número de seis, eram em seis línguas diferentes (alemão, inglês, espanhol, italiano, latim e português). Esse colorido leque não foi consciente, mas gostei do papel revelador do acaso, mesmo aqui, que "trai" (Michel de Certeau gostava de jogar com o duplo sentido deste verbo) uma circulação entre a Europa e a América, do Velho para o Novo Mundo, à imagem do que François Hartog com muita felicidade descreve como "a escritura da viagem"[34]. Nas referências dadas pelas notas homogeneizei e completei as indicações bibliográficas. Para os textos de Certeau a cada passo mencionei a edição mais recente ou a coletânea que reúne artigos antigamente dispersos.

Também acrescentei um índice dos autores citados, para permitir itinerários cruzados. A leitura de um índice sempre é instrutiva e indiscreta, permite ver claramente os segredos da fabricação de um texto. Este índice permite constatar (o que não é surpresa para os leitores atentos) que o autor que mais contribuições deu ao texto deste volume é sem dúvida Freud, presente de um extremo ao outro, homenagem aliás natural em vista de um autor tão lúcido de uma *Psicopatologia da vida cotidiana* (1901). Ao lado de Freud, a influência mais profunda não é exercida nem por Foucault nem por Bourdieu, cujas teses são pesadas e perscrutadas num mesmo capítulo, nem por Detienne e Vernant, cuja "astúcia" grega desempenhou um papel essencial no colocar em evidência as astúcias dos praticantes, nem por Lévi-Strauss cujas "bricolagens" foram um fator estimulador, mas por Wittgenstein, ao qual se dá o crédito máximo: "esta obra disseminada e rigorosa permite fornecer uma épura filosófica a uma ciência contemporânea do ordinário". Percorrendo-se o índice, percebe-se até que ponto o pensamento de Certeau, alimentado com os aportes complementares da antropologia, da história, da linguística ou da sociologia, é primeiramente estruturado por sua raizama filosófica. Da tradição filosófica, aproveitam-se as contribuições de todas as épocas: a Antiguidade com Heráclito, Platão e sobretudo Aristóteles; a época moderna com Hobbes, Descartes, Pascal, Diderot, Rousseau, Kant e Condillac; o século XIX com Hegel, Marx, Nietzsche ou Peirce; o século XX com Wittgenstein, Heidegger, Quine, a filosofia analítica de língua inglesa, e a vertente francesa com Merleau-Ponty, Deleuze, Lyotard ou Derrida.

Lamentei não ter podido incluir neste índice a galeria de personagens legendários ou fictícios, heróis de mitos gregos ou tirados das "histórias de enfermos" de Freud, este moderno criador de mitos. Não são autores. Mas a sua tropa bem alinhada atravessa as *Artes de fazer*, como outrora os filósofos e os poetas mortos habitavam os cantos de Dante, ora possíveis atores, ora portadores metafóricos do sentido. Antígona, a Bela Adormecida no Bosque, a Borralheira, Dédalo e Ícaro, Dora e o pequeno Hans, Emílio, Fígaro, Don Juan, Lady Macbeth, Édipo, Robinson na companhia de Sexta-Feira, Scapin, Ulrich e muitos outros povoam estas páginas. Figuras-arquétipos de estatuto intermediário, cumprem o ofício de ligação entre os autores conhecidos, indivíduos nomeados e renomeados, e a multidão anônima dos praticantes inventivos e astutos "produtores desconhecidos, poetas de seus negócios". Sua presença confere a esta obra inclassificável uma profunda humanidade, uma densidade poética onde se reconhece "o artista, sem dúvida um dos maiores do nosso tempo, pela graça de um permanente contraponto entre o rigor de sua escritura e a riqueza das metáforas que o animam"[35]. Obra inclassificável de um "jesuíta que se tornou caçador fora da estação legal"[36], que não se pode enquadrar nem num gênero, nem numa disciplina, consegue a façanha de fazer do ato de ler, imagem da passividade para a maioria dos observadores e dos professores, o exemplo de uma atividade de apropriação, produção independente de sentido, noutras palavras, "o paradigma da atividade tática"[37].

Elogio da sombra e da noite (a inteligência ordinária, a criação efêmera, a ocasião e a circunstância), esta viagem filosófica, através de "a vida comum", não se mostra cega nem para as realidades políticas (de que trata todo o capítulo XIII) nem para o peso da temporalidade sempre de novo afirmado. Relendo assim o texto, dez anos depois, fico impressionada por uma nota insistente, oculta, contínua e teimosa, que diz a presença da morte entre os vivos. Morte de Deus cuja Palavra não mais habita o mundo, morte das sociedades, morte das crenças, morte que espera cada um de nós (cap. XIV). Em Michel de Certeau, a morte remete sempre para o processo da escritura, no qual ele via a matriz das sociedades ocidentais, o meio desta racionalidade conquistadora que se estende ao Novo Mundo no século XVI. Esta hipótese desempenha um papel central em seu pensamento: apresentada em *L'Ecriture de l'histoire* (1975) e já nos artigos reunidos em *L'Absent de l'histoire* (1973), vem retrabalhada na *La Fable mystique* (1982). Aqui ela arquiteta a segunda metade das *Artes de fazer*, e desta tese depende o lugar concedido à teoria do "relato", inseparável de uma teoria das práticas e central em Certeau. Porque o relato é a língua das operações, "abre um *teatro* de legitimidade para *ações* efetivas" e permite seguir as etapas da operatividade, daí a atenção concedida, a título de exemplo, aos relatos de espaço (cap. IX).

Desde o Renascimento, Deus se retirou do mundo e a escritura não é mais a intérprete do sentido oculto de sua Palavra. Assim ela se tornou a grande fabricante, fonte de todo poder. Desta nova figura da história, Michel de Certeau encontrava a expressão mítica perfeita em *Robinson Crusoé*, texto que ele jamais se cansava de ler e comentar: agora "o sujeito da escritura é o senhor, e o trabalhador que maneja outra ferramenta que não a linguagem será Sexta-Feira". Sob esta forma nova, a escritura tem uma relação intrínseca com a morte: escrevendo, cada escritor se encaminha para a sua própria morte. "Sob este aspecto, o escritor é também ele o moribundo que procura falar. Mas, na morte que seus passos vão inscrevendo em uma página negra (e não mais branca), ele conhece, pode dizer o desejo, que espera do outro o excesso maravilhoso e efêmero de sobreviver numa atenção que ele altera".

"Feliz naufrágio" – teria dito Surin, esta inscrição da vida na morte, da morte na vida, à imagem dos dias ordinários da multidão inumerável cuja astúcia incansável dá vigor a estas páginas[38].

Luce Giard

ARTES DE FAZER

Mais que das intenções, eu gostaria de apresentar a paisagem de uma pesquisa e, por esta composição de lugar, indicar os pontos de referência entre os quais se desenrola uma ação. O caminhar de uma análise inscreve seus passos, regulares ou ziguezagueantes, em cima de um terreno habitado há muito tempo. Somente algumas dessas presenças me são conhecidas. Muitas, sem dúvida mais determinantes, continuam implícitas – postulados ou dados estratificados nesta paisagem que é memória e palimpsesto. O que dizer desta história muda? Ao menos, indicando os sítios onde a questão das práticas cotidianas foi articulada, vou marcar já as dívidas e também as diferenças que possibilitaram um trabalho nesses lugares.

Os relatos de que se compõe esta obra pretendem narrar práticas *comuns*. Introduzi-las com as experiências *particulares*, as frequentações, as solidariedades e as lutas que organizam o espaço onde essas narrações vão abrindo um caminho, significará delimitar um campo. Com isto, se precisará igualmente uma "maneira de caminhar", que pertence aliás às "maneiras de fazer" de que aqui se trata. Para ler e escrever a cultura ordinária, é mister reaprender operações comuns e fazer da análise uma variante do seu objeto.

Quanto às diversas contribuições que compõem este volume*, permitiram que a pesquisa se pluralizasse e que muitos dos passantes se entrecruzassem. Conciliábulos na praça. Mas este entrelaçamento de percursos, embora longe de constituírem uma clausura, prepara, assim o espero, nossos caminhos para se perderem na multidão.

---

* Esta pesquisa, financiada pela DGRST e dirigida por Michel de Certeau, é resumida na *Introdução geral*. Aqui só se publica uma parte dos seus resultados. O volume I foi redigido por Michel de Certeau; o volume II por Luce Giard e Pierre Mayol com a colaboração de Marie Ferrier para a coleta de algumas entrevistas. Quanto ao trabalho de copidesque dos dois volumes desta publicação esteve a cargo de Luce Giard.

INTRODUÇÃO GERAL

A pesquisa publicada parcialmente nestes dois volumes nasceu de uma interrogação sobre as *operações dos usuários*, supostamente entregues à passividade e à disciplina. Mais que de tratar um tema tão fugidio e fundamental, a ideia é torná-lo tratável, ou seja, fornecer, a partir de sondagens e hipóteses, alguns caminhos possíveis para análises ainda por fazer. A meta seria alcançada se as práticas ou "maneiras de fazer" cotidianas cessassem de aparecer como o fundo noturno da atividade social, e se um conjunto de questões teóricas e métodos, de categorias e de pontos de vista, perpassando esta noite, permitisse articulá-la.

O exame dessas práticas não implica um regresso aos indivíduos. O atomismo social que, durante três séculos, serviu de postulado histórico para uma análise da sociedade supõe uma unidade elementar, o indivíduo, a partir da qual seriam compostos os grupos e à qual sempre seria possível reduzi-los. Recusado por mais de um século de pesquisas sociológicas, econômicas, antropológicas ou psicanalíticas (mas, em história, isto seria um argumento?), tal postulado se acha fora do campo deste estudo. De um lado, a análise mostra antes que a relação (sempre social) determina seus termos, e não o inverso, e que cada individualidade é o lugar onde atua uma pluralidade incoerente (e muitas vezes contraditória) de suas determinações relacionais. De outro lado, e sobretudo, a questão tratada se refere a modos de operação ou esquemas de ação e não diretamente ao sujeito que é o seu autor ou seu veículo. Ela visa uma lógica operatória cujos modelos remontam talvez às astúcias multimilenares dos peixes disfarçados ou dos insetos camuflados, e que, em todo o caso, é ocultada por uma racionalidade hoje dominante no Ocidente. Este trabalho tem, portanto, por objetivo explicitar as *combinatórias de operações* que compõem também (sem ser exclusivamente) uma "cultura" e exumar os modelos de ação característicos dos usuários, dos quais se esconde, sob o pudico nome de consumidores, o estatuto de dominados (o que não quer dizer passivos ou dóceis). O cotidiano se inventa com mil maneiras de *caça não autorizada*.

Dado o estado necessariamente fragmentário desta pesquisa, parece útil apresentar uma vista de conjunto dela, uma espécie de prospecto. Esta paisagem, vista do alto, oferece apenas a miniatura de um quebra-cabeça onde ainda faltam muitas das peças.

1 A produção dos consumidores

Surgida de trabalhos sobre a "cultura popular" ou sobre as marginalidades[1], a interrogação sobre as práticas cotidianas foi a princípio precisada negativamente pela necessidade de não localizar a *diferença* cultural nos grupos que portavam a bandeira da "contracultura" – grupos já singularizados, muitas vezes privilegiados e em parte folclorizados – e que eram apenas sintomas ou reveladores. Mas três determinações positivas, acima de tudo, permitiram articulá-la.

O uso do consumo

Muitos trabalhos, geralmente notáveis, dedicam-se a estudar seja as representações, seja os comportamentos de uma sociedade. Graças ao conhecimento desses objetos sociais, parece possível e necessário balizar o uso que deles fazem os grupos ou os indivíduos. Por exemplo, a análise das imagens difundidas pela televisão (representações) e dos tempos passados diante do aparelho (comportamento) deve ser completada pelo estudo daquilo que o consumidor cultural *"fabrica"* durante essas horas e com essas imagens. O mesmo se diga no que diz respeito ao uso do espaço urbano, dos produtos comprados no supermercado ou dos relatos e legendas que o jornal distribui.

A "fabricação" que se quer detectar é uma produção, uma poética[2] – mas escondida, porque ela se dissemina nas regiões definidas e ocupadas pelos sistemas da "produção" (televisiva, urbanística, comercial etc.) e porque a extensão sempre mais totalitária desses sistemas não deixa aos "consumidores" um lugar onde possam marcar o que *fazem* com os produtos. A uma produção racionalizada, expansionista além de centralizada, barulhenta e espetacular, corresponde *outra* produção, qualificada de "consumo": esta é astuciosa, é dispersa, mas ao mesmo tempo ela se insinua ubiquamente, silenciosa e quase invisível, pois não se faz notar com produtos próprios, mas nas *maneiras de empregar* os produtos impostos por uma ordem econômica dominante.

Há bastante tempo que se tem estudado que equívoco rachava, por dentro, o "sucesso" dos colonizadores espanhóis entre as etnias indígenas: submetidos e mesmo consentindo na dominação, muitas vezes esses indígenas *faziam* das ações rituais, representações ou leis que lhes eram impostas outra coisa que não aquela que o conquistador julgava obter por elas. Os indígenas as subvertiam, não rejeitando-as diretamente ou modificando-as, mas pela sua maneira de usá-las para fins e em função de referências estranhas ao sistema do qual não podiam fugir. Elas eram outros, mesmo no seio da colonização que os "assimilava" exteriormente; seu modo de usar a ordem dominante exercia o seu poder, que não tinham meios para recusar; a esse poder escapavam sem deixá-lo. A força de sua diferença se mantinha nos procedimentos de "consumo". Em grau menor, um equívoco semelhante se insinua em nossas sociedades com o uso que os meios "populares" fazem das culturas difundidas e impostas pelas "elites" produtoras de linguagem.

A presença e a circulação de uma representação (ensinada como o código da promoção socioeconômica por pregadores, por educadores ou por vulgarizadores) não indicam de modo algum o que ela é para seus usuários. É ainda necessário analisar a sua manipulação pelos praticantes que não a fabricam. Só então é que se pode apreciar a diferença ou a semelhança entre a produção da imagem e a produção secundária que se esconde nos processos de sua utilização.

A nossa pesquisa se situa nessa diferença ou nesse distanciamento. Poderia ter como baliza teórica a *construção* de frases próprias com um vocabulário e uma sintaxe recebidos. Em linguística, a "performance" não é a "competência": o ato de falar (e todas as táticas enunciativas que implica) não pode ser reduzido ao conhecimento da língua. Colocando-se na perspectiva da enunciação, objeto deste estudo, privilegia-se o ato de falar: este *opera* no campo de um sistema linguístico; coloca em jogo uma *apropriação*, ou uma reapropriação, da língua por locutores; instaura um *presente* relativo a um momento e a um lugar; e estabelece um *contrato com o outro* (o interlocutor) numa rede de lugares e de relações. Estas quatro características do ato enunciativo[3] poderão encontrar-se em muitas outras práticas (caminhar, cozinhar etc.). Neste paralelo se indica ao menos uma visada, paralelo que só tem valor parcial, como se verá. Supõe que à maneira dos povos indígenas os usuários "façam uma bricolagem" com e na economia cultural dominante, usando inúmeras e infinitesimais metamorfoses da lei, segundo seus interesses próprios e suas próprias regras. Desta atividade de formigas é mister descobrir os procedimentos, as bases, os efeitos, as possibilidades.

Os modos de proceder da criatividade cotidiana

Uma outra referência precisa melhor uma segunda determinação desta pesquisa. Em *Vigiar e punir*, Michel Foucault substitui a análise dos aparelhos que exercem o poder (isto é, das instituições localizáveis, expansionistas, repressivas e legais) pela dos "dispositivos" que "vampirizaram" as instituições e reorganizaram clandestinamente o funcionamento do poder: procedimentos técnicos "minúsculos", atuando sobre e com os detalhes, redistribuíram o espaço para transformá-lo no operador de uma "vigilância" generalizada[4]. Problemática bem nova. No entanto, mais uma vez, esta "microfísica do poder" privilegia o aparelho produtor (da disciplina), ainda que, na "educação", ela ponha em evidência o sistema de uma "repressão" e mostre como, por trás dos bastidores, tecnologias mudas determinam ou curto-circuitam as encenações institucionais. Se é verdade que por toda a parte se estende e se precisa a rede da "vigilância", mais urgente ainda é descobrir como é que uma sociedade inteira não se reduz a ela: que procedimentos populares (também "minúsculos" e cotidianos) jogam com os mecanismos da disciplina e não se conformam com ela a não ser para alterá-los; enfim, que "maneiras de fazer" formam a contrapartida, do lado dos consumidores (ou "dominados"?), dos processos mudos que organizam a ordenação sociopolítica.

Essas "maneiras de fazer" constituem as mil práticas pelas quais usuários se reapropriam do espaço organizado pelas técnicas da produção sociocultural. Elas colocam questões análogas e contrárias às abordadas no livro de Foucault: análogas, porque se trata de distinguir as operações quase microbianas que proliferam no seio das estruturas tecnocráticas e alteram o seu funcionamento por uma multiplicidade de "táticas" articuladas sobre os "detalhes" do cotidiano; contrárias, por não se tratar mais de precisar como a violência da ordem se transforma em tecnologia disciplinar, mas de exumar as formas sub-reptícias que são assumidas pela criatividade dispersa, tática e bricoladora dos grupos ou dos indivíduos presos agora nas redes da "vigilância". Esses modos de proceder e essas astúcias de consumidores compõem, no limite, a rede de uma antidisciplina[5] que é o tema deste livro.

A formalidade das práticas

Pode-se supor que essas operações multiformes e fragmentárias, relativas a ocasiões e a detalhes, insinuadas e escondidas nos aparelhos das quais elas são os modos de usar, e portanto desprovidas de ideologias ou de instituições próprias, obedecem a regras. Noutras palavras, deve haver uma lógica dessas práticas. Isto significa voltar ao problema, já antigo, do que é uma *arte* ou "maneira de fazer". Dos gregos a Durkheim, passando por Kant, uma longa tradição tentou precisar as formalidades complexas (e não de todo simples ou "pobres") que podem dar conta dessas operações[6]. Por esse prisma, a "cultura popular" se apresenta diferentemente, assim como toda uma literatura chamada "popular": ela se formula essencialmente em "artes de fazer" isto ou aquilo[7], isto é, em consumos combinatórios e utilitários. Essas práticas colocam em jogo uma *ratio* "popular", uma maneira de pensar investida numa maneira de agir, uma arte de combinar indissociável de uma arte de utilizar.

Para apreender a formalidade dessas práticas, eu me servi de dois tipos de enquetes. As primeiras, mais descritivas, deram ênfase a algumas maneiras de fazer selecionadas segundo o interesse que apresentavam na estratégia da análise, e em vista de obter variantes bem diferenciadas; práticas da leitura, práticas de espaços urbanos, utilização das ritualizações cotidianas, reempregos e funcionamentos da memória através das "autoridades" que possibilitam (ou permitem) as práticas cotidianas etc. Além disso, duas monografias mais pormenorizadas tentam seguir em seus entrelaçamentos as operações próprias, seja à recomposição de um espaço (o bairro da Croix-Rousse, em Lião) por práticas familiais, seja às táticas da arte culinária, que organizam ao mesmo tempo uma rede de relações, "bricolagens" poéticas e um reemprego das estruturas comerciais[8].

A segunda série de enquetes utilizou-se da literatura científica suscetível de fornecer hipóteses que permitam levar a sério a lógica deste pensamento que não se pensa. Três campos oferecem um interesse particular. De um lado, trabalhos sociológicos, antropológicos, e mesmo históricos (de E. Goffman a P. Bourdieu, de Mauss a M. Detienne, de J. Boissevain a E.O. Laumann) elaboram uma teoria dessas práticas, misto de ritos e bricolagens, manipulações de espaços, operadores de redes[9]. De outro lado, desde J. Fishman, as pesquisas etnometodológicas e sociolinguísticas de H. Garfinkel, W. Labov, H. Sacks, E.A. Schegloff etc. destacam os processos de interações cotidianas relativas a estruturas de expectativa, de negociação e improvisação próprias da língua ordinária[10].

Enfim, além das semióticas e das filosofias da "convenção" de (O. Ducrot a D. Lewis)[11], deve-se interrogar as lógicas pesadas formalizadas e sua extensão à filosofia analítica, nos domínios da ação (G.H. von Wright, A.C. Danto e R.J. Bernstein)[12], do tempo (A.N. Prior, N. Rescher e J. Urquhart)[13] ou da modalização (G.E. Hughes e M.J. Cresswell, A.R. White)[14]. Pesado aparelho que procura captar a dispersividade e a plasticidade dos enunciados ordinários, combinações quase orquestrais de partes lógicas (temporalização, modalização, injunções, predicados de ação etc.) cujas dominantes são sucessivamente determinadas pela circunstância e pela urgência conjuntural. Um trabalho análogo ao desenvolvido por N. Chomsky para as práticas orais da língua deve empenhar-se por restituir a sua legitimidade lógica e cultural às práticas cotidianas, ao menos nos setores ainda limitados, onde podemos dispor de instrumentos para estudá-las.

Pesquisa complexa porque essas práticas volta e meia exacerbam e desencaminham as nossas lógicas. Encontra os lamentos do poeta e, como ele, combate o esquecimento: "E eu me esquecia do acaso da circunstância, o bom tempo ou a tempestade, o sol ou o frio, o amanhecer ou o anoitecer, o gosto dos morangos ou do abandono, a mensagem, ouvida a meias, a manchete dos jornais, a voz ao telefone, a conversa mais anódina, o homem ou a mulher anônimos, tudo aquilo que fala, rumoreja, passa, aflora, vem ao nosso encontro"[15].

A marginalidade de uma maioria

Essas três determinações possibilitam uma travessia do campo cultural, travessia definida por uma problemática de pesquisa e pontuada por sondagens localizadas em função de hipóteses de trabalho a verificar. Ela tenta balizar os tipos de *operações* que caracterizam o consumo na rede de uma economia e reconhecer nessas práticas de apropriação os indicadores da criatividade que pulula justamente onde desaparece o poder de se dar uma linguagem própria.

A figura atual de uma marginalidade não é mais a de pequenos grupos, mas uma marginalidade de massa; atividade cultural dos não produtores de cultura, uma atividade não assinada, não legível, mas simbolizada, e que é a única possível a todos aqueles que no entanto pagam, comprando-os, os produtos-espetáculos onde se soletra uma economia produtivista. Ela se universaliza. Essa marginalidade se tornou maioria silenciosa.

Isto não quer dizer que ela seja homogênea. Os processos pelos quais se efetua o reemprego de produtos ligados juntos em uma espécie de língua obrigatória têm funcionamentos relativos a situações sociais e a relações de forças. O trabalhador imigrado não tem, diante das imagens televisivas, o mesmo espaço de crítica ou de criação que o quadro francês médio. No mesmo terreno, a fraqueza em meios de informação, em bens financeiros e em "seguranças" de todo o tipo exige um acréscimo de astúcia, de sonho ou de senso de humor. Dispositivos semelhantes, jogando com relações de forças desiguais, não geram efeitos idênticos. Daí a necessidade de diferenciar as "ações" (no sentido militar do termo) que se efetuam no interior da rede dos consumidores pelo sistema dos produtos, e estabelecer distinções entre as margens de manobra permitidas aos usuários pelas conjunturas nas quais exercem a sua arte.

A relação dos procedimentos com os campos de força onde intervêm deve, portanto, introduzir uma análise *polemológica* da cultura. Como o direito (que é um modelo de cultura), a cultura articula conflitos e volta e meia legitima, desloca ou controla a razão do mais forte. Ela se desenvolve no elemento de tensões, e muitas vezes de violências, a quem fornece equilíbrios simbólicos, contratos de compatibilidade e compromissos mais ou menos temporários. As táticas do consumo, engenhosidades do fraco para tirar partido do forte, vão desembocar então em uma politização das práticas cotidianas.

2 Táticas de praticantes

Este esquema, demasiadamente dicotomista, das relações que os consumidores mantêm com os dispositivos da produção, se diversificou no decorrer do trabalho segundo três modos: pesquisa das problemáticas suscetíveis de articular o material coletado; descrição de algumas práticas (ler, falar, caminhar, habitar, cozinhar etc.), consideradas significativas; extensão da análise dessas operações cotidianas a setores científicos aparentemente regidos por outro tipo de lógica. Ao apresentar os passos dados nessas três direções, o propósito de conjunto ganha diversos matizes.

Trajetórias, táticas e retóricas

Produtores desconhecidos, os consumidores produzem por suas práticas significantes alguma coisa que poderia ter a figura das "linhas de erre" desenhadas pelos jovens autistas de F. Deligny[16]. No espaço tecnocraticamente construído, escrito e funcionalizado onde circulam, as suas trajetórias formam frases imprevisíveis, "trilhas" em parte ilegíveis. Embora sejam compostas com os vocabulários de línguas recebidas e continuem submetidas a sintaxes prescritas, elas desenham as astúcias de interesses outros e de desejos que não são nem determinados nem captados pelos sistemas onde se desenvolvem[17].

Mesmo a estatística praticamente não leva isso em conta, pois ela se contenta em classificar, calcular e tabular as unidades "léxicas", de que se compõem essas trajetórias, mas às quais não se reduzem, e em fazê-lo em função de categorias e taxionomias que lhe são próprias. Ela consegue captar o material dessas práticas, e não a sua *forma*; ela baliza os elementos utilizados e não o "fraseado" devido à bricolagem, à inventividade "artesanal", à discursividade que combinam estes elementos, todos recebidos, e de cor indefinida. Decompondo essas "vagabundagens" eficazes em unidades que ela mesma define, recompondo segundo seus códigos os resultados dessas montagens, a enquete estatística só "encontra" o homogêneo. Ela reproduz o sistema ao qual pertence e deixa fora do seu campo a proliferação das histórias e operações heterogêneas que compõem os *patchworks* do cotidiano. A força dos seus cálculos se deve à sua capacidade de dividir, mas é precisamente por essa fragmentação analítica que perde aquilo que julga procurar e representar[18].

A "trajetória" evoca um movimento, mas resulta ainda de uma projeção sobre um plano, de uma redução. Trata-se de uma transcrição. Um gráfico (que o olho pode dominar) é substituído por uma operação; uma linha reversível (que se pode ler nos dois sentidos) dá lugar a uma série temporalmente irreversível; um traço, a atos. Prefiro então recorrer a uma distinção entre *táticas* e *estratégias*.

Chamo de "estratégia" o cálculo das relações de forças que se torna possível a partir do momento em que um sujeito de querer e poder é isolável de um "ambiente". Ela postula um lugar capaz de ser circunscrito como um *próprio* e portanto capaz de servir de base a uma gestão de suas relações com uma exterioridade distinta. A nacionalidade política, econômica ou científica foi construída segundo esse modelo estratégico.

Denomino, ao contrário, "tática" um cálculo que não pode contar com um próprio, nem portanto com uma fronteira que distingue o outro como totalidade visível. A tática só tem por lugar o do outro[19]. Ela aí se insinua, fragmentariamente, sem apreendê-lo por inteiro, sem poder retê-lo à distância. Ela não dispõe de base onde capitalizar os seus proveitos, preparar suas expansões e assegurar uma independência em face das circunstâncias. O "próprio" é uma vitória do lugar sobre o tempo. Ao contrário, pelo fato de seu não lugar, a tática depende do tempo, vigiando para "captar no voo" possibilidades de ganho. O que ela ganha, não o guarda. Tem constantemente que jogar com os acontecimentos para os transformar em "ocasiões". Sem cessar, o fraco deve tirar partido de forças que lhe são estranhas. Ele o consegue em momentos oportunos onde combina elementos heterogêneos (assim, no supermercado, a dona de casa, em face de dados heterogêneos e móveis, como as provisões no *freezer*, os gostos, apetites e disposições de ânimo de seus familiares, os produtos mais baratos e suas possíveis combinações com o que ela já tem em casa etc.), mas a sua síntese intelectual tem por forma não um discurso, mas a própria decisão, ato e maneira de aproveitar a "ocasião".

Muitas práticas cotidianas (falar, ler, circular, fazer compras ou preparar as refeições etc.) são do tipo tática. E também, de modo mais geral, uma grande parte das "maneiras de fazer": vitórias do "fraco" sobre o mais "forte" (os poderosos, a doença, a violência das coisas ou de uma ordem etc.), pequenos sucessos, artes de dar golpes, astúcias de "caçadores", mobilidades da mão de obra, simulações polimorfas, achados que provocam euforia, tanto poéticos quanto bélicos. Essas performances operacionais dependem de saberes muito antigos. Os gregos as designavam pela *métis*[20]. Mas elas remontam a tempos muito mais recuados, a imemoriais inteligências com as astúcias e simulações de plantas e de peixes. Do fundo dos oceanos até as ruas das megalópoles, as táticas apresentam continuidades e permanências. Em nossas sociedades, elas se multiplicam com o esfarelamento das estabilidades locais como se, não estando mais fixadas por uma comunidade circunscrita, saíssem de órbita e se tornassem errantes, e assimilassem os consumidores a imigrantes em um sistema demasiadamente vasto para ser o deles e com as malhas demasiadamente apertadas para que pudessem escapar-lhe. Mas introduzem um movimento browniano neste sistema. Essas táticas manifestam igualmente a que ponto a inteligência é indissociável dos combates e dos prazeres cotidianos que articula, ao passo que as estratégias escondem sob cálculos objetivos a sua relação com o poder que os sustenta, guardado pelo lugar próprio ou pela instituição.

Para diferenciar os tipos de táticas, podem-se encontrar modelos na retórica. Nada de surpreendente, pois, de um lado, ela descreve os "rodeios" de que uma língua pode ser simultaneamente o lugar e o objeto e, de outro, essas manipulações são relativas às ocasiões e às maneiras de mudar (seduzir, persuadir, utilizar) o querer do outro (o destinatário)[21]. Por essas duas razões, a retórica ou ciência das "maneiras de falar" oferece um aparelho de figuras típicas para a análise das maneiras cotidianas de fazer ao passo que ela, em princípio, se acha excluída do discurso científico. Duas lógicas da ação (uma tática e outra estratégica) se depreendem dessas duas maneiras de praticar a linguagem. No espaço da língua (como no dos jogos) uma sociedade explicita mais as regras formais do agir e os funcionamentos que as diferenciam.

No imenso *corpus* retórico consagrado à arte de dizer ou de fazer, os sofistas ocupam um lugar privilegiado, do ponto de vista das táticas. Tinham eles como princípio, segundo Corax, tornar "mais forte" a posição "mais fraca" e pretendiam possuir a arte de vencer o poder por uma certa maneira de aproveitar a ocasião[22]. As suas teorias inscrevem aliás as táticas em uma longa tradição de reflexões sobre as relações que a razão mantém com a ação e com o instante. Passando pela *Arte da guerra* de Shun Tzu na China[23] ou pela antologia árabe do *Livro das astúcias*[24], esta tradição de uma lógica articulada em cima da conjuntura e a vontade do outro conduz até a sociolinguística contemporânea.

Ler, conversar, habitar, cozinhar...

Para descrever essas práticas cotidianas que produzem sem capitalizar, isto é, sem dominar o tempo, impunha-se um ponto de partida por ser o foco exorbitado da cultura contemporânea e de seu consumo: *a leitura*. Da televisão ao jornal, da publicidade a todas as epifanias mercadológicas, a nossa sociedade canceriza a vista, mede toda a realidade por sua capacidade de mostrar ou de se mostrar e transforma as comunicações em viagens do olhar. É uma epopeia do olho e da pulsão de ler. Até a economia, transformada em "semiocracia"[25], fomenta uma hipertrofia da leitura. O binômio produção-consumo poderia ser substituído por seu equivalente geral: escritura-leitura. A leitura (da imagem ou do texto) parece aliás constituir o ponto máximo da passividade que caracterizaria o consumidor, constituído em *voyeur* (troglodita ou nômade) em uma "sociedade do espetáculo"[26].

De fato, a atividade leitora apresenta, ao contrário, todos os traços de uma produção silenciosa: flutuação através da página, metamorfose do texto pelo olho que viaja, improvisação e expectação de significados induzidos de certas palavras, intersecções de espaços escritos, dança efêmera. Mas incapaz de fazer um estoque (salvo se escreve ou "registra"), o leitor não se garante contra o gasto do tempo (ele se esquece lendo e esquece o que já leu) a não ser pela compra do objeto (livro, imagem) que é apenas o *ersatz* (o resíduo ou a promessa) de instantes "perdidos" na leitura. Ele insinua as astúcias do prazer e de uma reapropriação no texto do outro: aí vai caçar, ali é transportado, ali se faz plural como os ruídos do corpo. Astúcia, metáfora, combinatória, esta produção é igualmente uma "invenção" de memória. Faz das palavras as soluções de histórias mudas. O legível se transforma em memorável: Barthes lê Proust no texto de Stendhal[27]; o espectador lê a paisagem de sua infância na reportagem de atualidades. A fina película do escrito se torna um remover de camadas, um jogo de espaços. Um mundo diferente (o do leitor) se introduz no lugar do autor.

Esta mutação torna o texto habitável, à maneira de um apartamento alugado. Ela transforma a propriedade do outro em lugar tomado de empréstimo, por alguns instantes, por um passante. Os locatários efetuam uma mudança semelhante no apartamento que mobiliam com seus gestos e recordações; os locutores, na língua em que fazem deslizar as mensagens de sua língua materna e, pelo sotaque, por "rodeios" (ou giros) próprios etc., a sua própria história; os pedestres, nas ruas por onde fazem caminhar as florestas de seus desejos e interesses. Da mesma forma, os usuários dos códigos sociais os transformam em metáforas e elipses de suas caçadas. A ordem reinante serve de suporte para produções inúmeras, ao passo que torna os seus proprietários cegos para essa criatividade (assim como esses "patrões" que *não conseguem ver* aquilo que se inventa de *diferente* em sua própria empresa[28]). No limite, esta ordem seria o equivalente daquilo que as regras de metro e rima eram antigamente para os poetas: um conjunto de imposições estimuladoras da invenção, uma regulamentação para facilitar as improvisações.

A leitura introduz portanto uma "arte" que não é passividade. Assemelha-se muito ao que foi feito com a teoria pelos poetas e romanceiros medievais: uma inovação infiltrada no texto e nos termos de uma tradição. Imbricados nas estratégias da modernidade (que identificam a criação com a invenção de uma linguagem própria, cultural ou científica), os procedimentos do consumo contemporâneo parecem constituir uma arte sutil de "locatários" bastante sensatos para insinuar as suas mil diferenças no texto que tem força de lei. Na Idade Média o texto se enquadrava na teoria das quatro ou sete leituras que poderia receber. E era um livro. Agora, o texto não provém mais de uma tradição. É imposto pela geração de uma tecnocracia produtivista. Não se trata mais de um livro de referência, mas de toda a sociedade feita texto, feita escritura da lei anônima da produção.

A esta arte de leitores conviria comparar outras. Por exemplo, a arte de conversar: as retóricas da conversa ordinária são práticas transformadoras "de situações de palavra", de produções verbais onde o entrelaçamento das posições locutoras instaura um tecido oral sem proprietários individuais, as criações de uma comunicação que não pertence a ninguém. A conversa é um efeito provisório e coletivo de competências na arte de manipular "lugares-comuns" e jogar com o inevitável dos acontecimentos para torná-los "habitáveis"[29].

Mas a pesquisa se dedicou sobretudo às práticas do espaço[30], às maneiras de frequentar um lugar, aos processos complexos da arte culinária e aos mil modos de instaurar uma confiabilidade nas situações sofridas, isto é, de abrir ali uma possibilidade de vivê-las reintroduzindo dentro delas a mobilidade plural de interesses e prazeres, uma arte de manipular e comprazer-se[31].

Extensões: prospectivas e políticas

A análise dessas táticas se estendeu a dois terrenos cujo estudo fora previsto, mas cuja abordagem se modificou no decorrer do estudo: uma diz respeito à prospectiva; a outra, ao sujeito na vida política.

Logo de saída se põe a questão da "cientificidade" dos trabalhos de prospectiva. Se tem no final das contas como objetivo uma inteligibilidade da realidade presente e sua regra, uma preocupação de coerência, deve-se constatar de um lado o caráter não operatório de um número crescente de conceitos e, de outro, a inadequação dos procedimentos a um pensamento do espaço (objeto visado, o espaço não se encontra mais a partir das determinantes políticas ou econômicas utilizadas, e não existe uma teoria destas)[32]. A metaforização dos conceitos usados, a distância que medeia entre a atomização que caracteriza a pesquisa e a globalização que é a coerção da exposição etc. sugerem que é mister tomar como uma definição do próprio discurso a "simulação" que lhe caracterizava o método.

Deste modo, chegou-se a considerar nos estudos de prospectiva: 1) as relações mantidas por uma *racionalidade* com um *imaginário* (que é no discurso o indicador do seu lugar de produção); 2) a diferença entre os tateios, astúcias pragmáticas e *táticas* sucessivas, que escalonam a investigação prática e, de outro lado, as representações *estratégicas* que são oferecidas aos destinatários como o produto final dessas operações[33].

Constata-se, nos discursos, o retorno sub-reptício de uma *retórica* metaforizadora dos "campos próprios" da análise científica e, nos gabinetes de estudos, uma distância crescente das *práticas efetivas* e cotidianas (que pertencem à ordem da arte culinária) com relação às escrituras em "cenários" que escalonam com quadros utópicos o murmúrio das maneiras de fazer em cada laboratório: de um lado, mistos de ciência e ficção; de outro lado, a disparidade entre os espetáculos de estratégias globais e a opaca realidade de táticas locais. Tende-se então a interrogar-se sobre os "alicerces" da atividade científica e a se perguntar se ela não funciona à maneira de uma colagem que justapõe, mas articula sempre menos as ambições teóricas expressas pelo discurso e a persistência obstinada, remanescente, de astúcias milenares no trabalho cotidiano dos gabinetes e dos laboratórios. Em todo o caso, esta estrutura clivada, observável em muitas administrações ou empresas, obriga a repensar todas essas táticas até aqui tão negadas pela epistemologia da ciência.

O problema não diz respeito somente aos processos efetivos da produção. Coloca em causa, sob uma forma diferente, o *estatuto do indivíduo* nos sistemas técnicos, pois o investimento do sujeito diminui à medida de sua expansão tecnocrática. Cada vez mais coagido e sempre menos envolvido por esses amplos enquadramentos, o indivíduo se destaca deles sem poder escapar-lhes, e só lhe resta a astúcia no relacionamento com eles, "dar golpes", encontrar na megalópole eletrotecnicizada e informatizada a "arte" dos caçadores ou dos rurícolas antigos. A atomização do tecido social dá hoje uma pertinência *política* à questão do sujeito. Comprovam-no os sintomas que são as ações individuais, as operações locais e até as formações ecológicas pelas quais se preocupa, no entanto, de modo prioritário, a vontade de administrar coletivamente as relações com o meio ambiente. Essas maneiras de se reapropriar do sistema produzido, criações de consumidores, visam uma *terapêutica de socialidades deterioradas*, e usam técnicas de reemprego onde se podem reconhecer os procedimentos das práticas cotidianas. Deve-se então elaborar uma política dessas astúcias. Na perspectiva aberta por *Mal-estar na civilização*, ela deve também interrogar-se sobre aquilo que pode ser hoje a representação pública ("democrática") das alianças microscópicas, multiformes e inumeráveis entre *manipular* e *gozar*, realidade fugidia e massiva de uma atividade social que joga com sua ordem.

Visionário afiado, Witold Gombrowicz atribuía a esta "política" um herói – este anti-herói que habita nossa pesquisa – quando dava a palavra ao pequeno funcionário ("o homem sem qualidades" de Musil, "o homem ordinário" a quem Freud consagra o *Mal-estar na civilização*), que tem o seguinte estribilho: "Quando não se tem o que se ama, é preciso amar o que se tem". "Tive que recorrer, queiram me compreender, sempre mais a pequenos prazeres, quase invisíveis, substitutos... Vocês não fazem ideia como, com esses detalhes, alguém se torna imenso, é incrível como se cresce"[34].

PRIMEIRA PARTE

Uma cultura muito ordinária

Este ensaio é dedicado ao homem ordinário*. Herói comum. Personagem disseminada. Caminhante inumerável. Invocando, no limiar de meus relatos, o ausente que lhes dá princípio e necessidade, interrogo-me sobre o desejo cujo objeto impossível ele representa. A este oráculo que se confunde com o rumor da história, o que é que pedimos para nos fazer crer ou autorizar-nos a dizer quando lhe dedicamos a escrita que outrora se oferecia em homenagem aos deuses ou às musas inspiradoras?

Este herói anônimo vem de muito longe. É o murmúrio das sociedades. De todo o tempo, anterior aos textos. Nem os espera. Zomba deles. Mas, nas representações escritas, vai progredindo. Pouco a pouco ocupa o centro de nossas cenas científicas. Os projetores abandonaram os atores donos de nomes próprios e de brasões sociais para voltar-se para o coro dos figurantes amontoados dos lados, e depois fixar-se enfim na multidão do público. Sociologização e antropologização da pesquisa privilegiam o anônimo e o cotidiano onde *zooms* destacam detalhes metonímicos – partes tomadas pelo todo.

Lentamente os representantes que ontem simbolizavam famílias, grupos e ordens, se apagam da cena onde reinavam quando era o tempo do nome. Vem então o número, o da democracia, da cidade grande, das administrações, da cibernética. Trata-se de uma multidão móvel e contínua, densamente aglomerada como pano inconsútil, uma multidão de heróis quantificados que perdem nomes e rostos tornando-se a linguagem móvel de cálculos e racionalidades que não pertencem a ninguém. Rios cifrados da rua.

---

* Mais teóricas, as I e II partes podem ser consideradas por isso como uma conclusão prospectiva, que deve ser lida no decorrer de outra viagem. Introdutório é o capítulo III: "Fazer com: usos e táticas", esboço de um modelo geral para as análises que se seguem.

CAPÍTULO I

UM LUGAR-COMUM: A LINGUAGEM ORDINÁRIA

Esta erosão e derrisão do singular ou do extraordinário já vinha anunciada em *O homem sem qualidades:* "Talvez seja precisamente o pequeno-burguês a pressentir a autora de um novo heroísmo, enorme e coletivo, a exemplo das formigas"[1]. Na verdade, a chegada dessa sociedade de formigas começou com as massas, as primeiras a serem submetidas ao enquadramento das racionalidades niveladoras. O fluxo subiu. A seguir, atingiu os quadros possuidores do aparelho, quadros e técnicos absorvidos no sistema que geravam; invadiu enfim as profissões liberais que se acreditavam protegidas contra ele, e as "belas almas" literárias e artísticas. Em suas águas, ele rola e dispersa as obras, antigamente insulares, hoje mudadas em gotas d'água no mar, ou em metáforas de uma disseminação da língua que não tem mais autor, mas se torna o discurso ou a citação indefinida do outro.

"Cada um" e "Ninguém"

Certamente, existem antecedentes, mas organizados por uma comunidade na loucura e na morte "comuns", e não ainda pelo nivelamento da racionalidade técnica. Assim, na aurora da modernidade, no século XVI, o homem ordinário aparece com as insígnias de uma desventura geral que ele transmuda em derrisão. Assim como é desenhado em uma literatura irônica, aliás típica dos países do Norte e de inspiração já democrática, "embarca" na apertada nau humana dos insensatos e dos mortais, inversão da Arca de Noé, pois leva ao extravio e à perda. Fica aí encurralado na sorte *comum.* Chamado

"*Cada um*" (nome que trai a ausência de nome), este anti-herói é também *Ninguém*, *Nemo*, da mesma forma que o *Everyman* inglês se torna o *Nobody* ou o *Jedermann* alemão se torna *Niemand*[2]. É sempre o outro, sem responsabilidades próprias ("a culpa não é minha, mas do outro: o destino") e de propriedades particulares que limitam o lugar próprio (a morte apaga todas as diferenças). No entanto, mesmo neste teatro humanista, ele ainda ri. E nisto é sábio e louco ao mesmo tempo, lúcido e ridículo, no destino que se impõe a todos e reduz a *nada* a isenção que *cada um* almeja.

De fato, pelo riso anônimo que produz, uma literatura diz o seu próprio estatuto: sendo apenas um simulacro, ela é a verdade de um mundo de prestígios condenado à morte. O "não importa quem" ou "todo o mundo" é um lugar-comum, um *topos* filosófico. Esta personagem geral (todo o mundo e ninguém) tem como papel dizer uma relação universal das ilusórias e loucas produções escritas com a morte, lei do outro. Ele joga em cena a própria definição da literatura como mundo e do mundo como literatura. Além de não ser mais representado aí, o homem ordinário dá como representação o próprio texto, no e pelo texto, e ele reconhece ainda por cima o caráter universal do lugar particular onde permanece o louco discurso de uma sabedoria sábia. É ao mesmo tempo o pesadelo ou o sonho filosófico da ironia humanista e a semelhança de referencial (uma história comum) que dá credibilidade a uma escrita contando a "todo o mundo" a sua ridícula desventura. Mas quando a escrita elitista utiliza o locutor "vulgar" como travesti de uma metalinguagem sobre si mesma, deixa igualmente transparecer aquilo que a desloca de seu privilégio e a aspira fora de si: um Outro que não é mais um deus ou a musa, mas o anônimo. O extravio da escrita fora do seu lugar próprio é traçado por este homem ordinário, metáfora e deriva da dúvida que a habita, fantasma de sua "vaidade", figura enigmática da relação que ela mantém com todo o mundo, com a perda de sua isenção e com sua morte.

Freud e o homem ordinário

Desta personagem "filosófica" nossas referências contemporâneas dão alguns exemplos sem dúvida mais pregnantes. Quando toma *der gemeine Mann* (o homem comum, o homem ordinário) para começo e tema das análises que consagra à civilização (*Mal-estar na civilização*) ou à religião (*O futuro de uma ilusão*)[3], estas duas formas da cultura, Freud não se contenta, fiel à *Aufklärung*, em opor as luzes da psicanálise ("método de investigação, instrumento imparcial, semelhante por assim dizer ao cálculo infinitesimal")[4] ao obscurantismo da "grande maioria" e em articular num saber novo as crenças comuns. Não somente usa de novo o velho esquema que infalivelmente combina "a ilusão" do espírito e a desventura social ao "homem comum" (este o tema do *Mal-estar*, mas em Freud, contrariamente à tradição, o homem ordinário não ri). Ele quer ligar a sua "elucidação" (*Aufklärung*) pioneira a esta maioria "infantil"[5]. Deixando de lado "o pequeno número" dos "pensadores" e dos "artistas", capazes de metamorfosear o trabalho em prazer pela sublimação, deixando portanto esses "raros eleitos" que designam entretanto o lugar onde o seu texto se elabora, Freud estabelece um contrato com "o homem ordinário" e conjuga o seu discurso com a multidão cujo destino *comum* consiste em ser ludibriada, frustrada, forçada ao trabalho cansativo, submetida portanto à lei da mentira e ao tormento da morte. Este contrato, análogo ao que a história de Michelet estabelece com "o Povo", que no entanto nunca falará aí[6], parece dever permitir à teoria estender-se ao universal e apoiar-se no real da história. Fornece-lhe um lugar seguro.

Sem dúvida, o homem ordinário é acusado de arranjar para si, graças ao Deus da religião, a ilusão de "esclarecer todos os enigmas do mundo" e de animar "a segurança que uma Providência cuida de sua vida"[7]. Por esse prisma, atribui-se um saber da totalidade e uma garantia de seu estatuto (pela certeza do seu futuro). Mas a teoria freudiana também não tira proveito análogo da experiência geral que ela invoca? Figura de um universal abstrato, o homem ordinário desempenha aqui ainda o papel de um deus que se pode reconhecer por seus efeitos, mesmo acanalhado e confundido com o comum supersticioso: fornece ao discurso o meio de *generalizar* um saber particular e *garantir* por toda a história a sua validade. Ele o autoriza a superar os seus limites – os limites de uma competência psicanalítica circunscrita a algumas curas, aquelas também de toda a linguagem, da própria linguagem, privada do real que coloca como referencial. Ele o assegura ao mesmo tempo de sua diferença (o discurso "esclarecido" é distinto do discurso "comum") e de sua universalidade (o discurso esclarecido exprime e explica a experiência comum). Fosse qual fosse a opinião pessoal que Freud pudesse ter do "povinho"[8] e cujo oposto se encontraria nas visões otimistas de Michelet sobre o Povo, o homem ordinário presta ao discurso o serviço de aí aparecer como princípio de totalização e como princípio de reconhecimento: permite-lhe dizer "é verdade a respeito de *todos*" e "é a *realidade* da história". Aí funciona à maneira do Deus de outrora.

Mas o velho Freud bem que alimenta suas dúvidas. Ele mesmo faz ironia sobre seu texto, "absolutamente supérfluo", obra de lazer ("não se pode fumar e jogar baralho o dia inteiro"), "passatempo" consagrado a "assuntos elevados" que lhe fazem "redescobrir as verdades mais banais"[9]. Ele o distingue de seus "trabalhos anteriores", articulados segundo as regras de um método e construídos a partir de casos particulares. Aqui não se trata mais do pequeno Hans, nem de Dora ou Schreber. O homem ordinário representa em primeiro lugar a tentação moralista de Freud, o retorno de generalidades éticas ao campo profissional, um acréscimo ou decréscimo em relação aos procedimentos psicanalíticos. Deste modo, explicita uma inversão do saber. Com efeito, se Freud zomba dessa introdução a uma futura "patologia das sociedades civilizadas", é porque *ele mesmo* é este homem ordinário de que fala, tendo na mão algumas "verdades banais" e amargas. Termina as suas considerações por uma cambalhota: "Inclino-me diante da censura de não trazer consolação alguma"[10], pois, diz ele, não tenho nenhuma. Está envolvido do mesmo jeito, e então se põe a rir. Uma irônica e sábia loucura se acha ligada ao fato de perder a singularidade de uma competência e de se achar, não importa se todo mundo ou ninguém, na história comum. No conto filosófico que é *Mal-estar na civilização*, o homem ordinário é o locutor. Ele é no discurso o ponto de junção entre o sábio e o comum – o retorno do outro (todo o mundo e ninguém) no lugar que dele se havia cuidadosamente distinguido. Uma vez mais, traça ali a ultrapassagem da especialidade pela banalidade, e a recondução do saber a seu pressuposto geral: não sei nada de sério. Sou como todo o mundo.

"Privação", "recalque", "Eros", "Thanatos" etc.: estes instrumentos de um trabalho técnico vão escalonando, no *Mal-estar*, o percurso que se estende da *Aufklärung* conquistadora aos lugares-comuns, mas a análise freudiana da cultura se caracteriza antes de tudo pela trajetória dessa inversão. Uma diferença aparentemente fraca e no entanto fundamental distingue seu resultado das trivialidades distribuídas pelos especialistas da cultura: essas trivialidades não mais designando o *objeto* do discurso, mas o seu *lugar*. O trivial não é mais o outro (encarregado de reconhecer a isenção do seu diretor de cena); é a experiência produtora do texto. O enfoque da cultura começa quando o homem ordinário *se torna* o narrador, quando define o lugar (comum) do discurso e o espaço (anônimo) de seu desenvolvimento.

Este lugar tanto é dado ao locutor do discurso como a qualquer outro. Ele é o ponto de chegada de uma trajetória. Não é um estado, tara ou graça inicial, mas algo que *veio a ser*, efeito de um processo de afastamento em relação a práticas reguladas e falsificáveis, uma ultrapassagem do comum numa posição particular. Tal é o caso para Freud, no termo dos "trabalhos" que ele executa (como se executa um condenado) com seus últimos contos sobre o homem ordinário: a realização do luto pela elaboração ficcional do saber[11].

O importante é o *trabalho* de ultrapassagem operado pela insinuação do ordinário em campos científicos constituídos. Bem longe de se dar arbitrariamente o privilégio de falar em nome do ordinário (ele é indizível), ou de pretender estar neste lugar geral (seria falsa "mística") ou, pior, de oferecer à edificação uma cotidianidade hagiográfica, trata-se de atribuir à sua historicidade o movimento que reconduz os procedimentos de análise para suas fronteiras, até o ponto em que se mudam, ou mesmo se perturbam, pela irônica e louca banalidade que falava em "Ninguém", no século XVI, e que retornou no acabamento do saber de Freud. Eu gostaria de descrever a erosão que desenha o ordinário em um corpo de técnicas de análise, pôr à vista as aberturas que marcam o seu traço sobre as margens onde se mobiliza uma ciência, indicar os deslocamentos que levam para o *lugar-comum* onde "não importa quem" enfim se cala, a não ser repetindo (mas de outro jeito) banalidades. Mesmo que seja aspirada pelo rumor oceânico do ordinário, a tarefa não consiste em substituí-la por uma representação ou cobri-la com palavras de zombaria, mas em mostrar como ela se introduz em nossas técnicas – à maneira como o mar volta a encher os buracos da praia – e pode reorganizar o lugar de onde se produz o discurso.

O perito e o filósofo

O caminho técnico a percorrer consiste, em primeira aproximação, em reconduzir as práticas e as línguas científicas para seu país de origem, a *everyday life*, a vida cotidiana. Este retorno, hoje sempre mais insistente, tem o caráter paradoxal de ser também um exílio em relação às disciplinas cujo rigor se mede pela estrita definição de seus limites. Desde que a cientificidade se atribuiu lugares próprios e apropriáveis por projetos racionais capazes de colocar zombeteiramente os seus modos de proceder, os seus objetos formais e as condições de sua falsificação, desde que ela se fundou como uma pluralidade de campos limitados e distintos, em suma, desde que não é mais do tipo teológico, a ciência constituiu *o todo* como o seu *resto*, e este resto se tornou o que agora denominamos a cultura.

Esta clivagem organiza a modernidade. Recorta-a em insularidades científicas e dominantes sobre um fundo de "resistências" práticas e de simbolizações irredutíveis ao pensamento. Ainda que a ambição d'"a ciência" vise conquistar este "resto" a partir dos espaços onde se exercem os poderes de nossos saberes, ainda que, para preparar a realização integral deste império, haja reconhecimentos que inventariam as regiões fronteiriças e ligam assim o claro ao obscuro (são os discursos opacos de ciências mistas assim chamadas "humanas", relatos de expedições que tendem a tornar assimiláveis – senão pensáveis – e a balizar as noites da violência, da superstição e da alteridade: história, antropologia, patologia etc.), a ruptura que as instituições científicas produziram entre línguas artificiais de uma operatividade regulada e falares do corpo social jamais cessou de ser um foco de guerras ou de compromissos. Esta linha divisória, aliás mutável, continua sendo estratégica nos combates para confirmar ou contestar os poderes das técnicas sobre as práticas sociais. Ela separa as línguas artificiais que articulam os procedimentos de um saber especificado e as línguas naturais que organizam a atividade significante comum.

Alguns desses debates (que dizem precisamente respeito à relação de cada ciência com a cultura) podem ser precisados, e é possível indicar suas possíveis saídas, através de duas personagens que aí se defrontam, curiosamente próximas e antinômicas: o perito e o filósofo. Cabe a ambos a tarefa de mediadores entre um saber e a sociedade, o primeiro enquanto introduz a sua especialidade na área mais vasta e complexa de decisões sociopolíticas, o segundo enquanto reinstaura, relativamente a uma técnica particular (matemática, lógica, psiquiatria, história etc.) a pertinência de interrogações gerais. No perito, uma competência se transmuta em autoridade social; no filósofo, as questões banais se tornam um princípio de suspeita num terreno técnico. A relação ambígua (ora de fascínio, ora de repulsa) que o filósofo mantém com o perito parece, aliás, estar muitas vezes subjacente a suas empreitadas: ora as propostas filosóficas visam com ansiedade à realização de sua antiga utopia pelo perito (sustentar em nome de uma cientificidade específica a passagem a problemas de conjunto), ora derrotadas pela história, mas rebeldes, elas se apartam daquilo que lhes foi arrebatado, para acompanharem em seu exílio (ó memórias, ó transgressões simbólicas, ó reinados inconscientes) o Sujeito, ontem rei, e hoje expulso de uma sociedade tecnocrática.

É verdade que o perito prolifera nesta sociedade, a ponto de se tornar a sua figura generalizada, tensionada entre a exigência de uma crescente especialização e a de uma comunicação tanto mais necessária. Ele eclipsa (e de certo modo substitui) o filósofo, ontem o especialista do universal. Mas o seu sucesso não é assim tão espetacular. A lei produtivista de uma atribuição (condição de eficácia) e a lei social de uma circulação (forma do intercâmbio) se contradizem dentro dele. Sem dúvida, cada vez mais, cada especialista deve ser *também* um perito, ou seja, o intérprete e o tradutor de sua competência para outro campo. Isto fica manifesto até mesmo em um laboratório: assim que se trata de se pronunciar sobre objetivos, promoções ou financiamentos, os peritos intervêm "em nome" – mas fora – de sua experiência particular. E como é que conseguem passar de sua técnica – língua dominada e reguladora – para a língua, mais comum, de outra situação? Mediante curiosa operação, que "converte" a competência em autoridade.

Existe um intercâmbio de competência por autoridade. No limite, quanto maior a autoridade do perito, menor a sua competência, até o ponto em que seu fundo se esgota, como a energia necessária para o lançamento de um projétil. Durante o tempo desta conversão, não fica sem competência (tem que ter uma, ou ao menos fazer crer que tem), mas abandona aquela que possui à medida que a sua autoridade se estende para mais longe, exorbitada pela demanda social e/ou por responsabilidades políticas. Paradoxo (geral?) da autoridade: ganha o reconhecimento precisamente por um saber que lhe falta no terreno onde se exerce. É indissociável de um "abuso de saber"[12] – onde talvez seja mister reconhecer o efeito da lei social que desapropria o indivíduo de sua competência em vista de instaurar ou restaurar o capital de uma competência coletiva, isto é, de um provável comum.

Não podendo ater-se ao que sabe, o perito se pronuncia em nome do *lugar* que sua especialidade lhe valeu. Assim ele se inscreve e é inscrito numa ordem *comum* onde a especialização tem valor de *iniciação* enquanto *regra* e *prática* hierarquizante da economia produtivista. Por se ter submetido com êxito a esta prática iniciática, ele pode, sobre questões estranhas à sua competência técnica, mas não ao poder que por ela se adquire, proferir autoritativamente um discurso que já não é o do saber, mas o da ordem socioeconômica. Fala então como homem ordinário, que pode "receber" autoridade com o saber como se ganha um salário pelo trabalho. Inscreve-se na linguagem comum das práticas onde, aliás, uma superprodução de autoridade implica a sua desvalorização, uma vez que ela é procurada sempre mais com uma soma igual ou inferior de competência. Mas quando ele continua crendo ou dando a crer que age como cientista, confunde o *lugar* social e o *discurso* técnico. Toma um pelo outro: ocorre um quiproquó. Desconhece a ordem que representa. Não sabe mais *o* que diz. Alguns somente depois de terem por muito tempo acreditado falarem como peritos uma linguagem científica acordam do seu sono e se dão conta, de repente, que a certa altura, como o Gato Félix num filme antigo, estão andando em pleno ar, longe do terreno científico. Reconhecido como científico, seu discurso não passava da linguagem ordinária dos jogos táticos entre poderes econômicos e autoridades simbólicas.

O modelo Wittgenstein da linguagem ordinária

Sendo assim, o discurso "universal" de uma filosofia passada não consegue recuperar mais seus direitos. Enquanto diz respeito à linguagem, a questão filosófica consistiria sobretudo em interrogar, em nossas sociedades técnicas, a grande partilha entre as discursividades reguladoras da especialização (elas mantêm uma *razão* social por compartimentos estanques operatórios) e as narratividades do intercâmbio massificado (multiplicam as *astúcias* que permitem ou refreiam uma *circulação* numa rede de poderes). Independentemente das análises que reduziram umas e outras ao índice comum de *práticas* linguísticas[13], ou das pesquisas que põem em evidência ou a insinuação das crenças, da probabilidade, das metáforas, isto é, do "comum" no discurso científico, ou as lógicas complexas implícitas na linguagem ordinária[14] – tentativas para rearticular as peças desconexas e abusivamente hierarquizadas da linguagem – é possível recorrer também a uma filosofia que forneça um "modelo" (assim como se fala de um modelo de automóvel) e que efetue um exame rigoroso da linguagem ordinária: a de Wittgenstein. Na perspectiva em que me coloco, ela pode ser considerada uma crítica radical do perito. Corolário: é também uma crítica do filósofo como perito.

Se Wittgenstein pretende "trazer a linguagem do seu uso filosófico de volta ao seu uso ordinário", ao *everyday use*[15], projeto que ele desenvolveu sobretudo durante o seu último período, ele se proíbe, ou proíbe ao filósofo toda extrapolação metafísica para fora do que o falar *possa* dizer. Este seu programa, o mais constante: "Não dizer coisa alguma, a não ser o que se pode dizer... e então, sempre que um outro quisesse dizer alguma coisa de metafísico, demonstrar-lhe que não deu sentido a certos sinais em suas proposições"[16]. Fixou para si como tarefa ser o cientista da atividade significante na linguagem comum. Qualquer outra coisa só é levada em conta como linguagem por analogia ou comparação com "o aparelho de nossa linguagem ordinária"[17]. Mas trata-se de abordá-la de maneira a não afirmar nada que extrapole a competência desta linguagem e, portanto, a jamais tornar-se o perito nela, ou o intérprete, em outro campo linguístico (por exemplo, metafísico ou ético), a nunca falar *noutro lugar* "em seu nome". Deve assim tornar-se impossível a conversão da competência em autoridade. O que fascina na empreitada deste Hércules, faxineiro das estrebarias de Áugias da intelectualidade contemporânea, não são em primeiro lugar os seus procedimentos de restrição, efeitos da exata paixão que ele coloca a serviço de um *pudor* na análise da linguagem "de cada dia" (este *everyday* substituído graças ao enfoque linguístico pelo *Everyman* da ética renascente, mas portador da mesma questão); é, de modo mais fundamental, a maneira como, para retomar a sua expressão, Wittgenstein traça *"do lado de dentro" desta linguagem* os limites daquilo que, ético ou místico, a ultrapassa[18]. É exclusivamente do lado de dentro que ele reconhece um fora em si mesmo indizível. Seu trabalho efetua portanto uma dupla erosão: aquela que, de dentro da linguagem ordinária, mostra esses limites; aquela que denuncia o caráter irreceptível (o *nonsense*) de toda sentença que tenta uma saída para "aquilo que não se pode dizer". A análise põe à mostra os vazios que minam a linguagem, e ela destrói os enunciados que pretendem preenchê-los. Ela trabalha com aquilo que *mostra* (*zeigen*) sem poder dizer (*sagen*). Wittgenstein examina um jogo de sintaxes regionais e combinadas, cujos fundamentos, coerência e significado global dependem de questões pertinentes, são até essenciais, mas não podem ser abordadas em um lugar "próprio", porque a linguagem não poderia tornar-se o objeto de um discurso. "Não *dominamos com o olhar* o uso de nossas palavras"[19]. Raras vezes a realidade da linguagem foi tão rigorosamente levada a sério, isto é, o fato de ela definir a nossa historicidade, de nos superar e envolver sob o modo do ordinário, que nenhum discurso pode, portanto, "sair dela" e colocar-se à distância para observá-la e dizer o seu sentido.

Deste modo, Wittgenstein se mantém no presente de sua historicidade sem precisar recorrer ao "passado" do historiador. Rejeitaria até a historiografia porque, separando um passado do presente, de fato ela privilegia um lugar *próprio* e produtor de onde pretende "dominar" os fatos linguísticos (ou "documentos") e distinguir-se do *dado*, *produzido* e supostamente o único submetido às regras comuns. Ele se reconhece "preso" na historicidade linguística *comum*. Por isso não aceita *localizar* esta dependência no objeto (denominado "passado") do qual a operação historiográfica se destaca ficticiamente (de uma ficção que é aliás o espaço onde se produz o desafio científico de dominar a história)[20]. Na realidade, a sua posição não está em jogo ali, mas em um duplo combate cuja articulação nos fornece um referencial formal para o estudo da cultura. De um lado, ele combate a profissionalização da filosofia, isto é, sua redução ao discurso técnico (positivista) de uma especialidade. De modo mais geral, recusa a desinfecção que, eliminando o uso ordinário (a *everyday language*), e portanto o fundamental, possibilita apenas a uma ciência a produção e o domínio de uma língua artificial. De outro lado, combate a avidez metafísica ou a impaciência da ética, sempre inclinadas a subsumir as regras da correção e se expor ao risco do *nonsense* de seus enunciados e perder a autoridade de seus discursos sobre a linguagem da experiência comum. Combate a presunção que leva a filosofia a fazer "como se" ela desse sentido ao uso ordinário, e supusesse para si mesma um lugar próprio de onde pensar o cotidiano.

Estamos submetidos, embora não identificados, à linguagem ordinária. Como na nave dos insensatos, estamos embarcados, sem possibilidade de fuga ou de totalização. É a "prosa do mundo" de que falava Merleau-Ponty. Ela engloba todo o discurso, mesmo que as experiências humanas não se reduzam ao que ela pode dizer a seu respeito. As cientificidades se permitem *esquecê-la* para constituir-se, e as filosofias *acreditam dominá-la* para autorizar-se a abordá-la. Nem estas nem aquelas, sob este aspecto, tocam a questão filosófica, sem cessar reaberta por este "elã" que "leva o homem a lançar-se contra os limites da linguagem" (*an die Grenze der Sprache anzurennen*)[21]. Wittgenstein reintroduz esta linguagem tanto na filosofia, que a tomou por objeto formal, mas atribuindo-se um domínio fictício, *como* nas ciências que a excluíram para se atribuírem um domínio efetivo.

Ele muda assim o *lugar* da análise, definido agora por uma universalidade que é identicamente uma *obediência* ao uso ordinário. Essa mudança de lugar modifica o estatuto do discurso. Vendo-se "preso" na linguagem ordinária, o filósofo não possui mais lugar próprio ou apropriável. É-lhe retirada toda posição de domínio. O discurso analisador e o "objeto" analisado têm o mesmo estatuto, o de se organizar pelo trabalho de que dão testemunho, determinados por regras que não fundam nem superam, igualmente disseminadas em funcionamentos diferenciados (Wittgenstein quis que a sua própria obra fosse apenas feita de fragmentos), inscritos em uma textura onde cada fragmento pode cada vez "apelar" a uma outra instância, citá-la e a ela referir-se. Dá-se uma permanente troca de lugares distintos. O privilégio filosófico ou científico se perde no ordinário. Essa perda tem como corolário a invalidação das verdades. De que lugar privilegiado poderiam elas ser significadas? Dar-se-ão, portanto, *fatos* que não serão mais *verdades*. E a inflação destas se encontra controlada, senão jugulada, pela crítica dos lugares de autoridade onde os fatos se veem convertidos em verdades. Mostrando que são uma mistura de *nonsense* e de poder, Wittgenstein se esforça por reduzir essas verdades a fatos linguísticos e àquilo que, *nestes* fatos, remete a uma indizível ou "mística" exterioridade da linguagem.

Pode-se ligar a esta posição a importância sempre maior, em Wittgenstein, dos comportamentos e dos usos linguísticos. Abordar a linguagem "na" linguagem ordinária, sem poder "dominá-la com o olhar", sem visibilidade a partir de um ponto distante, quer dizer apreendê-la como um conjunto de práticas onde a própria pessoa do analisador se acha implicada e pelas quais a prosa do mundo opera. A análise será, portanto, "um exame interno a este trabalhar de nossa língua" (*eine Einsicht in das Arbeiten unserer Sprache*)[22]. Ela é levada assim a reproduzir a sua disseminação, que faz em pedaços todo o sistema. Mas, procurando "precisar a morfologia de uso" das expressões, isto é, examinar "os seus domínios de uso" e "descrever suas formas"[23], pode "reconhecer" diferentes modos de funcionamentos cotidianos, governados por "regras pragmáticas", elas mesmas dependentes de "formas de vida" (Lebensformen)[24].

Uma historicidade contemporânea

Na elaboração desta análise, cujos desenvolvimentos sociolinguísticos ou "etnometodológicos" ainda serão retomados mais adiante, não há dúvida alguma que Wittgenstein deve muito à tradição filosófica que ele conheceu em Cambridge. De Cook Wilson a

G.E. Moore e J.L. Austin, ela se detivera a estudar "os modos de falar" (*ways of speaking*) da linguagem cotidiana (*ordinary* ou *everyday language*), a tal ponto que Austin tinha como programa "perseguir as minudências da linguagem ordinária" e ganhara a fama de ser "o evangelista da linguagem ordinária" (TLS, 16 de novembro de 1973). Davam-se para isso diversas razões, que também nos interessam: 1) as maneiras de falar usuais não têm *equivalências* nos discursos filosóficos e não são traduzíveis para elas porque nelas existem mais coisas do que nesses discursos; 2) elas constituem uma *reserva* de "distinções" e de "conexões" acumuladas pela experiência histórica e armazenadas no falar de todos os dias[25]; 3) enquanto *práticas* linguísticas, elas manifestam *complexidades lógicas* das quais nem há suspeita nas formalizações eruditas[26].

Mas essas trocas de certo modo profissionais não poderiam fazer esquecer um enraizamento histórico anterior. Vou aqui ater-me a três aspectos com valor indicativo. Em primeiro lugar, paralela à reação que inspira a Loos *Crime e ornamento* reivindicando uma austeridade funcionalista contra a degenerescência decorativa de Viena[27], ou paralela à que, em Musil, provoca a ironia clínica de suas observações em Cacanie[28], há em Wittgenstein uma "execração" quase jansenista do encanto "falacioso" e os brilharecos "jornalísticos" de uma "cultura podre" ou das "tagarelices" que se lhe assemelham[29]. "Pureza"[30] e pudor marcam o estilo de um engajamento na história contemporânea, uma política filosófica da cultura. O retorno crítico do ordinário, tal como o compreende Wittgenstein, deve destruir todos os tipos de brilharecos retóricos de poderes que hierarquizam e de *nonsense* que gozam de autoridade.

Analogia igualmente impressionante por sua experiência de técnico superior, depois de matemático, Wittgenstein conheceu "o segundo ensaio" e o terceiro ensaio, "o mais importante", de Ulrich, o homem sem qualidades. Ele também foi dono "dos fragmentos de uma nova maneira de pensar e de sentir" e viu "o espetáculo primeiro tão intenso da novidade" dissolver-se "na multiplicação dos detalhes". A ele também só restava a filosofia para se consagrar[31]. Mas, como Ulrich, no campo do "bom uso de suas capacidades" (linguísticas), conservou "a maravilhosa nitidez"[32] afinada por uma cientificidade – conjugando assim rigor técnico com a obediência a seu "objeto".

Contrariamente ao discurso do perito, ele não tira proveito do saber, tornando-o um direito de falar em seu nome. Dele conserva a exigência, mas não o domínio.

Enfim, essa ciência do ordinário se define por uma tríplice estranheza: estranheza do especialista (e do grande burguês) em face da vida comum, do cientista em face da filosofia e, até ao fim, do alemão em face da língua inglesa usual (na qual jamais se estabeleceu). Pode-se comparar esta situação às do etnólogo e do historiador, mas radicalizando-as. Pois essas maneiras de ser um estranho *fora da própria casa* (como o viajante ou o arquivista) são pensadas por Wittgenstein como as metáforas de *demarches* analíticas *estranhas no interior* da própria linguagem que as circunscreve. "Quando fazemos filosofia [isto é, quando trabalhamos no único lugar que é 'filosófico', a prosa do mundo], somos como selvagens, homens primitivos que, ouvindo a maneira de se exprimir de homens civilizados, fazem dela uma falsa interpretação" etc.[33] Não é mais a posição de profissionais, supostamente cultos entre selvagens, mas aquela que consiste em ser um estrangeiro *na própria casa*, um "selvagem" no meio da cultura ordinária, perdido na complexidade do que se ouve e do que se ouve comumente. E como ninguém "sai" desta linguagem, nem pode encontrar outro lugar de onde interpretá-la, não há portanto interpretações falsas e outras verdadeiras, mas apenas interpretações ilusórias. Em suma, não existe *saída*, e apenas o fato de se ser um *estranho dentro, mas sem fora*, e na linguagem ordinária, resta "lançar-se contra os seus limites" – situação próxima da posição freudiana, com uma pequena diferença: Wittgenstein não toma como referência um inconsciente para designar esta estranheza em si.

Por essas características, essa obra disseminada e rigorosa parece oferecer uma épura filosófica a uma ciência contemporânea do ordinário. Sem entrar nos pormenores de sua tese, deve-se confrontar este modelo, tomado como hipótese teórica, com as contribuições positivas de "ciências humanas" (sociologia, etnologia, história...) ao conhecimento da cultura ordinária.

CAPÍTULO II

CULTURAS POPULARES

Deixar Viena ou Cambridge, deixar os textos teóricos não significa separar-se de Wittgenstein, mestre-escola de aldeia de 1920 a 1926, mas partir para o alto-mar da experiência comum que envolve, penetra e acaba vencendo os discursos se todavia a pessoa não se contenta em substituir uma apropriação científica por uma dominação política. Retornam lembranças pessoais, lugares desses mutismos na memória. Assim, introdução a um seminário sobre a cultura popular do Nordeste brasileiro, uma caminhada durante a noite então barulhenta de Salvador até a Igreja do Passo. Contrastando com o teatro sutil da Misericórdia, a fachada sombria ergue em sua dignidade toda a poeira e o suor da cidade. Acima dos antigos bairros cheios de barulho e vozerio, eis o seu segredo, monumental e silencioso. Domina a Ladeira do Passo. Não se entrega aos pesquisadores que no entanto o têm diante do olhar, ali diante deles, como lhes escapa também a língua popular, vinda de muito longe e de muito alto quando se aproximam dele. Bem diferente da Igreja do Rosário, toda azul e aberta, esta pedra negra levanta a face noturna do humor baiano. Rochedo inexpugnável, embora (ou porque) familiar, despojado de solenidade, semelhante às canções da *saudade* brasileira. Voltando dessa peregrinação, pelas ruas, os rostos, malgrado sua alegre mobilidade, parecem multiplicar, passando, o indecifrável e familiar segredo do monumento.

Uma "arte" brasileira

A observação prolifera. Ela tateia, como fazemos, em equipes interdisciplinares locais, no Rio, em Salvador, Recife (Brasil) ou ainda em Santiago do Chile, em Concepción (Chile), em Posadas (Argentina) etc. Assim, uma dessas análises foi consagrada à língua falada pelos lavradores de Pernambuco (em Crato, Juazeiro, Itapetim etc.) sobre a sua situação em 1974 e sobre as gestas de Frei Damião, herói carismático da região[1]. O discurso distribuía o espaço de maneira a estratificá-lo em dois níveis. De um lado, um espaço socioeconômico, organizado por uma luta imemorial entre "poderosos" e "pobres", apresentava-se como o campo das perpétuas vitórias dos ricos e da polícia, mas também como o reinado da mentira (ali nunca se diz uma verdade, a não ser em voz baixa e na roda dos lavradores: "Agora a gente sabe, mas não pode dizer alto"). Ali, sempre, os fortes ganham e as palavras enganam – experiência muito semelhante à constatação de um magrebino, sindicalista em Billancourt: "A gente sempre leva a pior!" Por outro lado, distinto desse espaço *polemológico* e que apresenta à perspicácia dos lavradores uma rede inumerável de conflitos, escondida sob o manto da língua falada, havia um espaço *utópico* onde se afirmava, em relatos religiosos, um possível por definição milagroso: Frei Damião era o seu centro quase imóvel sem cessar qualificado pelas histórias sucessivas dos castigos do céu que atingiam seus inimigos.

No que dizia respeito à relação efetiva das forças, o discurso de lucidez trapaceava com as palavras falsificadas e também com a proibição de dizer, para mostrar em toda a parte uma injustiça – não só a dos poderes estabelecidos mas, de modo mais profundo, a da história: reconhecia nesta injustiça uma ordem das coisas, em que nada autorizava a esperar a mudança. É sempre assim, é o que se via todo dia. Mas não se concedia nenhuma legitimidade a esse estado de fato. Pelo contrário, embora sendo uma realidade sempre repetida, esta relação de forças nem por isso se tornava mais aceitável. O fato não era aceitável como uma *lei*, mesmo sendo sempre um fato. Tomada numa dependência, obrigada a obedecer aos fatos, essa convicção opunha, no entanto, uma radical recusa ao *estatuto* da ordem que se impõe como natural e um protesto *ético* contra sua fatalidade (se alguma ciência pode permitir-se opções diferentes sobre a relação dos fatos e das leis, é antes de tudo pelo fato de ela escapar a essa dependência). Mas para afirmar a não coincidência entre fatos e sentido, era necessário um outro cenário, religioso, que reintroduzisse, ao modo de acontecimentos sobrenaturais, a contingência histórica desta "natureza" e, com referenciais celestes, um lugar para esse protesto. No entanto, dizia-se uma inaceitabilidade da ordem estabelecida, a justo título sob a forma do milagre. Ali, numa linguagem necessariamente estranha à análise das relações socioeconômicas, podia-se *sustentar* a esperança que o vencido da história – corpo no qual se escrevem continuamente as vitórias dos ricos ou de seus aliados – possa, na "pessoa" do "santo" humilhado, Damião, erguer-se graças aos golpes desferidos pelo céu contra os adversários.

Sem retirar nada que seja àquilo que se diz cotidianamente, os relatos de milagres respondem a isso "de lado", de viés, por um discurso diferente no qual só se pode *"crer"* – que uma reação ética deve acreditar que a vida não se reduz àquilo que se vê. Assim, cantos anarquistas, em *A Cecília* (filme de J.-L. Comolli), formam o contraponto dos acontecimentos que destroem, golpe atrás de golpe, à medida que se desenvolve, a comuna socialista fundada no Brasil por Tito Rossi: eles permanecem intactos e, no fim, sobre a própria ruína de uma história reduzida à ordem, essas canções ainda se elevam, escapando ao campo fechado do fracasso, levantando a voz que fará surgir, em outro lugar, outros movimentos:

> Un'idea l'amante mia
> A cui detti braccio e cuor...
> Deh t'affretta a sorgere
> O sol dell'avvenir
> Vivere vogliam liberi
> Non vogliam più servir[2]*.

À maneira das *Loas* vudus, "espíritos" e vozes de outra referência[3], os relatos de milagres são também cantos, mas graves, relativos não a sublevações, mas à constatação de sua permanente repressão. Apesar de tudo, oferecem ao *possível* um lugar inexpugnável, por ser um não lugar, uma utopia. Criam um espaço diferente, que coexiste com aquele de uma experiência sem ilusões. Dizem uma verdade (o

---

* "Minha amante é uma ideia/ a quem dei braço e coração.../ Apressa-te a levantar-te/ Ó sol do futuro,/ Queremos viver livres,/ Não mais queremos servir" (LG).

milagroso), não redutível às crenças particulares que lhe servem de metáforas ou de símbolos. Estariam *ao lado* da análise dos fatos como o equivalente daquilo que uma ideologia política introduz *nesta análise.*

Os "crentes" rurais desfazem assim a fatalidade da ordem estabelecida. E o fazem utilizando um quadro de referência que, também ele, vem de um poder externo (a religião imposta pelos missionários). Reempregam um sistema que, muito longe de lhes ser próprio, foi construído e propagado por outros, e marcam esse reemprego por "super-ações", excrescências do miraculoso que as autoridades civis e religiosas sempre olharam com suspeita, e com razão, de contestar às hierarquias do poder e do saber a sua "razão". Um uso ("popular") da religião modifica-lhe o funcionamento. Uma maneira de falar essa linguagem recebida a transforma em um canto de resistência, sem que essa metamorfose interna comprometa a sinceridade com a qual pode ser acreditada, nem a lucidez com a qual, aliás, se veem as lutas e as desigualdades que se ocultam sob a ordem estabelecida.

Falando de modo mais geral, *uma maneira de utilizar* sistemas impostos constitui a resistência à lei histórica de um estado de fato e a suas legitimações dogmáticas. Uma prática da ordem construída por outros redistribui-lhe o espaço. Ali ela cria ao menos um jogo, por manobras entre forças desiguais e por referências utópicas. Aí se manifestaria a opacidade da cultura "popular" – a *pedra negra* que se opõe à assimilação. O que aí se chama sabedoria, define-se como *trampolinagem*, palavra que um jogo de palavras associa à acrobacia do saltimbanco e à sua arte de saltar no trampolim, e como *trapaçaria*, astúcia e esperteza no modo de utilizar ou de driblar os termos dos contratos sociais[4]. Mil maneiras de *jogar/desfazer o jogo do outro*, ou seja, o espaço instituído por outros, caracterizam a atividade, sutil, tenaz, resistente, de grupos que, por não ter um próprio, devem desembaraçar-se em uma rede de forças e de representações estabelecidas. Tem que "fazer com". Nesses estratagemas de combatentes existe uma arte dos golpes, dos lances, um prazer em alterar as regras de espaço opressor. Destreza tática e alegria de uma tecnicidade. Scapin e Fígaro são apenas ecos literários desse modo de agir. Como a habilidade do motorista nas ruas de Roma ou de Nápoles, uma mestria que tem seus peritos e sua estética se exerce no labirinto dos poderes, recria sem cessar opacidade e ambiguidade – cantos de sombras e astúcias – no universo da transparência tecnocrática, aí se perde e aí se encontra sem precisar assumir a gestão de uma totalidade. Até o campo da desventura aí é rcfeito por essa combinação do manipular e do gozar.

A enunciação proverbial

Generalização muito apressada? Hipótese de pesquisa, com efeito, mas fundamentada no exame de outros terrenos[5] e situada, naturalmente, num conjunto de precedentes e vizinhos, por exemplo as pesquisas mais recentes sobre "a inteligência prática" (*a mètis*) dos gregos[6] ou sobre o "senso prático" e as "estratégias" kabilas e bearnesas[7].

Com efeito, este enfoque da cultura popular se inspira em uma problemática do enunciado, na tríplice referência daquilo que devemos à análise da performatividade por Austin, à semiótica da manipulação em A.J. Greimas, e à semiologia da Escola de Praga. Inicialmente relativa ao *ato de palavra* mediante o qual um locutor realiza e se apropria da língua numa situação particular de intercâmbio ou de "contrato"[8], essa problemática pode ser estendida ao conjunto da cultura a título das semelhanças entre os *procedimentos* ("enunciativos") que articulam intervenções, seja no campo da língua, seja na rede das práticas sociais. Ela se distingue dos estudos, de corte mais tradicional, que abordam os enunciados das lendas, provérbios etc. ou, de modo mais amplo, a forma objetiva dos ritos ou comportamentos, visando constituir um *corpus próprio* da cultura popular e aí analisar os termos variáveis de funções invariáveis em sistemas finitos. Entre essas duas óticas, divergem os postulados e os métodos. Onde uma se esforça para encontrar os tipos de *operações* que surgem das conjunturas históricas, a outra prefere identificar os equilíbrios estruturais cuja constância se manifesta diversamente em cada sociedade.

As diferenças não são, é claro, nem tão simples nem tão antinômicas. Assim, Pierre Bourdieu combina as duas em uma "teoria da prática" à qual irá voltar ainda. Mas pode-se precisar o que implica esta alternativa, a partir de um caso particular, o dos *provérbios.*

Um dos métodos consiste em isolar primeiro os provérbios e armazená-los, como Aarne e Propp fizeram com os contos. Do material colecionado, ou se abordará o conteúdo, dividido em *labels* ou unidades semânticas (ações, temas, atores) cujas relações são analisáveis em termos de estruturas e cujas constelações indicam a geografia mental própria deste ou daquele grupo[9], ou então podem-se estudar os modos de produção, por exemplo o processo que, nos provérbios (geralmente dísticos) – "Natal no balcão, Páscoa na lareira" (Noel au balcón, Pâques au tison); "Longe dos olhos, longe do coração"; "Quem dorme se alimenta" etc. – reforça o impacto do sentido diminuindo as diferenças de som (pela rima, pela aliteração etc.)[10]. Detectam-se então sistemas, seja de significados, seja de fabricação. Por um duplo domínio sobre o *corpus* que circunscrevem e sobre as operações que aí efetuam, esses métodos conseguem definir, eles mesmos, o seu objeto (que é um provérbio?), racionalizar a sua coleta, classificar os seus tipos e transformar o "dado" em algo que se pode reproduzir (por exemplo, conhecendo-se as regras de produção dos provérbios, podem-se fabricar em série). Essas técnicas adquirem deste modo, explicando-os, a capacidade de *construir* fenômenos sociais, bem como a biologia é capaz de sintetizar insulina. Mas que a dos provérbios por estar mais desenvolvida, a análise dos mitos, de Aarne até Lévi-Strauss, mostrou como uma ciência desses discursos, isolando-os e fazendo uma triagem, e formalizando as unidades mínimas que trata[11], conseguiu classificar uma literatura supostamente heteróclita, encontrar um "pensamento selvagem" e uma lógica nos corpos constituídos como "estranhos", enfim renovar deste modo a interpretação e a produção de nossos próprios discursos.

O inconveniente do método, condição do seu sucesso, é extrair os documentos de seu contexto *histórico* e eliminar as *operações* dos locutores em circunstâncias particulares de tempo, de lugar e competição. É necessário que se apaguem as práticas linguísticas cotidianas (e o espaço de suas táticas), para que as práticas científicas sejam exercidas no seu campo próprio. Por isso não se levam em conta as mil maneiras de "colocar bem" um provérbio, neste ou naquele momento e diante deste ou daquele interlocutor. Tal arte fica excluída e os seus autores, lançados para fora do laboratório, não só porque toda cientificidade exige delimitação e simplificação de seus objetos, mas porque à constituição de um lugar científico, condição prévia de qualquer análise, corresponde a necessidade de poder *transferir* para ali os objetos que se devem estudar. Só pode ser tratado o que se pode transportar. O que não se pode desarraigar tem que ficar fora do campo, por definição. Daí o privilégio que esses estudos concedem aos *discursos*, coisa deste mundo que é aquela que se pode mais facilmente captar, registrar, transportar e abordar em lugar seguro, enquanto o *ato* de palavra não pode separar-se da circunstância. Mesmo das práticas só se há de reter os móveis (instrumentos e produtos que se colocam na vitrine) ou esquemas descritivos (comportamentos quantificáveis, estereótipos de encenações, estruturas rituais), deixando de lado o inarraigável de uma sociedade: modos de usar as coisas ou as palavras segundo as ocasiões. Algo essencial se joga nessa *historicidade* cotidiana, indissociável da *Existência* dos sujeitos que são os atores e autores de operações conjunturais. Pelo contrário, de modo semelhante ao Deus de Schreber, que "tem comércio apenas com cadáveres"[12], nossos saberes parecem considerar e tolerar apenas de um corpo social objetos inertes.

Fatalidade? Lembro-me do maravilhoso Shelburne Museum, de Vermont, EUA, onde pululam, nas trinta e cinco casas de uma aldeia reconstituída, todos os sinais, utensílios e produtos da vida cotidiana no século XIX, desde o trem de cozinha e as prateleiras de remédios até aos instrumentos para costurar, objetos de toalete e os brinquedos de criança. O inumerável das coisas familiares, polidas, deformadas ou embelezadas pelo uso, multiplicava também as marcas das mãos ativas e dos corpos laboriosos ou pacientes de que essas coisas compunham as redes diárias: presença obsessionante de ausências traçadas em toda a parte. Ao menos essa aldeia abarrotada de objetos abandonados e recolhidos remetia, por eles, aos murmúrios ordenados de cem aldeias passadas ou possíveis, e o visitante se punha a sonhar com esses traços imbricados com mil combinações de existências. Como os utensílios, os provérbios ou outros discursos, são *marcados por usos*; apresentam à análise as *marcas de atos* ou processos de enunciação[13]; significam as *operações* de que foram objeto, operações relativas a situações e encaráveis como *modalizações* conjunturais do enunciado ou da prática[14]; de modo mais lato, indicam, portanto, uma *historicidade* social na qual os sistemas de representações ou os procedimentos de fabricação não aparecem mais só como quadros normativos, mas como *instrumentos manipuláveis por usuários.*

Lógicas: jogos, contos e artes de dizer

A partir dessas marcas na linguagem, já se pode retornar às maneiras de fazer dos operadores. Mas não basta descrever lances, golpes ou truques singulares. Para pensá-los, deve-se supor que a essas maneiras de fazer correspondem procedimentos em número finito (a invenção não é ilimitada e, como as "improvisações" no piano ou na guitarra, supõe o conhecimento e a aplicação de códigos) e que implicam uma *lógica dos jogos de ações relativos a tipos de circunstâncias.* Esta lógica articulada em cima da *ocasião* tem como preliminar, contrariando a cientificidade ocidental, a não autonomia do campo de ação. Poder-se-ia encontrar uma rica elucidação desse ponto no pensamento chinês, desde o canônico *Livro das mutações* ou do trabalho de Sun Tzé sobre *A arte da guerra*[15], ou na tradição árabe do *Livro das astúcias*[16]. Mas seria preciso ir tão longe para encontrar modelos? Toda sociedade mostra sempre, em algum lugar, as formalidades a que suas práticas obedecem. Onde então procurá-las no Ocidente, desde que a nossa cientificidade, substituindo os seus lugares "próprios" dos terrenos complexos das astúcias sociais e suas línguas "artificiais" pela linguagem ordinária[17], permitiu e impôs à razão uma lógica do domínio e da transparência? Como a "carta roubada" de Edgar Poe, as escrituras dessas lógicas diferentes são colocadas em lugares tão evidentes que nem aparecem. Sem voltar à linguagem ordinária, pode-se já sugerir três lugares onde se expõem, escondidas por sua evidência, as formalidades dessas maneiras de fazer ocasionais.

Em primeiro lugar, os *jogos* específicos de cada sociedade: essas operações disjuntivas[18] (produtoras de acontecimentos diferenciadores) dão lugar a espaços onde os *lances* são proporcionais a *situações.* Desde o jogo de xadrez, forma aristocrática de uma "arte da guerra", proveniente da China e introduzida pelos árabes no Ocidente medieval onde veio a constituir o essencial da cultura nas cortes palacianas, até o jogo de baralho, o loto ou o *scrabble*, os jogos *formulam* (e até formalizam) as *regras* organizadoras dos lances e constituem também uma *memória* (armazenamento e classificação) de esquemas de ações articulando novos lances conforme as ocasiões. Exercem essa função precisamente por estarem longe dos combates cotidianos que não permitem "desvelar o seu jogo", e cujas aplicações, regras e lances são de uma complexidade muito grande. A explicitação é sempre inversamente proporcional ao engajamento prático. Ao se destacar nesses jogos uma formalidade de táticas (como se faz a propósito do jogo de *go*)[19], ou comparando aos jogos a adivinhação técnica, cujo quadro formal tem como objetivo ajustar uma decisão a situações concretas[20], tem-se um primeiro fundo sobre as racionalidades próprias a práticas de espaços – espaços fechados e "historicizados" pela variabilidade dos acontecimentos a abordar.

A esses jogos correspondem os *relatos* de partidas. Fala-se sobre o jogo de baralho do outro dia à noite ou sobre... schelen... do outro dia. Essas histórias representam uma sucessão de combinações entre todas aquelas possibilitadas pela organização sincrônica de um espaço, de regras, dados etc. São as projeções paradigmáticas de uma opção entre esses possíveis – opção correspondente a uma efetuação (ou enunciação) particular. Como o relatório sobre um jogo de bridge ou a reprodução de uma partida de xadrez no *Le Monde*, poderiam ser quantificadas, ou seja, tornar visível o fato de que cada acontecimento é uma aplicação singular do quadro formal. Mas jogando de novo uma partida, relatando-a, essas histórias registram ao mesmo tempo regras e lances. Memorizadas bem como memorizáveis, são *repertórios de esquemas de ação* entre parceiros. Com a sedução aí introduzida pelo elemento surpresa, esses memorandos ensinam as táticas possíveis em um sistema (social) dado.

Contos e lendas parecem ter o mesmo papel[21]. Eles se desdobram, como o jogo, num espaço excetuado e isolado das competições cotidianas, o do maravilhoso, do passado, das origens. Ali podem então expor-se, vestidos como deuses ou heróis, os modelos dos gestos bons ou maus utilizáveis a cada dia. Aí se narram lances, golpes, não verdades. Dessas panóplias de estratégias já se pode encontrar um exemplo em Propp, pioneiro consagrado do Comendador das pesquisas "formalistas" sobre os contos populares[22]. Os quatrocentos contos maravilhosos que examinara, ele os reduzia a "séries fundamentais"[23] de *funções*, sendo a "função" "a ação de um personagem, definida do ponto de vista de sua significação no desenrolar da intriga"[24]. Não é certo, como observava A. Régnier, que a homologação dessas funções seja coerente nem, como o mostraram tanto Lévi-Strauss como Greimas, que as unidades destacadas sejam estáveis: mas a novidade ainda recente de Propp reside na análise das táticas cujo inventário e cujas combinações se encontram nos contos, na base de unidades elementares que não são nem significações nem seres, mas ações relativas a situações conflituais. Com outros mais tarde, esta leitura permitiria reconhecer nos contos os discursos estratégicos do povo. Daí o privilégio que esses contos concedem à simulação/dissimulação[25]. Uma formalidade das práticas cotidianas vem à tona nessas histórias, que invertem frequentemente as relações de força e, como as histórias de milagres, garantem ao oprimido a vitória num espaço maravilhoso, utópico. Este espaço protege as armas do fraco contra a realidade da ordem estabelecida. Oculta-as também às categorias sociais que "fazem história", pois a dominam. E onde a historiografia narra no passado as estratégias de poderes instituídos, essas histórias "maravilhosas" oferecem a seu público (ao bom entendedor, um cumprimento) um possível de táticas disponíveis no futuro.

Enfim, nesses mesmos contos, os feitos, as astúcias e "figuras" de estilo, as aliterações, inversões e trocadilhos, participam também na colação dessas táticas. Tornam-se também, mais discretamente, os museus vivos dessas táticas, marcos de uma aprendizagem. A retórica e as práticas cotidianas são igualmente definíveis como manipulações internas a um sistema – o da língua ou ao de uma ordem estabelecida. "Torneios" (ou "tropos") inscrevem na língua ordinária as astúcias, os deslocamentos, elipses etc. que a razão científica eliminou dos discursos operatórios para constituir sentidos "próprios". Mas nessas zonas "literárias" para onde são recalcados (como no sonho, onde Freud os encontrou), continua a prática dessas astúcias, memória de uma cultura. Esses torneios caracterizam uma *arte de dizer* popular. Tão viva, tão perspicaz, quando os reconhece no contista e no camelô, um ouvido de camponês de operário sabe detectar numa maneira de dizer uma maneira de tratar a linguagem recebida. Sua apreciação engraçada ou artística refere-se também a uma arte de viver no campo do outro. Ela distingue nesses torneios de linguagem um estilo de pensamento e de ação – modelos de práticas[26].

Uma prática de dissimulação: a "sucata"

Com esses exemplos de terrenos onde se podem rastrear as modalidades específicas de práticas "enunciativas", manipulações de espaços impostos, táticas relativas a situações particulares, abre-se a possibilidade de analisar o imenso campo de uma "arte de fazer" diferente dos modelos que reinam (em princípio) de cima para baixo da cultura habilitada pelo ensino (do superior ao primário) e que postulam, todos eles, a constituição de um lugar próprio (um espaço científico ou uma página branca para escrever), independente dos locutores e das circunstâncias, onde construir um sistema a partir de regras que garantam a sua produção, sua repetição e verificação. Mas há duas questões que pesam nesta pesquisa. Dizem respeito, aliás, às duas faces de um mesmo problema político. De uma parte, esta "arte", em nome do quê a declaramos *diferente*? De outra, *de onde* (de que outro lugar) efetuamos sua análise? Ao invés de recorrer aos mesmos procedimentos dessa arte, talvez possamos rever tanto a sua definição como "popular" como também a nossa posição de observadores.

Sem dúvida continua havendo diferenças, sociais, econômicas, históricas, entre os praticantes (camponeses, operários etc.) dessas astúcias e os analistas, neste caso, nós. Não se dá por acaso que toda a sua cultura se elabora nos termos de relações conflituais ou competitivas entre mais fortes e mais fracos, sem que nenhum espaço, nem legendário ou ritual, possa instalar-se na certeza de neutralidade. Essa diferença tem, aliás, um revelador no interior do próprio estudo: a ruptura ou o corte entre o tempo das solidariedades (o da docilidade e da gratidão do pesquisador para com seus anfitriões) e o tempo da redação que põe à mostra as alianças institucionais (científicas, sociais) e o lucro (intelectual, profissional, financeiro etc.) que tem objetivamente nessa hospitalidade o seu meio. Os Bororo vão descendo lentamente para a morte coletiva, enquanto Lévi-Strauss veste o fardão da Academia. Mesmo que ele não se console com essa injustiça, isto não muda em nada o fato. E esta é também a nossa própria história, não apenas a dele. Apenas sob este aspecto (sinal de outros mais importantes), o mesmo se dava antigamente, quando o popular alimentava o clero.

Sem voltar a insistir sobre as implicações socioeconômicas do *lugar* onde se produz um estudo etnológico ou histórico[27], nem sobre a política que, desde as origens da pesquisa contemporânea, inscreveu o conceito *popular* numa problemática de repressão[28], é necessário levar em conta uma urgência: caso não se fique esperando que venha uma revolução transformar as leis da história, como vencer hoje a hierarquização social que organiza o trabalho científico sobre as culturas populares e ali se repete? As ressurgências das práticas "populares" na modernidade industrial e científica mostram os caminhos que poderiam ser assumidos por uma transformação do nosso objeto de estudo e do lugar de onde o estudamos.

Não é possível prender no passado, nas zonas rurais ou nos primitivos os modelos operatórios de uma cultura popular. Eles existem no coração das praças-fortes da economia contemporânea. Como no caso da sucata, por exemplo. Este fenômeno se vai generalizando por toda a parte, mesmo que os quadros o penalizem ou "fechem os olhos" para não vê-lo. Acusado de roubar, de recuperar material para seu proveito próprio e utilizar as máquinas por conta própria, o trabalhador que "trabalha com sucata" subtrai à fábrica tempo (e não tanto bens, porque só se serve de restos) em vista de um trabalho livre, criativo e precisamente não lucrativo. Nos próprios lugares onde reina a máquina a que deve servir, o operário trapaceia pelo prazer de inventar produtos gratuitos destinados somente a significar por sua *obra* um saber-fazer pessoal e a responder por uma *despesa* a solidariedades operárias ou familiares[29]. Com a cumplicidade de outros trabalhadores (que deste modo põem em xeque a concorrência fomentada entre eles pela fábrica), ele realiza "golpes" no terreno da ordem estabelecida. Longe de ser uma regressão para unidades artesanais ou individuais de produção, o trabalho com sucata reintroduz no espaço industrial (ou seja, na ordem vigente) as táticas "populares" de outrora ou de outros espaços.

Cem outros exemplos poderiam mostrar a constância dessas práticas, mesmo na modernidade mais normalizada. Com variantes, os produtos análogos à sucata proliferam nas administrações públicas ou comerciais, como também nas fábricas. Sem dúvida aí se acham tão difundidas hoje como ontem (seria preciso ainda estudá-las), igualmente suspeitas, reprimidas ou cobertas com o silêncio. Não apenas as oficinas e os escritórios e repartições, mas os museus e as revistas eruditas as penalizam ou querem olvidá-las. As instâncias do saber etnológico ou folclórico delas retêm apenas objetos físicos ou linguísticos, etiquetados em lugares de origem e em temas, colocados na vitrina, expostos à leitura e destinados a disfarçar, sob "valores" camponeses oferecidos à edificação ou à curiosidade dos citadinos, a legitimação de uma ordem supostamente imemorial e "natural" por seus conservadores. Ou então, de uma *linguagem* de operações sociais elas extraem os utensílios e os produtos para com ele mobiliar as prateleiras com *gadgets* técnicos e colocá-los, inertes, às margens de um sistema intato.

A ordem efetiva das coisas é justamente aquilo que as táticas "populares" desviam para fins próprios, sem a ilusão que mude proximamente. Enquanto é explorada por um poder dominante, ou simplesmente negada por um discurso ideológico, aqui a ordem é *representada* por uma arte. Na instituição a servir se insinuam assim um estilo de trocas sociais, um estilo de invenções técnicas e um estilo de resistência moral, isto é, uma economia do "*dom*" (de generosidades como revanche), uma estética de "*golpes*" (de operações de artistas) e uma ética da *tenacidade* (mil maneiras de negar à ordem estabelecida o estatuto de lei, de sentido ou fatalidade). A cultura "popular" seria isto, e não um corpo considerado estranho, estraçalhado a fim de ser exposto, tratado e "citado" por um sistema que reproduz, com os objetos, a situação que impõe aos vivos.

A progressiva compartimentalização dos tempos e dos lugares, lógica disjuntiva da especialização pelo e para o trabalho, não encontra contrapartida suficiente nos rituais conjuntivos das comunicações de massa. Tal *fato* não poderia tornar-se a nossa *lei*. É contornável por serviços que, "rivalizando" com os dons de nossos benfeitores, lhes oferecem produtos tomados dos fundos da instituição que divide e trata os trabalhadores. Essa prática do *desvio* ou da *dissimulação* econômica é na realidade o retorno de uma ética sociopolítica a um sistema econômico. Leva-nos a pensar, sem dúvida, no *potlatch* segundo Mauss, jogo de prestações voluntárias que levam em conta a reciprocidade e organizam uma rede social articulada pela "obrigação de dar"[30]. Semelhante "emulação" não determina hoje a economia de nossas sociedades: o liberalismo tem como unidade básica o indivíduo abstrato e regula todas as trocas entre essas unidades segundo o código da equivalência generalizada que é a moeda. Sem dúvida, hoje este postulado individualista vem novamente à baila precisamente como a questão que perturba todo o sistema liberal. O *a priori* de uma opção histórica ocidental passa a ser o seu ponto de implosão. Seja como for, o *potlatch* parece que se mantém ali como o sinal de outra economia. Sobreviveu dentro da nossa, mas na periferia ou em seus interstícios. E até se desenvolve, embora ilegítimo, no liberalismo avançado. Deste modo, a política do "dom" se torna *também* uma tática desviacionista. Do mesmo modo, a perda que era voluntária em uma economia do dom se transforma em transgressão na economia do lucro: aparece aí como excesso (desperdício), contestação (a rejeição do lucro) ou delito (atentado contra a propriedade).

Esse caminho, relativo à nossa economia, deriva de outra economia: compensa a primeira, embora seja ilegal e (deste ponto de vista) marginal. É que ela permite encontrar também no estudo uma posição que não se define mais somente por um poder adquirido ou por um saber observador, com o acréscimo de um pouco de saudade. A melancolia não basta. Sem dúvida, com relação à escritura que separa em nome de uma divisão do trabalho e que revela alianças de classe, seria "maravilhoso" se, como acontece nos relatos de milagres, os grupos que nos deram ontem tantos mestres e que hoje estão deitados nos nossos *corpus*, se levantassem para marcar, eles mesmos, as suas idas e vindas nos textos que os veneram, enterrando-os. Essas esperanças se perderam, com as crenças que, há tanto tempo, não habitam mais nossas cidades. Não aparecem mais fantasmas para lembrar aos vivos a reciprocidade. Mas na ordem organizada pelo poder do saber (o nosso), como também na ordem das zonas agrícolas ou das indústrias, sempre é possível uma prática desviacionista.

Com relação ao sistema econômico, cujas regras e hierarquias se repetem, como sempre, nas instituições científicas, pode-se tentar usar a sucata. No terreno da pesquisa científica (que define a ordem atual do saber), com suas máquinas e graças a seus resíduos, pode-se desviar o tempo devido à instituição; fabricar os objetos textuais que significam uma arte e solidariedades; jogar esse jogo do intercâmbio gratuito, mesmo que castigado pelos patrões e pelos colegas, quando não se limitam a "fechar os olhos"; inventar os traçados de conivências e de gestos; responder com um presente a outro dom; subverter assim a lei que, na fábrica científica, coloca o trabalho a serviço da máquina e, na mesma lógica, aniquila progressivamente a exigência de criar e a "obrigação de dar". Conheço pesquisadores habilidosos nesta arte do desvio, que é um retorno da ética, do prazer e da invenção à instituição científica. Sem lucro (o lucro fica do lado do trabalho executado para a indústria), muitas vezes levando prejuízo, tiram alguma coisa à ordem do saber para ali gravar "sucessos" artísticos e ali inserir os *graffiti* de suas dívidas de honra. Tratar assim as táticas cotidianas seria praticar uma arte "ordinária", achar-se na situação comum e fazer da escritura uma maneira de fazer "sucata".

CAPÍTULO III

FAZER COM: USOS E TÁTICAS

Apesar das medidas tomadas para reprimi-lo ou para escondê--lo, o "trabalho com sucata" (ou seus equivalentes) se infiltra e ganha terreno. Mas ele mesmo é somente um caso particular entre todas as práticas que introduzem jeitos de *artistas* e competições de *cúmplices* no sistema da reprodução e da divisão em compartimentos pelo trabalho ou pelo lazer. Corre, corre o furão: mil maneiras de "fazer com".

Deste ponto de vista, o corte não passa agora entre o trabalho e os lazeres. Essas duas regiões de atividades se homogeneizam. Elas se repetem e se reforçam uma à outra. Nos locais de trabalho se vão difundindo as técnicas culturais que camuflam a reprodução econômica sob ficções de surpresa (o "*happening*"), de verdade ("a informação") ou de comunicação ("a animação"). Reciprocamente, a produção cultural oferece um campo de expansão para as operações racionais que permitem gerir o trabalho mediante a divisão (uma análise), mapeando-o (uma síntese) e massificando-o (generalização). Outra distinção se impõe, além daquela que distribui os comportamentos segundo o seu *lugar* (de trabalho ou de lazer) e os qualifica então pelo fato de se colocarem nesta ou naquela casa do tabuleiro social – no escritório, na oficina ou no cinema. Existem diferenças de outro tipo. Elas se referem às *modalidades* da ação, às *formalidades* das práticas. Atravessam as fronteiras que permitem as classificações de trabalho ou de lazer. Por exemplo, a arte da "sucata" se inscreve no sistema da cadeia industrial (é seu contraponto, no mesmo lugar), como variante da atividade que, fora da fábrica (noutro lugar), tem a forma da bricolagem.

Embora sejam relativas às possibilidades oferecidas pelas circunstâncias, essas *táticas* desviacionistas não obedecem à lei do lugar. Não se definem por este. Sob esse ponto de vista, são tão localizáveis como as *estratégias* tecnocráticas (e escriturísticas) que visam criar lugares segundo modelos abstratos. O que distingue estas daquelas são os *tipos de operações* nesses espaços que as estratégias são capazes de produzir, mapear e impor, ao passo que as táticas só podem utilizá-los, manipular e alterar.

É preciso, portanto, especificar esquemas de operações. Como na literatura se podem diferenciar "estilos" ou maneiras de escrever, também se podem distinguir "maneiras de fazer" – de caminhar, ler, produzir, falar etc. Esses estilos de ação intervêm num campo que os regula num primeiro nível (por exemplo, o sistema da indústria), mas introduzem aí uma maneira de tirar partido dele, que obedece a outras regras e constitui como que um segundo nível imbricado no primeiro (é o que acontece com a "sucata"). Assimiláveis a *modos de emprego*, essas "maneiras de fazer" criam um jogo mediante a estratificação de funcionamentos diferentes e interferentes. Assim, as "maneiras" de habitar (uma casa ou uma língua) próprias de sua Kabília natal, o magrebino que mora em Paris ou Roubaix as insinua *no* sistema que lhe é imposto na construção de um conjunto residencial popular ou no francês. Ele os superimpõe e, por essa combinação, cria para si um espaço de jogo para *maneiras de utilizar* a ordem imposta do lugar ou da língua. Sem sair do lugar onde tem que viver e que lhe impõe uma lei, ele aí instaura *pluralidade* e criatividade. Por uma arte de intermediação ele tira daí efeitos imprevistos.

Essas operações de emprego – ou melhor, de reemprego – se multiplicam com a extensão dos fenômenos de aculturação, ou seja, com os deslocamentos que substituem maneiras ou "métodos" de transitar pela identificação com o lugar. Isso não impede que correspondam a uma arte muito antiga de "fazer com". Gosto de dar-lhes o nome de *usos*, embora a palavra designe geralmente procedimentos estereotipados recebidos e reproduzidos por um grupo, seus "usos e costumes". O problema está na ambiguidade da palavra pois, nesses "usos", trata-se precisamente de reconhecer "ações" (no sentido militar da palavra) que são a sua formalidade e sua inventividade próprias e que organizam em surdina o trabalho de formigas do consumo.

O uso ou o consumo

Depois dos trabalhos, muitos deles notáveis, que analisaram os "bens culturais", o sistema de sua produção[1], o mapa de sua distribuição e a distribuição dos consumidores nesse mapa[2], parece possível considerar esses bens não apenas como dados a partir dos quais se pode estabelecer os quadros estatísticos de sua circulação ou constatar os funcionamentos econômicos de sua difusão, mas também como o repertório com o qual os usuários procedem a operações próprias. Sendo assim, esses fatos não são mais os dados de nossos cálculos, mas o léxico de suas práticas. Assim, uma vez analisadas as imagens distribuídas pela TV e os tempos que se passa assistindo aos programas televisivos, resta ainda perguntar o que é que o consumidor *fabrica* com essas imagens e durante essas horas. Os 500 mil franceses que compram *Information-santé*, os fregueses do supermercado, os praticantes do espaço urbano, os consumidores das histórias e legendas jornalísticas, o que é que eles "absorvem", recebem e pagam? O que fazem com isso?

Enigma do consumidor-esfinge. Suas fabricações se disseminam na rede da produção televisiva, urbanística e comercial. São tanto menos visíveis como as redes do enquadramento se fazem mais apertadas, ágeis e totalitárias. Proteiformes então, ou cor de muralha, elas desaparecem nas organizações colonizadoras cujos produtos não deixam lugar para os consumidores marcarem sua atividade. Uma criança ainda rabisca e suja o livro escolar; mesmo que receba um castigo por esse crime, a criança ganha um espaço, assina aí sua existência de autor. O telespectador não escreve coisa alguma na tela da TV. Ele é afastado do produto, excluído da manifestação. Perde seus direitos de autor, para se tornar, ao que parece, um puro receptor, o espelho de um ator multiforme e narcísico. No limite, seria ele a imagem de aparelhos que não mais precisam dele para se produzir, a reprodução de uma "máquina celibatária"[3].

Na realidade, diante de uma produção racionalizada, expansionista, centralizada, espetacular e barulhenta, posta-se uma produção de tipo totalmente diverso, qualificada como "consumo", que tem como característica suas astúcias, seu esfarelamento em conformidade com as ocasiões, suas "piratarias", sua clandestinidade, seu murmúrio incansável, em suma, uma quase invisibilidade, pois ela quase não se faz notar por produtos próprios (onde teria o seu lugar?), mas por uma arte de utilizar aqueles que lhe são impostos.

Já faz muito tempo que se vem estudando em outras sociedades as inversões discretas e no entanto fundamentais ali provocadas pelo consumo. Assim o espetacular sucesso da colonização espanhola no seio das etnias indígenas foi alterado pelo uso que dela se fazia: mesmo subjugados, ou até consentindo, muitas vezes esses indígenas usavam as leis, as práticas ou as representações que lhes eram impostas pela força ou pela sedução, para outros fins que não os dos conquistadores. Faziam com elas outras coisas: subvertiam-nas a partir de dentro – não rejeitando-as ou transformando-as (isto acontecia também), mas por cem maneiras de empregá-las a serviço de regras, costumes ou convicções estranhas à colonização da qual não podiam fugir[4]. Eles metaforizavam a ordem dominante: faziam-na funcionar em outro registro. Permaneciam outros, no interior do sistema que assimilavam e que os assimilava exteriormente. Modificavam-no sem deixá-lo. Procedimentos de consumo conservavam a sua diferença no próprio espaço organizado pelo ocupante.

Exemplo extremo? Não, mesmo que a resistência dos povos indígenas tivesse como base uma memória tatuada pela opressão, um passado inscrito no corpo[5]. Em grau menor, o mesmo processo se encontra no uso que os meios "populares" fazem das culturas difundidas pelas "elites" produtoras de linguagem. Os conhecimentos e as simbólicas impostos são o objeto de manipulações pelos praticantes que não seus fabricantes. A linguagem produzida por uma categoria social dispõe do poder de estender suas conquistas às vastas regiões do seu meio ambiente, "desertos" onde parece não haver nada de tão articulado, mas se vê prisioneira nas armadilhas de sua assimilação por um *maquis* de procedimentos que suas próprias vitórias fazem invisível ao ocupante. Por espetacular que seja, o seu privilégio corre o risco de ser apenas aparente, caso sirva apenas de quadro para as práticas teimosas, astuciosas, cotidianas que o utilizam. Aquilo que se chama de "vulgarização" ou "degradação" de uma cultura seria então um aspecto, caricaturado e parcial, da revanche que as táticas utilizadoras tomam do poder dominador da produção. Seja como for, o consumidor não poderia ser identificado ou qualificado conforme os produtos jornalísticos ou comerciais que assimila: entre ele (que deles se serve) e esses produtos (indícios da "ordem" que lhe é imposta), existe o distanciamento mais ou menos grande do uso que faz deles.

Deve-se portanto analisar o *uso* por si mesmo. Não faltam modelos, sobretudo no que se refere à língua, terreno privilegiado para se encontrar as formalidades próprias a essas práticas. Gilbert Ryle, servindo-se de uma distinção saussuriana entre a "língua" (um sistema) e a "palavra" (um ato), comparava a primeira a um *capital* e a segunda às *operações* que ele permite de um lado um estoque, do outro, negócios e usos[6]. No caso do consumo, poder-se-ia quase afirmar que a produção fornece o capital e os usuários, como locatários, adquirem o direito de efetuar operações sobre este fundo sem serem os seus proprietários. Mas a comparação vale apenas para a relação entre um saber da língua e *atos de palavra* (*speech acts*). A este título apenas, surge toda uma série de questões e categorias que permitiram, sobretudo a partir de Bar-Hillel, abrir no estudo da linguagem (*semiosis* ou *semiotic*) uma secção particular (chamada *pragmatics*), consagrada ao uso ou às *indexical expressions*, isto é, "as palavras e às frases cuja referência não pode ser determinada sem conhecer o contexto do uso"[7].

Antes de voltar ulteriormente a essas pesquisas que esclarecem toda uma região das práticas cotidianas (o uso da língua), basta observar que elas se apoiam numa problemática do enunciado[8]. Os "contextos de uso" (*contexts of use*), colocando o ato na sua relação com as circunstâncias, remetem aos traços que especificam o ato de falar (ou prática da língua) e são efeitos dele. Dessas características o enunciado fornece um modelo, mas elas vão se encontrar na relação que outras práticas (caminhar, morar etc.) mantêm com sistemas não linguísticos. O enunciado, com efeito, supõe: 1) *uma efetuação* do sistema linguístico por um falar que atua as suas possibilidades (a língua só se torna real no ato de falar); 2) *uma apropriação* da língua pelo locutor que a fala; 3) a implantação de um interlocutor (real ou fictício), e por conseguinte a constituição de *um contrato* relacional ou de uma alocução (a pessoa fala a alguém); 4) a instauração de *um presente* pelo ato do "eu" que fala, e ao mesmo tempo, pois "o presente é propriamente a fonte do tempo", a organização de uma temporalidade (o presente cria um antes e um depois) e a existência de um "agora" que é presença no mundo[9].

Esses elementos (realizar, apropriar-se, inserir-se numa rede relacional, situar-se no tempo) fazem do enunciado, e secundariamente do uso, um nó de circunstâncias, uma nodosidade inseparável do "contexto", do qual abstratamente se distingue. Indissociável do *instante* presente, de circunstâncias *particulares* e de um *fazer* (produzir língua e modificar a dinâmica de uma relação), o ato de falar é um uso da língua e uma operação *sobre* ela. Pode-se tentar aplicar o seu modelo a muitas operações não linguísticas, tomando como hipótese que todos esses usos dependem do consumo.

É necessário ainda precisar a natureza dessas operações por outro prisma, não mais a título da relação que mantêm com um sistema ou uma ordem, mas enquanto há *relações de forças* definindo as redes onde se inscrevem e delimitam as circunstâncias de que podem aproveitar-se. Sendo assim, de uma referência linguística é preciso passar a uma referência polemológica. Trata-se de combates ou de jogos entre o forte e o fraco, e das "ações" que o fraco pode empreender.

Estratégias e táticas

Produtores desconhecidos, poetas de seus negócios, inventores de trilhas nas selvas da racionalidade funcionalista, os consumidores produzem uma coisa que se assemelha às "linhas de erre" de que fala Deligny[10]. Traçam "trajetórias indeterminadas"[11], aparentemente desprovidas de sentido porque não são coerentes com o espaço construído, escrito e pré-fabricado onde se movimentam. São frases imprevisíveis num lugar ordenado pelas técnicas organizadoras de sistemas. Embora tenham como material os *vocabulários* das línguas recebidas (o vocabulário da TV, o do jornal, o do supermercado ou das disposições urbanísticas), embora fiquem enquadradas por *sintaxes* prescritas (modos temporais dos horários, organizações paradigmáticas dos lugares etc.), essas "trilhas" continuam heterogêneas aos sistemas onde se infiltram e onde esboçam as astúcias de interesses e de desejos *diferentes*. Elas circulam, vão e vêm, saem da linha e derivam num relevo imposto, ondulações espumantes de um mar que se insinua entre os rochedos e os dédalos de uma ordem estabelecida.

Dessa água regulada em princípio pelas redes institucionais que de fato ela vai aos poucos erodindo e deslocando, as estatísticas não conhecem quase nada. Não se trata, com efeito, de um líquido, circulando nos dispositivos do sólido, mas de *movimentos* diferentes, utilizando os elementos do terreno. Ora, as estatísticas se contentam em classificar, calcular e tabular esses elementos – unidades "léxicas", palavras publicitárias, imagens televisivas, produtos manufaturados, lugares construídos etc. – e o fazem com categorias e segundo taxinomias conformes às da produção industrial ou administrativa. Por isso elas só captam o material utilizado pelas práticas de consumo – material que é evidentemente o que é a todos imposto pela produção – e não a *formalidade* própria dessas práticas, seu "movimento" sub-reptício e astucioso, isto é, a atividade de "fazer com". A força desses cálculos se deve à capacidade de dividir, mas essa capacidade analítica suprime a possibilidade de representar as trajetórias táticas que, segundo critérios próprios, selecionam fragmentos tomados nos vastos conjuntos da produção para a partir deles compor histórias originais. Contabiliza-se *aquilo* que é usado, não as *maneiras* de utilizá-lo. Paradoxalmente, estas se tornam invisíveis no universo da codificação e da transparência generalizadas. Dessas águas que se vão insinuando em toda a parte só se tornam perceptíveis os efeitos (a quantidade e a localização dos produtos consumidos). Elas circulam sem ser vistas, perceptíveis somente por causa dos objetos que movimentam e fazem desaparecer. As práticas do consumo são os fantasmas da sociedade que leva o seu nome. Como os "espíritos" antigos, constituem o postulado multiforme e oculto da atividade produtora.

Para dar conta dessas práticas, recorri à categoria de "trajetória"[12]. Ela deveria evocar um movimento temporal no espaço, isto é, a unidade de uma *sucessão* diacrônica de pontos percorridos, e não a *figura* que esses pontos formam num lugar supostamente sincrônico ou acrônico. De fato, essa "representação" é insuficiente, pois precisamente a trajetória se desenha, e o tempo ou o movimento se acha assim reduzido a uma linha totalizável pela vista, legível num instante: projeta-se num plano o percurso de um pedestre caminhando na cidade. Por mais útil que seja essa "redução", metamorfoseia a articulação *temporal* dos lugares em uma sequência *espacial* de pontos. Um gráfico toma o lugar de uma operação. Um sinal reversível (isto se lê nos dois sentidos, uma vez projetado num papel) substitui uma prática indissociável de momentos singulares e de "ocasiões", portanto, irreversível (não se pode remontar ao tempo primordial, não se pode voltar atrás e aproveitar uma ocasião perdida). Tem-se então *um traço* no lugar dos atos, uma relíquia no lugar das performances: esta é apenas o seu resto, o sinal de seu apagamento. Essa projeção postula que é possível tomar um (este traçado) pelo outro (operações articuladas em cima de ocasiões). É um "quiproquó" (um no lugar do outro), típico das reduções necessariamente efetuadas, para ter eficácia, por uma gestão funcionalista do espaço. É preciso recorrer a outro modelo.

Uma distinção entre *estratégias* e *táticas* parece apresentar um esquema inicial mais adequado. Chamo de *estratégia* o cálculo (ou a manipulação) das relações de forças que se torna possível a partir do momento em que um sujeito de querer e poder (uma empresa, um exército, uma cidade, uma instituição científica) pode ser isolado. A estratégia postula um *lugar* suscetível de ser circunscrito como *algo próprio* e ser a base de onde se podem gerir as relações com *uma exterioridade* de alvos ou ameaças (os clientes ou os concorrentes, os inimigos, o campo em torno da cidade, os objetivos e objetos da pesquisa etc.). Como na administração de empresas, toda racionalização "estratégica" procura em primeiro lugar distinguir de um "ambiente" um "próprio", isto é, o lugar do poder e do querer próprios. Gesto cartesiano, quem sabe: circunscrever um próprio num mundo enfeitiçado pelos poderes invisíveis do Outro. Gesto da modernidade científica, política ou militar.

A instauração de um corte entre um lugar apropriado e seu outro é acompanhada de efeitos consideráveis, alguns dos quais devem ser apontados imediatamente:

1. O "próprio" é *uma vitória do lugar sobre o tempo*. Permite capitalizar vantagens conquistadas, preparar expansões futuras e obter assim para si uma independência em relação à variabilidade das circunstâncias. É um domínio do tempo pela fundação de um lugar autônomo.

2. É também um domínio dos lugares pela vista. A divisão do espaço permite uma *prática panóptica* a partir de um lugar de onde a vista transforma as forças estranhas em objetos que se podem observar e medir, controlar, portanto, e "incluir" na sua visão[13]. Ver (longe) será igualmente prever, antecipar-se ao tempo pela leitura de um espaço.

3. Seria legítimo definir *o poder do saber* por essa capacidade de transformar as incertezas da história em espaços legíveis. Mas é mais exato reconhecer nessas "estratégias" um tipo específico de saber, aquele que sustenta e determina o poder de conquistar para si um lugar próprio. De modo semelhante, as estratégias militares ou científicas sempre foram inauguradas graças à constituição de campos "próprios" (cidades autônomas, instituições "neutras" ou "independentes", laboratórios de pesquisas "desinteressadas" etc.). Noutras palavras, *um poder é a preliminar deste saber*, e não apenas o seu efeito ou seu atributo. Permite e comanda as suas características. Ele se produz aí.

Com respeito às estratégias (cujas figuras sucessivas abalam esse esquema demasiadamente formal e cujo laço com uma configuração histórica particular da racionalidade deveria também ser precisada), chamo de *tática* a ação calculada que é determinada pela ausência de um próprio. Então nenhuma delimitação de fora lhe fornece a condição de autonomia. A tática não tem por lugar senão o do outro. E por isso deve jogar com o terreno que lhe é imposto tal como o organiza a lei de uma força estranha. Não tem meios para se manter em si mesma, à distância, numa posição recuada, de previsão e de convocação própria: a tática é movimento "dentro do campo de visão do inimigo", como dizia von Büllow[14], e no espaço por ele controlado. Ela não tem, portanto, a possibilidade de dar a si mesma um projeto global nem de totalizar o adversário num espaço distinto, visível e objetivável. Ela opera golpe por golpe, lance por lance. Aproveita as "ocasiões" e delas depende, sem base para estocar benefícios, aumentar a propriedade e prever saídas. O que ela ganha não se conserva. Este não lugar lhe permite sem dúvida mobilidade, mas numa docilidade aos azares do tempo, para captar no voo as possibilidades oferecidas por um instante. Tem que utilizar, vigilante, as falhas que as conjunturas particulares vão abrindo na vigilância do poder proprietário. Aí vai caçar. Cria ali surpresas. Consegue estar onde ninguém espera. É astúcia.

Em suma, a tática é a arte do fraco. Clausewitz o observava a propósito da astúcia, em seu tratado *Da guerra*. Quanto maior um poder, tanto menos pode permitir-se mobilizar uma parte de seus meios para produzir efeitos de astúcia: é, com efeito, perigoso usar efetivos consideráveis para aparências, enquanto esse gênero de "demonstrações" é geralmente inútil e "a seriedade da amarga necessidade torna a ação direta tão urgente que não deixa lugar a esse jogo". As forças são distribuídas, não se pode correr o risco de fingir com elas. O poder se acha amarrado à sua visibilidade. Ao contrário, a astúcia é possível ao fraco, e muitas vezes apenas ela, como "último recurso": "Quanto mais fracas as forças submetidas à direção estratégica, tanto mais esta estará sujeita à astúcia"[15]. Traduzindo: tanto mais se torna tática.

Clausewitz compara ainda a astúcia à palavra espirituosa: "Assim como a palavra espirituosa é uma espécie de prestidigitação em face das ideias e das concepções, a astúcia é uma prestidigitação relativa a atos"[16]. Isto sugere o modo pelo qual a tática, verdadeira prestidigitação, se introduz por surpresa numa ordem. A arte de "dar um golpe" é o senso da ocasião. Mediante procedimentos que Freud precisa a respeito do chiste[17], combina elementos audaciosamente reunidos para insinuar o *insight* de outra coisa na linguagem de um lugar e para atingir o destinatário. Raios, relâmpagos, fendas e achados no reticulado de um sistema, as maneiras de fazer dos consumidores são os equivalentes práticos dos chistes.

Sem lugar próprio, sem visão globalizante, cega e perspicaz como se fica no corpo a corpo sem distância, comandada pelos acasos do tempo, a tática é determinada pela *ausência de poder,* assim como a estratégia é organizada pelo postulado de um poder. Deste ponto de vista, a sua dialética poderá ser iluminada pela antiga arte da sofística. Autor de um grande sistema "estratégico", Aristóteles se interessava muito pelos procedimentos desse inimigo que pervertia, pensava ele, a ordem da verdade. Desse adversário proteiforme, rápido, surpreendente, ele cita uma fórmula que, precisando a força da sofística, pode enfim definir a tática, tal como a compreendo aqui: trata-se – dizia Corax – de "fortificar ao máximo a posição do mais fraco"[18]. Em sua densidade paradoxal, esta palavra destaca a relação de forças que está no princípio de uma criatividade intelectual tão tenaz como sutil, incansável, mobilizada à espera de qualquer ocasião, espalhada nos terrenos da ordem dominante, estranha às regras próprias da racionalidade e que esta impõe com base no direito adquirido de um próprio. As estratégias são, portanto, ações que, graças ao postulado de um lugar de poder (a propriedade de um próprio), elaboram lugares teóricos (sistemas e discursos totalizantes), capazes de articular um conjunto de lugares físicos onde as forças se distribuem. Elas combinam esses três tipos de lugar e visam dominá-los uns pelos outros. Privilegiam, portanto, as relações espaciais. Ao menos procuram elas reduzir a esse tipo as relações temporais pela atribuição analítica de um lugar próprio a cada elemento particular e pela organização combinatória dos movimentos específicos a unidades ou a conjuntos de unidades. O modelo para isso foi antes o militar que o "científico". As táticas são procedimentos que valem pela pertinência que dão ao tempo – às circunstâncias que o instante preciso de uma intervenção transforma em situação favorável, à rapidez de movimentos que mudam a organização do espaço, às relações entre momentos sucessivos de um "golpe", aos cruzamentos possíveis de durações e ritmos heterogêneos etc. Sob este aspecto, a diferença entre umas e outras remete a duas opções históricas em matéria de ação e segurança (opções que respondem aliás mais a coerções que a possibilidades): as estratégias apontam para a resistência que o *estabelecimento de um lugar* oferece ao gasto do tempo; as táticas apontam para uma hábil *utilização do tempo*, das ocasiões que apresenta e também dos jogos que introduz nas fundações de um poder. Ainda que os métodos praticados pela arte da guerra cotidiana jamais se apresentem sob uma forma tão nítida, nem por isso é menos certo que apostas feitas no lugar ou no tempo distinguem as maneiras de agir.

Retóricas das práticas, astúcias milenares

Diversas referências teóricas permitirão caracterizar melhor as táticas ou a polemologia do "fraco". É o caso, em particular, das "figuras" e das "metáforas" analisadas pela *retórica*. Freud, aliás, já as tinha individuado e utilizado em seus estudos sobre o chiste e sobre as formas assumidas, no campo de uma ordem, pelos retornos do eliminado: economia e condensações verbais, duplos sentidos e contrassensos, deslocamentos e aliterações, empregos múltiplos do mesmo material etc.[19] Não é de se ficar espantado com essas homologias entre as astúcias práticas e os movimentos retóricos. Com relação às legalidades da sintaxe e do sentido "próprio", isto é, com relação à definição geral de um "próprio" distinto daquilo que não é, os bons e os maus torneios da retórica jogam no terreno que foi assim posto de lado. São manipulações da língua relativas a ocasiões e destinadas a seduzir, captar ou inverter a posição linguística do destinatário[20]. Enquanto a gramática vigia pela "propriedade" dos termos, as alterações retóricas (desvios metafóricos, condensações elípticas, miniaturizações metonímicas etc.) indicam o uso da língua por locutores nas situações particulares de combates linguísticos rituais ou efetivos. São indicadores de consumo ou de jogos de forças. Estão na dependência de uma problemática do enunciado. Por isso, embora (ou por serem) excluídas em princípio do discurso científico, essas "maneiras de falar" fornecem à análise "maneiras de fazer" um repertório de modelos e hipóteses. Afinal de contas, são apenas variantes, numa semiótica geral das táticas. Certamente, para elaborar essa semiótica, seria necessário percorrer as artes de pensar e agir diferentes daquela que se fundou graças à articulação de uma razão sobre a delimitação de um próprio: dos sessenta e quatro hexagramas do *I Ching* chinês[21] ou da *métis* grega[22] até a *hila* árabe[23], indicam-se outras "lógicas". Meu trabalho não visa diretamente à constituição de uma semiótica. Consiste em sugerir algumas maneiras de pensar as práticas cotidianas dos consumidores, supondo, no ponto de partida, que são do tipo tático. Habitar, circular, falar, ler, ir às compras ou cozinhar, todas essas atividades parecem corresponder às características das astúcias e das surpresas táticas: gestos hábeis do "fraco" na ordem estabelecida pelo "forte", arte de dar golpes no campo do outro, astúcia de caçadores, mobilidades nas manobras, operações polimórficas, achados alegres, poéticos e bélicos.

Talvez respondam a uma arte imemorial, que não apenas atravessou as instituições de ordens sociopolíticas sucessivas, mas remonta bem mais acima que nossas histórias e liga com estranhas solidariedades o que fica aquém das fronteiras da humanidade. Essas práticas apresentam com efeito curiosas analogias, e como imemoriais inteligências, com as simulações, os golpes e manobras que certos peixes ou certas plantas executam com prodigiosa virtuosidade. Os procedimentos desta arte se encontram nas regiões remotas do ser vivo, como se vencessem não apenas as divisões estratégicas das instituições históricas, mas também o corte instaurado pela própria instituição da consciência. Garantem continuidades formais e a permanência de uma memória sem linguagem, do fundo dos mares até as ruas de nossas megalópoles.

Seja como for, na escala da história contemporânea, parece também que a generalização e a expansão da racionalidade tecnocrática criaram, entre as malhas do sistema, um esfarelamento e um pulular dessas práticas antigamente reguladas por unidades locais estáveis. Cada vez mais as táticas vão saindo de órbita. Desancoradas das comunidades tradicionais que lhes circunscreviam o funcionamento, elas se põem a vagar por toda a parte num espaço que se homogeneiza e amplia. Os consumidores se tornam migrantes. O sistema onde circulam é demasiadamente amplo para fixá-los em alguma parte, mas demasiadamente regulamentado para que possam escapar dele e exilar-se alhures. Sendo assim, o modelo "estratégico" também muda, como que perdido no seu sucesso: repousava na definição de um "próprio" distinto do resto; torna-se o todo. Seria possível que, aos poucos, esgotasse as suas capacidades transformadoras para constituir somente o espaço (tão totalitário como o cosmos de tempos idos) onde se ativaria uma sociedade de tipo cibernético, entregue aos movimentos brownianos de táticas invisíveis e sem-número. Haveria uma proliferação de manipulações aleatórias e incontroláveis, dentro de uma imensa rede de coerções e seguranças socioeconômicas: miríades de movimentos quase invisíveis, operando na textura sempre mais fina de um lugar homogêneo, contínuo e próprio a todos. Seria já o presente ou ainda o futuro da grande cidade?

Deixando de lado a arqueologia multimilenar das astúcias, bem como a possibilidade de seu futuro formigueiro, o estudo de algumas táticas cotidianas presentes não deve, no entanto, esquecer o horizonte de onde vêm e, no outro extremo, nem o horizonte para onde poderiam ir. A evocação desses remotos passados ou futuros permite ao menos resistir aos efeitos da análise, fundamental, mas muitas vezes exclusiva e obsessional que procura descrever as instituições e os mecanismos *da repressão*. O privilégio detido pela problemática da repressão no terreno das pesquisas não surpreende: as instituições científicas pertencem ao sistema que estudam; examinando-o, elas se conformam ao gênero bem conhecido da história da família (uma ideologia crítica não muda nada ao seu funcionamento, pois a crítica cria a aparência de uma distância no seio da pertença). Elas até lhe acrescentam o charme inquietante dos diabos ou dos lobisomens cujas histórias se contam de noite. Mas essa elucidação do aparelho por si mesmo tem como inconveniente *não ver* as práticas que lhe são heterogêneas que reprime ou acredita reprimir. No entanto, elas têm alta probabilidade de sobreviver a esse aparelho *também* e, em todo o caso, fazem *também* parte da vida social, tanto mais resistentes quanto mais ágeis e ajustadas a mudanças perpétuas. Escrutando essa realidade fugidia e permanente, tem-se a impressão de explorar a noite das sociedades, uma noite mais longa que seus dias, camada obscura onde se distinguem instituições sucessivas, imensidão marítima onde os aparelhos socioeconômicos e políticos seriam como que insularidades efêmeras.

A paisagem imaginária de uma pesquisa sempre tem algum valor, mesmo que destituída de rigor. Restaura aquilo que se indicava um dia sob o rótulo de "cultura popular", mas para mudar em uma infinidade móbil de táticas aquilo que se representava como uma força matricial da história. Mantém, portanto, presente a estrutura de um imaginário social de onde a questão não cessa de assumir formas diferentes e de surgir sempre de novo. Previne também contra os efeitos de uma análise que, necessariamente, não é capaz de apreender essas práticas a não ser nas extremidades de um aparelho técnico, onde alteram ou distorcem os seus instrumentos. E assim o próprio estudo se faz marginal com relação aos fenômenos estudados. A paisagem que coloca em cena esses fenômenos em um modo imaginário tem, portanto, o valor de corretivo e terapia global contra a sua redução por um exame lateral. Assegura ao menos a sua presença a título de fantasmas. Essa volta a uma outra cena lembra assim a relação que a experiência dessas práticas mantém com aquilo que fica à mostra com uma análise. Testemunha, que só pode ser fantástica e não científica, da desproporção entre as táticas cotidianas e uma elucidação estratégica. Daquilo que cada um faz o que é que se escreve? Entre os dois, a imagem, fantasma do corpo experiente e mudo, preserva a diferença.

SEGUNDA PARTE

Teorias da arte de fazer

As práticas cotidianas estão na dependência de um grande conjunto, difícil de delimitar e que, a título provisório, pode ser designado como o dos *procedimentos*. São esquemas de operações e manipulações técnicas. A partir de algumas análises recentes e fundamentais (Foucault, Bourdieu, Vernant e Detienne et al.), é possível, senão defini-los, ao menos precisar melhor o seu funcionamento em relação ao discurso (ou à "ideologia", como diz Foucault), ao adquirido (o *habitus* de Bourdieu) e a esta forma do tempo que é a ocasião (o *kairós* de que falam Vernant e Detienne). Maneiras de balizar uma tecnicidade de tipo particular e ao mesmo tempo situar o seu estudo em uma geografia atual da pesquisa.

Situando este ensaio num conjunto mais amplo e num lugar onde já existe alguma coisa escrita (malgrado a ficção da página em branco, sempre escrevemos sobre algo escrito), não pretendo esboçar um quadro, necessariamente ilusório, dos trabalhos teóricos e descritivos que organizaram a questão ou a esclarecem de passagem, nem mesmo apenas reconhecer minhas dívidas. O que se acha em jogo é o estatuto da análise e sua relação com seu objeto. Como numa oficina ou num laboratório, os objetos produzidos por uma pesquisa resultam de seu aporte, mais ou menos original, no campo onde ela se tornou possível. Remetem, portanto, a um "*status quaestionis*", isto é, a *uma rede de intercâmbios* profissionais e textuais, à "dialética" de um trabalho em curso (se, por "dialética", se quer designar, como no século XVI, os movimentos de relações entre demarches diferentes e um mesmo cenário, e não o poder conferido a um lugar particular de totalizar ou "superar" essas diferenças). Vendo as coisas deste ponto de vista, os "objetos" de nossas pesquisas não podem ser destacados do "comércio" intelectual e social que organiza as suas distinções e seus deslocamentos.

Ao "esquecer" o trabalho coletivo no qual se inscreve, ao isolar de sua gênese histórica o objeto de seu discurso, um "autor" pratica, portanto, a denegação de sua situação real. Ele cria a ficção de um lugar próprio. Malgrado as ideologias contrárias de que pode ser acompanhado, o ato de isolar a relação sujeito-objeto ou a relação discurso-objeto é a abstração que gera uma simulação de "autor". Esse ato apaga os traços da pertença de uma pesquisa a uma rede – traços que sempre comprometem, com efeito, os direitos autorais. Camufla as condições de produção do discurso e de seu objeto. Esta genealogia negada deixa lugar ao teatro combinando um simulacro de objeto com um simulacro de autor. Um discurso manterá, portanto, uma marca de cientificidade explicitando as condições e as regras de sua produção e, em primeiro lugar, as relações de onde nasce.

Esse rodeio leva novamente à dívida, mas como a um elemento que é essencial em todo discurso novo e não mais como empréstimo que uma homenagem ou agradecimento possa exorcizar. Por isso, mostrando-se lírico ao menos uma vez, Panurgo via nisto o sinal de uma solidariedade universal. Todo lugar "próprio" é alterado por aquilo que, dos outros, já se acha nele. Por esse fato, é igualmente excluída a representação "objetiva" dessas posições próximas ou distantes que denominamos "influências". Elas aparecem num texto (ou na definição de uma pesquisa) pelos efeitos de alteração e elaboração que ali produziram. Como tampouco as dívidas se transformam em objetos. Intercâmbios, leituras e confrontos que formam as suas condições de possibilidade, cada estudo particular é um espelho de cem faces (neste espaço os outros estão sempre aparecendo), mas um espelho partido e anamórfico (os outros aí se fragmentam e se alteram).

CAPÍTULO IV

FOUCAULT E BOURDIEU

1 Tecnologias disseminadas: Foucault

De saída, se coloca o problema da relação desses procedimentos com o discurso. Eles não têm a fixidez repetitiva dos ritos, dos costumes ou dos reflexos – saberes que não mais ou ainda não se articulam em discursos. Sua mobilidade os ajusta incessantemente a uma diversidade de objetivos e "golpes", mas sem que dependam de uma elucidação verbal. Mas são de fato autônomas a este respeito? Táticas no discurso podem, já se viu, ser o ponto de referência formal de táticas sem discurso[1]. Como também essas maneiras de pensar investidas em maneiras de fazer constituem um caso estranho – e maciço – das relações que tais práticas mantêm com teorias.

No livro onde estuda como é que se organizam os "procedimentos" da "vigilância" carcerária, escolar e médica no começo do século XIX, Michel Foucault multiplica os sinônimos, palavras dançantes, abordagens sucessivas de um impossível nome próprio: "dispositivos", "instrumentalizações", "técnicas", "mecanismos", "maquinarias" etc.[2] A incerteza e a constante mobilidade da coisa na linguagem já estão a indicá-lo. Mas a própria história que ele conta, a de um grande quiproquó, postula e estabelece uma dicotomia entre as "ideologias" e os "procedimentos", traçando as suas evoluções distintas e seus cruzamentos. Ele analisa, com efeito, o processo de um quiasmo: o lugar ocupado pelos projetos reformistas do final do século XVIII foi "colonizado", "vampirizado" pelos procedimentos disciplinares que organizam desde então o espaço social. Esta história policial da troca de corpos teria agradado a Freud.

Em Foucault, o drama se desenrola, como sempre, entre duas forças, cuja relação a astúcia do tempo inverte. De um lado, a ideologia das Luzes, revolucionária em matéria de justiça penal. Os iluministas querem substituir o "suplício" do Ancien Régime, ritual sangrento do corpo a corpo que teatraliza o triunfo da ordem real sobre criminosos escolhidos por seu valor simbólico, por castigos aplicáveis a todos, em proporção com os delitos, úteis à sociedade, educadores para os condenados. Com efeito, procedimentos disciplinares lentamente aplicados no exército e na escola vão superando rapidamente o enorme e complexo aparelho judiciário elaborado pelas Luzes. Essas técnicas vão se afinando e estendendo sem precisar recorrer a uma ideologia. Mediante um lugar celular do mesmo tipo para todos (estudantes, militares, operários, criminosos ou doentes), elas aperfeiçoam a visibilidade e o reticulado desse espaço para o transformar num instrumento capaz de disciplinar, vigiando, e de "tratar" não importa que grupo humano. Trata-se de detalhes tecnológicos, processos ínfimos e decisivos. Acabam vencendo a teoria: por eles se impõe a universalização de uma pena uniforme, a prisão, que inverte, a partir de dentro, as instituições revolucionárias e instala em toda a parte o "penitenciário" no lugar da justiça penal.

Foucault distingue assim dois sistemas heterogêneos. Ele identifica as vantagens que uma tecnologia política do corpo conquistou sobre a elaboração de um corpo doutrinal. Mas ele não se contenta em separar duas formas de poder. Seguindo o estabelecimento e a multiplicação vitoriosa dessa "instrumentalidade menor", procura pôr em evidência as molas desse poder opaco, sem proprietário, sem lugar privilegiado, sem superiores nem inferiores, sem atividade repressiva nem dogmatismo, eficaz de modo quase autônomo por sua capacidade tecnológica de distribuir, classificar, analisar e individualizar espacialmente o objeto abordado (enquanto isso, a ideologia "tagarela"). Numa série de quadros clínicos (maravilhosamente "panópticos", eles também), tenta por sua vez denominar e classificar as "regras gerais", as "condições de funcionamento", as "técnicas" e os "procedimentos", as "operações" distintas, os "mecanismos", "princípios" e "elementos" que compõem uma "microfísica do poder"[3]. Esta galeria de diagramas tem como dupla função delimitar uma camada social de práticas sem discurso e instaurar um discurso sobre essas práticas.

Do que então é feito este nível de práticas decisivas que a análise isola? Por um desvio que caracteriza a estratégia de suas pesquisas, Foucault detecta aí *o gesto que organizou o espaço do discurso* – não mais, como na *História da loucura*, o gesto epistemológico e social de confinar um excluído para criar o espaço que possibilita a ordem de uma razão, mas o gesto, pequeno e por toda a parte reproduzido, de delimitar meticulosamente um lugar visível para oferecer seus ocupantes a uma observação e a uma "informação". Os procedimentos que repetem, amplificam e aperfeiçoam este gesto organizaram o discurso que assumiu a forma de ciências humanas. Deste modo se acha identificado *um gesto não discursivo* que, privilegiado por motivos históricos e sociais, que se devem explicar, se articula nos discursos da cientificidade contemporânea.

Às perspectivas novas que se abrem com esta análise[4] – e que permitiriam aliás também outra teoria do "estilo" (o estilo, esta maneira de andar, gesto não textual, organiza o texto de um pensamento) – é possível acrescentar algumas questões relativas à nossa pesquisa:

1. Para empreender uma arqueologia das ciências humanas (objetivo explícito a partir de *As palavras e as coisas*) e procurar uma "matriz comum", a saber, uma "tecnologia do poder", que estaria no princípio do direito penal (o castigo do homem) como ciência humana (o conhecimento do homem), Foucault é levado a estabelecer uma *seleção* no conjunto dos procedimentos que formam o tecido da atividade social nos séculos XVIII e XIX. Essa operação cirúrgica consiste em *remontar a história* a partir de um sistema contemporâneo proliferante – uma tecnologia judiciária e científica –, *isolar* do corpo inteiro a formação cancerosa que o invadiu, e *explicar* seu funcionamento atual *por sua gênese* no curso dos dois séculos precedentes. De um imenso material historiográfico (penal, militar, escolar, médico), ela extrai os procedimentos óticos e panópticos que aí pululam progressivamente,

e aí reconhece os indícios, a princípio disseminados, de um aparelho cujos elementos se vão precisando, combinando e reproduzindo aos poucos em toda a densidade do corpo social.

Esta notável "operação" historiográfica destaca ao mesmo tempo duas questões que não se devem, no entanto, confundir: de um lado, o papel decisivo dos procedimentos e dispositivos tecnológicos na organização de uma sociedade; de outro lado, o desenvolvimento excepcional de uma categoria particular desses dispositivos. Deve-se, portanto, perguntar ainda:

a) Como explicar *o desenvolvimento privilegiado* da série particular que é constituída pelos dispositivos panópticos?

b) Qual o estatuto de muitas outras séries que, prosseguindo em seus silenciosos itinerários, não deram lugar a uma configuração discursiva nem a uma sistematização tecnológica? Poderiam ser consideradas como *imensa reserva* constituindo os esboços ou os traços de *desenvolvimentos diferentes.*

Impossível, em todo o caso, reduzir os funcionamentos de uma sociedade a um tipo dominante de procedimentos. Outros dispositivos tecnológicos, e seus jogos com a ideologia, foram já esquadrinhados por estudos recentes que sublinham também, embora em perspectivas diferentes, o seu caráter determinante – assim as pesquisas de Serge Moscovici, em particular sobre a organização urbanística[5], ou as de Pierre Legendre, sobre o aparelho jurídico medieval[6]. Parecem prevalecer durante um tempo mais ou menos longo, depois cair na massa estratificada dos procedimentos, enquanto vão dando lugar a outros no papel de "informar" um sistema.

Uma sociedade seria composta de certas práticas exorbitadas, organizadoras de suas instituições normativas, *e* de outras práticas, sem-número, que ficaram como "menores", sempre no entanto presentes, embora não organizadoras de um discurso e conservando as primícias ou os restos de hipóteses (institucionais, científicas), diferentes para esta sociedade ou para outras. É nesta múltipla e silenciosa "reserva" de procedimentos que as práticas "consumidoras" deveriam ser procuradas, com a dupla característica, detectada por Foucault, de poder, segundo modos ora minúsculos, ora majoritários, organizar ao mesmo tempo espaços e linguagens.

2. A formação final (a tecnologia observadora e disciplinar contemporânea), que serve de ponto de partida para a história regressiva praticada por Foucault, explica a impressionante coerência das práticas que ele seleciona e examina. Mas será que se pode supor que o conjunto dos procedimentos tenha a mesma coerência? *A priori*, não. O desenvolvimento excepcional, até mesmo canceroso, dos procedimentos panópticos parece indissociável do papel histórico que lhes foi atribuído, o de ser uma arma para combater práticas heterogêneas e para controlá-las. A coerência é o efeito de um sucesso particular, e não a característica de todas as práticas tecnológicas. Sob o monoteísmo aparente a que se poderia comparar o privilégio que garantiram para si mesmos os dispositivos panópticos, sobreviveria *um "politeísmo" de práticas disseminadas*, dominadas, mas não apagadas pela carreira triunfal de uma entre elas.

3. Qual é o estatuto de um dispositivo particular quando se transmuda em princípio organizador de uma tecnologia do poder? Qual é sobre ele *o efeito de sua exorbitação?* Que nova relação se estabelece com o conjunto disperso dos procedimentos, quando um deles se institucionaliza em sistema penitenciário e científico? O dispositivo assim privilegiado poderia bem perder a eficácia que, segundo Foucault, obtinha de seus mudos e minúsculos avanços técnicos. Saindo da camada escura onde Foucault coloca as maquinarias determinantes de uma sociedade, ele estaria na posição das instituições lentamente "colonizadas" por procedimentos ainda silenciosos. Talvez, com efeito (esta é pelo menos uma das hipóteses deste ensaio), o sistema da disciplina e da vigilância, formado no século XIX a partir de procedimentos anteriores, esteja sendo, ele mesmo, "vampirizado" por outros procedimentos.

4. Pode-se ir mais longe? O próprio fato, em consequência de sua expansão, de os dispositivos da vigilância se tornarem o objeto de uma elucidação e, portanto, fazerem parte da linguagem das Luzes, não seria o sinal de que cessam de determinar as instituições discursivas? Efeito de dispositivos organizadores, o discurso designaria por

aqueles que pode abordar aqueles que não têm mais esse papel. Seria então necessário perguntar por que outro tipo de dispositivos ele é articulado sem poder tomá-lo como objeto. A menos que um discurso (o de *Vigiar e punir?*), analisando as práticas de que ele mesmo depende, supere assim a divisão, estabelecida por Foucault, entre as "ideologias" e os "procedimentos".

Essas perguntas, que no momento só poderiam receber respostas temerárias, indicam ao menos as transformações que Foucault introduziu na análise dos procedimentos e as perspectivas que se abrem depois de seu estudo. Mostrando, num caso, a heterogeneidade e as relações equívocas dos dispositivos e das ideologias, ele constituiu em objeto histórico abordável esta região onde procedimentos tecnológicos têm *efeitos de poder* específicos, obedecem a *funcionamentos lógicos* próprios e podem produzir uma *alteração* fundamental nas instituições da ordem e do saber. Resta ainda perguntar o que é que acontece com outros procedimentos, igualmente infinitesimais, que não foram "privilegiados" pela história, mas nem por isso deixam de exercer uma atividade inumerável entre as malhas das tecnologias instituídas. Este em particular é o caso dos procedimentos que não dispõem do elemento preliminar, sempre postulado por aqueles que Foucault elucida, a saber, *um lugar próprio* no qual possa funcionar a maquinaria panóptica. Essas técnicas, também operatórias, mas inicialmente privadas daquilo que fez a força das outras, são as "táticas" a cujo respeito já esbocei a hipótese que forneciam um sinal formal às práticas ordinárias do consumo.

2 A "douta ignorância": Bourdieu

Nossas "táticas" parece que não podem ser analisadas a não ser enveredando pelo desvio de uma outra sociedade: a França do Ancien Régime ou do século XIX, em Foucault; a Kabília, ou o Beárn, em Bourdieu; a Antiguidade Grega, em Vernant e Detienne etc. Elas voltam até nós, aliás, como se fosse necessária uma outra cena para que, marginalizadas pela racionalidade "ocidental", encontrem um espaço de visibilidade e elucidação. Outras regiões nos fornecem aquilo que a nossa cultura excluiu de seu discurso. Mas, precisamente, não foram definidas por aquilo que nós eliminávamos ou perdíamos? Como em *Tristes trópicos*[7], nossos viajantes vão para longe e descobrem ali aquilo cuja presença entre nós se tornou incognoscível. Essas astúcias táticas e retóricas, condenadas à ilegitimidade pela família científica da qual Freud por longo tempo tentou ser o filho adotivo, ele também as vai novamente achar pela invenção e a exploração de uma *terra incógnita*, o inconsciente: mas ele as acha sem dúvida em uma região mais antiga e mais próxima – de uma estranheza judaica por muito tempo recusada, que remonta com ele no discurso científico, mas disfarçada em sonhos e em lapsos ou atos falhos. O freudismo seria uma combinação entre as estratégias legítimas, filhas da *Aufklärung* e os "jeitos" que procedem de mais longe sob o manto do inconsciente.

Duas metades

Que a Kabília seja, em Bourdieu, o cavalo de Troia de uma "teoria da prática"; que os três textos que lhe são consagrados (os mais belos já escritos por Bourdieu, sobretudo "A casa ou o mundo às avessas") sirvam de vanguarda plural a um longo discurso epistemológico; que à maneira de poemas, esses "três estudos de etnologia kabila" induzam uma teoria (uma espécie de comentário em prosa) e lhe sirvam como um fundo indefinidamente citável em maravilhosos clarões; que no final de contas, no momento em que Bourdieu publica os seus três textos "antigos", o seu lugar referencial e poético fique apagado no título (que volta no comentário: *uma teoria*) e que, disseminado em efeitos que produz no discurso autoritativo, este originário kabila desapareça também aos poucos, sol perdido pela paisagem especulativa que ainda ilumina: esses traços já caracterizam uma posição da prática na teoria[8].

Não se trata de acidente. Os trabalhos que, em 1972 e em seguida, têm como objeto "o sentido prático"[9], organizam-se da mesma maneira, exceto "Futuro de classe e causalidade do provável"[10]. Com uma variante porém: em Kabília, o estudo sobre "as estratégias matrimoniais" (que aborda justamente a economia genealógica) substitui a referência bearnesa[11]. Dois lugares referenciais, portanto. Será possível dizer qual, o bearnês ou o kabila, é o duplo do outro?

Eles representam duas "familiaridades" controladas – e frequentadas – uma pelo afastamento do solo natal, outra pela estranheza da diferença cultural. Parece no entanto que o béarn, *in-fans* como toda origem, teve que encontrar primeiro o duplo de uma cena kabila (tão próxima da terra natal segundo a análise de Bourdieu) para ser dizível. Assim "objetivável" fornece o suporte real (e legendário: onde estão os bearneses de antanho?), para introduzir nas ciências humanas o *habitus*, que é a marca pessoal de Bourdieu sobre a teoria. Então a particularidade da experiência originária se perde em seu poder de reorganizar o discurso geral.

Dividida em duas metades, uma das quais permite a outra, *L'Esquisse d'une théorie de la pratique* (Esboço de uma teoria da prática) é em primeiro lugar uma prática da interdisciplinaridade. Metáfora, portanto, no sentido em que existe uma passagem de um gênero para outro: da etnologia para a sociologia. Na verdade, não é tão simples assim. Este livro dificilmente se pode situar. Dependerá dos confrontos interdisciplinares outrora preconizados por Bourdieu e que, ultrapassando a etapa dos simples intercâmbios de "dados", visam uma explicitação recíproca dos pressupostos próprios de cada especialidade?[12] Esses confrontos buscam uma mútua elucidação epistemológica: procuram trazer os seus alicerces implícitos à *luz* que é a ambição e o mito do saber. Mas talvez seja diferente o que está aqui em jogo e remeta àquilo que de diferente faz intervir o gesto pelo qual uma disciplina *se volta para o noturno* que a cerca e a precede – não para eliminá-lo, mas *porque* é ineliminável e determinante? Haveria teoria quando uma ciência tentasse pensar a sua relação a essa exterioridade e não se contentasse em corrigir suas regras de produção ou determinar seus limites de validade. Seria o caminho tomado pelo discurso de Bourdieu? Em todo o caso, é fora das fronteiras da disciplina que as práticas formam a realidade opaca de onde pode nascer uma questão teórica.

Seus "estudos etnológicos" têm um estilo próprio. Seria o violino de Ingres do sociólogo mas, como todo violino de Ingres, um jogo mais sério que a profissão. Esses trechos são executados com rara precisão. Jamais Bourdieu se mostra tão minucioso, perspicaz, virtuose. Seus textos têm mesmo algo de estético, na medida em que um "fragmento", uma forma *particular* e "isolada"[13], se torna a figura de uma relação *global* (e não geral) da disciplina com uma realidade ao mesmo tempo estranha e decisiva, primitiva. Este fragmento de sociedade e de análise é primeiramente *a casa* que é, sabe-se bem, a referência de toda metáfora[14]. Seria necessário dizer: *uma* casa. Pelas práticas que articulam o seu espaço interior, ela *inverte* as estratégias do espaço público e *organiza* silenciosamente a linguagem (um léxico, provérbios etc.)[15]. Inversão da ordem pública e geração de discurso: estes dois traços fazem também da casa kabila a inversão da *escola* francesa, objeto onde Bourdieu, que fez dela a sua especialidade, só descobre "reprodução" das hierarquias sociais e repetição de suas ideologias[16]. Com relação à sociedade estudada pela sociologia, a habitação situada lá é, portanto, em sua singularidade, um lugar contrário e determinante. Seu estudo é mesmo considerado por seu autor como ilegal do ponto de vista da normatividade socioeconômica da disciplina: joga demasiadamente com a gama simbólica[17]. É, em suma, um lapso. A "teoria" vai eliminar a distância entre essas legalidades da sociologia e as particularidades etnológicas. A racionalidade de um campo científico e as práticas que vão aparecendo fora do campo vão ser rearticuladas. O *Esboço de uma teoria...* (e os artigos posteriores) opera com efeito a união desses dois elementos. Manobra delicada, que consiste em encaixar a exceção "etnológica" num vácuo do sistema sociológico. Para acompanhar esta operação, é preciso considerar mais de perto o trabalho da obra: de um lado, a análise dessas práticas particulares, de outro, o papel que lhes é atribuído na construção de uma "teoria".

As estratégias

Designadas como "estratégias", as práticas estudadas por Bourdieu dizem respeito ao sistema de sucessão bearnês, ou à disposição interior da casa kabilina, ou à repartição das tarefas e dos períodos no calendário kabilino etc. Aí se acham somente alguns gêneros de uma espécie que comportaria "estratégias" de fecundidade, de sucessão, de educação, de profilaxia, de investimento social ou econômico, de casamento etc., e também de "reconversão" quando há uma brecha entre as práticas e as situações[18]. Em cada um dos casos examinados, há diferenças que permitem especificar "algumas propriedades" de "uma lógica da prática".

1. Os quadros ou "árvores" genealógicas, os cadastros e planos geométricos residenciais, os ciclos lineares de calendários são produções totalizantes e homogêneas, efeitos da distância e da "neutralização" observadoras, com relação às estratégias como tais que constituem em *"ilhotas"* seja os parentescos efetivamente praticados por sua utilidade, seja os lugares que se distinguem pelos movimentos invertidos e sucessivos do corpo, seja as durações de ações efetuadas uma por uma em ritmos próprios e incomensuráveis entre si[19]. Onde a representação sinótica, instrumento de acúmulo e de dominação pelo olhar, nivela e classifica todos os "dados" coletados, a prática organiza descontinuidades, núcleos de operações heterogêneas. O parentesco, o espaço e o tempo *não são,* portanto, *os mesmos* num caso ou no outro.

(Eu gostaria de acrescentar que essa diferença se situa na fronteira de duas astúcias. Com seus quadros sintéticos, o cientista esconde a operação de afastamento e de poder que os possibilita. Por seu lado, fornecendo os "dados" solicitados pelos pesquisadores, os praticantes calam necessariamente a diferença prática criada entre eles pelas operações que delas se servem (ou não), e assim colaboram na produção dos quadros gerais que escondem ao observador as suas táticas. O saber das práticas seria o efeito dessa dupla astúcia.)

2. A "estratégia" (por exemplo, para casar um filho) equivale a "um *lance* numa partida de cartas". Ela depende da "qualidade do jogo", ou seja, ao mesmo tempo da mão (ter um jogo bom) e da maneira de jogar (ser um jogador habilidoso)[20]. O "lance" põe em causa de um lado os *postulados* que condicionam um espaço de jogo, de outro, as *regras* que dão à mão um certo valor e ao jogador possibilidades, enfim uma *habilidade* para manobrar em conjunturas diferentes onde o capital inicial se acha empenhado. Este conjunto complexo é um tecido de funcionamentos qualitativamente distintos:

a) Existem *"princípios implícitos"* ou postulados (por exemplo, no casamento bearnês, o primado do homem sobre a mulher, ou do filho mais velho sobre os mais novos – princípios que garantem a integridade e a salvaguarda do patrimônio em uma economia dominada pela escassez do dinheiro), mas o fato de não serem definidos (não explicitados) cria margens de tolerância e possibilidades de recorrer a um contra o outro.

b) Há também "*regras explícitas*" (por exemplo, o *adot*, "contrapartida que se dá aos filhos mais novos em troca de sua renúncia à terra), mas são acompanhadas de um limite que as inverte (por exemplo, *tournadot*, restituição do *adot* em caso de casamento sem filhos). Todo uso dessas regras deve então calcular o refluxo sobre ela dessa inversão sempre ameaçadora, por estar ligada aos azares da existência.

c) As "estratégias", "combinações" sutis ("o agir é uma astúcia"), "navegam" entre as regras, "jogam com todas as possibilidades oferecidas pelas tradições, usam esta de preferência àquela, compensam uma pela outra. Aproveitando o macio que esconde o duro, vão criando nesta rede as suas próprias pertinências. Mais ainda, como numa classe, onde se poderia jogar com a globalidade dos resultados sem ser obrigado à média em cada disciplina, elas se movem e deslizam de uma função para a outra, pondo em curto-circuito as divisões econômicas, sociais e simbólicas: por exemplo, o número pequeno de filhos (questão de fecundidade) compensa um casamento ruim (fracasso no matrimônio); ou conservar o filho mais moço em casa, celibatário, como uma espécie de "empregado não assalariado" (investimento econômico e limitação da natalidade) evita a obrigação de lhe pagar um dote (benefício matrimonial). As "estratégias" não "aplicam" princípios ou regras, mas escolhem entre elas o repertório de suas operações[21].

3. Assimiláveis a *transferências* e a "*metaforizações*", passagens constantes de um gênero para o outro, essas práticas supõem uma "lógica". Mais astucioso que nunca, mais astucioso que elas para captá-las nos desdobramentos labirínticos de suas frases, Bourdieu reconhece nelas alguns procedimentos essenciais[22]:

a) a *politética*: a mesma coisa tem usos e propriedades que variam segundo as combinações em que entra;

b) a *substituibilidade*: uma coisa é sempre substituível por outra, pelo fato da afinidade de cada uma com as outras na totalidade que representa;

c) *eufemização*: é preciso esconder o fato de que as ações transgridem as dicotomias e antinomias representadas pelo sistema dos símbolos. As ações rituais forneceriam o modelo dessa "eufemização", reunindo os contrários.

Finalmente, a *analogia* fundiria todos esses procedimentos que constituem transgressões da ordem simbólica e dos limites que estabelece, mas transgressões camufladas, metáforas insidiosas e, nessa mesma medida, recebidas, consideradas lícitas, pois, ao lesarem as distinções estabelecidas pela língua, elas as respeitam. Deste ponto de vista, reconhecer a autoridade das regras é justamente o contrário de aplicá-las. Quiasmo fundamental que hoje mudaria de sentido, pois devemos aplicar leis cuja autoridade não mais reconhecemos. Seja como for, é interessante mostrar como Bourdieu descobre, como instância derradeira dessas práticas, este "uso da analogia" que os cientistas cujos textos ele recolhia em 1968 (Duhem, Bachelard, Campbell etc.) consideravam o próprio movimento da criação teórica[23].

4. Enfim, essas práticas são todas comandadas por aquilo que eu denominarei *uma economia do lugar próprio*. Esta recebe, na análise de Bourdieu, duas figuras igualmente fundamentais, mas não articuladas: de uma parte, a maximização do capital (os bens materiais e simbólicos) de que se constitui essencialmente *o patrimônio*; de outra parte, o desenvolvimento do *corpo*, individual e coletivo, gerador de duração (por sua fecundidade) e de espaço (por seus movimentos). A proliferação das astúcias, de seus êxitos ou de seus fracassos, remete à economia que se esforça por reproduzir e fazer frutificar essas duas formas distintas, e no entanto complementares, da "casa":[24] os bens e o corpo – a terra e a descendência. Uma política desse "lugar" se acha sempre subjacente a essas estratégias.

Daí os dois traços que as fazem práticas absolutamente particulares ao espaço fechado onde Bourdieu as examina e ao olhar que lança sobre elas:

a) ele sempre supõe o duplo vínculo dessas práticas a um lugar próprio (um patrimônio) e um princípio coletivo de gestão (a família, o grupo). O que acontece, porém, quando esse duplo postulado está ausente? Caso interessante, pois é o que sucede em nossas sociedades tecnocráticas com relação às quais as insularidades proprietárias e familiais de ontem ou de alhures se tornam as utopias de mundos perdidos, ou até mesmo robinsonadas. Ora, quando Bourdieu encontra o mesmo tipo de práticas nos "pequeno-burgueses" ou nas donas de casa de hoje, não são mais que "estratégias de curto prazo e de pequeno alcance", respostas anárquicas relativas a "um conjunto heterogêneo de meios-saberes", um "*sabir* cultural", "bricabraque de noções fora do contexto"[25]. Uma mesma lógica prática se acha, no entanto, atuando aí, mas independentemente do lugar que lhe controlava o funcionamento nas sociedades tradicionais. Isto quer dizer que a problemática do lugar parece, no *Esboço*, levar a melhor sobre a das práticas.

b) O uso do termo "estratégia" é igualmente limitado. Justifica-se pelo fato de que as práticas dão uma resposta adequada às conjunturas. Mas Bourdieu repete ao mesmo tempo que não se trata de estratégias propriamente falando: não há escolha entre diversos possíveis, portanto "intenção estratégica"; não há introdução de corretivos devidos a uma informação melhor, portanto não há o "menor cálculo". Não há previsão, mas apenas um "mundo presumido" como a repetição do passado. Em suma, "como os indivíduos não sabem, propriamente falando, o que fazem, o que fazem tem mais sentido do que sabem"[26]. "Douta ignorância"[27], portanto, habilidade que se desconhece.

Com essas "estratégias" regidas pelo lugar, sábias, mas que se ignoram, está de volta a etnologia mais tradicionalista. Nas reservas insulares onde as observava, ela considerava, com efeito, os elementos de uma etnia como *coerentes e inconscientes*: dois aspectos indissociáveis. Para que a coerência fosse o postulado de um saber, do lugar que ele se dava e do modelo de conhecimento ao qual se referia, dever-se-ia colocar esse saber à distância da sociedade objetivada, portanto supô-lo estranho e superior ao conhecimento que a sociedade tinha de si mesma. A inconsciência do grupo estudado era o preço a pagar (o preço que deveria pagar) por sua coerência. Uma sociedade não poderia ser um sistema a não ser sem sabê-lo. Daí o corolário: precisava-se de um etnólogo para saber o que ela era sem sabê-lo. Hoje, o etnólogo não ousaria mais dizê-lo (se não pensá-lo). Como é possível que Bourdieu assuma esse compromisso a título de sociólogo?

A "teoria"

Com efeito, na medida em que a sociologia define *"estruturas objetivas"* a partir das "regularidades" que recebe das estatísticas (elas mesmas baseadas em enquetes empíricas), na medida em que ela considera toda "situação" ou *"conjuntura objetiva"* como um "estado particular" de uma dessas estruturas[28], precisa compreender o ajustamento – ou o desnível – das práticas em relação a essas estruturas. Entre as práticas e as estruturas (estas presentes através de seus "estados particulares" que são as conjunturas), de onde é que vem a concordância que se constata geralmente? As respostas recorrem ora a um automatismo reflexo das práticas, ora a uma genialidade subjetiva de seus autores. Por boas razões, Bourdieu rejeita ambas as hipóteses. Em seu lugar coloca a sua "teoria" que visa explicar, pela *gênese* das práticas, a sua adequação às estruturas.

Poder-se-ia insinuar que os termos da questão estão passavelmente trapaceados. Dos três dados considerados – as estruturas, as situações e as práticas – somente os dois últimos (que se correspondem) são *observados*, enquanto os primeiros são *concluídos* a partir de estatísticas e são *modelos construídos*. Antes de se deixar encerrar no problema "teórico", seria necessário levar em conta um duplo preliminar epistemológico, que consiste em interrogar-se: a) sobre a "objetividade" suposta dessas "estruturas", objetividade sustentada pela convicção de que o real em pessoa se diz no discurso do sociólogo; b) sobre os limites das práticas ou das situações observadas, e sobretudo de suas representações estatísticas com relação às globalidades que os "modelos estruturais" pretendem explicar. Mas esses preliminares são esquecidos, em nome de uma urgência da teoria.

Nos termos em que o problema se coloca para ele, Bourdieu deve encontrar *alguma coisa* que ajuste as práticas às estruturas e que no entanto explique também os desníveis entre elas. Ele necessita então de uma casa suplementar. Ele a encontra num processo que é o lugar forte de sua especialidade como sociólogo da educação, *a aquisição*: é a mediação procurada entre as estruturas que a organizam e as "disposições" que ela produz. Essa "gênese" implica uma interiorização das estruturas (pela aquisição) e uma exteriorização do adquirido (ou *habitus*) em práticas. Deste modo se introduz uma dimensão temporal: as práticas (exprimindo o adquirido) respondem adequadamente às situações (manifestando a estrutura) se, e somente se, durante a fase da interiorização-exteriorização, a estrutura ficou estável; em caso contrário, as práticas ficam desniveladas, correspondendo ainda ao que era a estrutura no momento de sua interiorização pelo *habitus*. Segundo esta análise, as estruturas podem mudar e tornar-se um princípio de mobilidade social (é mesmo o único). O adquirido não. Não goza de movimento próprio. É o lugar de inscrição das estruturas, o mármore onde se grava a sua história. Nada aí se passa que não seja o efeito de sua exterioridade. Como a imagem tradicional das sociedades primitivas e/ou camponesas, nada aí se mexe, nem a história, salvo o que ali é gravado por uma ordem estranha. A imobilidade dessa memória garante à teoria que o sistema socioeconômico será fielmente reproduzido nas práticas. E por isso não é a aquisição ou a aprendizagem (fenômenos visíveis), mas o adquirido, o *habitus*[29], que desempenha aqui o papel central: ele sustenta a explicação de uma sociedade pelas estruturas. Mas isso tem um preço. Para considerar que o suporte tenha tamanha estabilidade, é necessário que seja incontrolável, invisível. O interesse de Bourdieu está na gênese, no "modo de geração das práticas". Não se interessa, como Foucault, pelo que produzem, mas por aquilo que as produz. Dos "estudos etnológicos" que as examinariam para a sociologia que teoriza sobre elas há, portanto, um deslocamento que remove o discurso para o *habitus*, cujos sinônimos (*exis, ethos, modus operandi*, "senso comum", "natureza segunda" etc.), definições[30], e justificações se multiplicam. Das primeiras para a segunda o herói muda. Um ator passivo e noturno toma o lugar da multiplicidade astuciosa das estratégias. A este mármore imóvel são atribuídos, como a seu ator, os fenômenos constatados em uma sociedade[31]. Personagem essencial, com efeito, por permitir à teoria seu movimento circular: agora, das "estruturas" passa para o *habitus* (sempre em grifo); deste para as "estratégias" que se ajustam às "conjunturas", estas mesmas reduzidas às "estruturas", de que são efeitos e estados particulares. De fato, este círculo passa de um modelo *construído* (a estrutura) a uma realidade *suposta* (o *habitus*), e desta a uma interpretação dos fatos *observados* (estratégias e conjunturas). Ainda mais, porém, que os estatutos heterogêneos de peças postas em círculo pela teoria impressiona o papel que ela atribui aos "fragmentos" etnológicos de tapar um buraco na coerência sociológica. O *outro* (kabilino ou bearnês) vem fornecer o elemento que falta à teoria para que ela funcione e "tudo se explique". Esse estranho situado longe de todos os caracteres que definem o *habitus*: coerência, estabilidade, inconsciência e territorialidade (o adquirido equivale ao patrimônio). Ele é "representado" pelo *habitus*, lugar invisível onde, como na casa kabilina, as estruturas se invertem interiorizando-se, e onde essa escritura se transforma de novo exteriorizando-se sob a forma de práticas que têm a enganadora aparência de improvisações livres. É justamente a casa, memória silenciosa e determinante, que se estabelece na teoria sob a metáfora do *habitus* e que, além disso, aporta à suposição um referencial, uma aparência de realidade. Graças ao fato de sua metaforização teórica, esse referencial não passa no entanto de algo provável. A casa dá ao *habitus* a sua forma, não porém o seu conteúdo. Aliás, a argumentação de Bourdieu procura não tanto indicar essa realidade, mas antes mostrar a necessidade e as vantagens de sua hipótese para a teoria. Deste modo, o *habitus* se torna um lugar dogmático, caso se entenda por dogma a afirmação de um "real" de que o discurso necessita para ser totalizante. Sem dúvida, como acontece com um sem-número de dogmas, nem por isso tem menos valor heurístico para deslocar e renovar possibilidades de pesquisa.

Esses textos de Bourdieu fascinam por suas análises e agridem por sua teoria. Lendo-os sinto-me como o prisioneiro de uma paixão que eles irritam excitando-a. São feitos de contrastes. Examinando escrupulosamente as práticas e sua lógica – de uma maneira que não tem sem dúvida equivalente desde Marcel Mauss – eles os reduzem, enfim, a uma realidade mística, o *habitus*, destinada a colocá-los sob a lei da reprodução. As descrições sutis das táticas bearnesas ou kabilinas desembocam de repente em verdades proferidas agressivamente, como se fosse necessária a uma complexidade tão lucidamente perseguida o brutal contraponto de uma razão dogmática. Contrastes também do estilo, retorcido e labiríntico em suas caças, e maciçamente repetitivo em suas afirmações. Estranha combinação de um "sei perfeitamente bem" (essa proliferação astuciosa e transgressora) e de um "mas apesar de tudo" (*deve* existir um sentido totalizante). Para sair dessa agressiva sedução, suponho (por minha vez) que neste contraste se *deve* jogar algo de essencial para a análise das táticas. A cobertura que a "teoria" de Bourdieu lança sobre elas, como para apagar as suas labaredas certificando a sua docilidade à racionalidade socioeconômica, ou como para celebrar a sua morte declarando-as inconscientes, deve nos informar alguma coisa de sua relação a toda teoria. Essas táticas, por seus critérios e seus procedimentos, utilizariam de maneira tão autônoma a organização institucional e simbólica que, levando-as a sério, a representação científica da sociedade se perderia aí, em todos os sentidos do termo. Seus postulados e suas ambições não lhes resistiriam. Normalidades, generalidades e rupturas cederiam diante do pulular transversal e "metaforizante" dessas microatividades *diferentes*. A matemática e as ciências exatas afinam interminavelmente as suas lógicas para acompanhar os movimentos aleatórios e microbianos de fenômenos não humanos. Às ciências sociais, cujo objeto é mais "sutil" ainda, mas que usa instrumentos bem mais grosseiros, restaria *defender* seus modelos (isto é, uma ambição de domínio), exorcizando tal proliferação. De fato, segundo os métodos experimentados do exorcismo, eles o consideram singular (local), inconsciente (estranho em seu princípio) e, sem saber, revelador do saber que dele tem o seu juiz. Quando o "observador" está bastante encerrado em sua instituição judiciária, e portanto bastante cego, tudo vai bem. O discurso que produz parece ter consistência.

Em Bourdieu, nada disso ocorre. Certamente, num primeiro nível (bem evidente), parece *sair* (ir a essas táticas), mas para *entrar de novo* (confirmar a racionalidade profissional). Seria apenas uma saída falsa, uma "estratégia" do texto. Mas esse apressado retorno não seria indício que ele *conhece*, também o perigo, talvez mortal, que acarretam para o saber científico essas práticas demasiado inteligentes?

Combinação (com longínquos toques pascalianos) entre a pulverização da razão e uma fé dogmática. Ele bem conhece o saber científico e o poder que o funda, da mesma forma que essas táticas cujas astúcias ele sempre de novo joga com tamanho virtuosismo em seus textos. Ele irá então encerrar essas astúcias por trás das grades da inconsciência e negar, pelo feitiço do *habitus*, o que falta à razão para que esta seja outra coisa que não a razão do mais forte. Afirmará, com o *habitus*, o *contrário* do que *sabe* – tática popular tradicional – e essa proteção (homenagem que se presta à autoridade da razão) lhe valerá a possibilidade científica de observar essas táticas em lugares cuidadosamente circunscritos.

Se isto fosse verdade (mas *quem* poderia dizê-lo?), ele nos ensinaria tanto a seu respeito pelo seu "dogmatismo" como por seus "estudos". O discurso que esconde aquilo que sabe (em vez de esconder o que ignora) teria precisamente valor "teórico" enquanto *pratica* o que *sabe*. Seria o efeito de uma relação *consciente* com a sua inelimínável exterioridade, e não somente o teatro de uma elucidação. Atingiria assim a "douta ignorância", acusada de ser sábia inconscientemente, justamente por saber demais o que não diz nem pode dizer?

CAPÍTULO V

ARTES DA TEORIA

Surge um problema particular quando, em vez de ser, como acontece habitualmente, um discurso sobre outros discursos, a teoria deve desbravar um terreno onde não há mais discursos. Desnivelamento repentino: começa a faltar o terreno da linguagem verbal. A operação teorizante se encontra aí nos limites do terreno onde funciona normalmente, como um carro à beira de uma falésia. Adiante, estende-se o mar...

Foucault e Bourdieu situam a sua empresa nessa borda, articulando um discurso sobre práticas não discursivas. Mas não são os primeiros. Sem remontar até ao dilúvio, a partir de Kant nenhuma pesquisa teórica pôde se dispensar, mais ou menos frontalmente, de explicitar a sua relação a essa atividade sem discurso, a esse "resto" imenso constituído por aquilo que, da experiência humana, não foi cativado e simbolizado na linguagem. Uma ciência particular evita esse confronto direto. Ela estabelece as condições *a priori* para só encontrar as coisas num campo próprio e limitado onde as "verbaliza". Ela as espera na rede de modelos e hipóteses onde é capaz de "fazê-las falar", e esse aparelho investigador, como uma armadilha de caçador, transforma o seu mutismo em "respostas", portanto em linguagem: é a experimentação[1]. A interrogação teórica, pelo contrário, não *esquece*, não pode esquecer que além da relação desses discursos científicos, uns com os outros, existe a sua relação comum com aquilo que eles tomaram cuidado para excluir de seu campo para constituí-lo. Ela se liga ao pulular daquilo que não fala (ainda não?) e que assume, entre outras, a imagem das práticas "ordinárias". Ela é *a memória desse "resto"*. É a Antígona daquilo que não se pode diante da jurisdição científica.

Constantemente ela traz de volta esse inolvidável aos lugares científicos onde restrições técnicas lhe tornam o esquecimento "politicamente" (metodologicamente e, em princípio, provisoriamente) necessário. Como chega a isso? Por que brilhantes intuições ou por que astúcias? Tal a questão.

Destacar e pôr do avesso: uma receita da teoria

É preciso voltar aos trabalhos de Foucault e de Bourdieu. Ambos importantes, apresentam entre si uma brecha evidente, razão mesmo para se parar ali no limiar de um ensaio que não pretende ser uma história das teorias sobre as práticas. Esses dois monumentos situavam um campo de pesquisa quase em dois polos opostos. No entanto, por mais afastadas que se encontrem, as duas obras parecem ter em comum o processo de sua fabricação. Nelas se pode observar um mesmo esquema operacional, apesar da diferença dos materiais utilizados, das problemáticas em jogo e das perspectivas abertas. Aqui se teriam duas variantes de uma "maneira de fazer" a teoria das práticas. Como por exemplo uma maneira de cozinhar, ela pode exercer-se em circunstâncias e com interesses heterogêneos; ela também variou seus lances e seus bons ou maus jogadores; permite também que se deem golpes. Para caracterizá-la pelos infinitivos (ou pelos imperativos) que pontuam com gestos uma receita, essa operação teorizante se resume em dois momentos: em primeiro lugar, destacar e, depois, pôr do avesso. Em primeiro lugar, um isolamento "etnológico"; depois, uma inversão lógica.

O primeiro gesto *destaca* certas práticas num tecido indefinido, de maneira a tratá-las como *uma população à parte*, formando *um todo coerente*, mas *estranho* no lugar de onde se produz a teoria. Assim os procedimentos "panópticos" de Foucault, isolados em uma multidão, ou as "estratégias" de Bourdieu, localizadas entre os bearneses ou os kabilinos. Deste modo, recebem uma forma etnológica. Além do mais, tanto num caso como no outro, o gênero (Foucault) ou o lugar (Bourdieu) que foi isolado é considerado como a metonímia do espaço integral: uma parte (observável por ter sido circunscrita) é considerada como representativa da totalidade (in-definível) das práticas. Certamente, em Foucault, esse isolamento se baseia na elucidação da dinâmica própria de uma tecnologia: trata-se de um corte produzido por um discurso historiográfico. Em Bourdieu, supõe-se que seja fornecido pelo espaço organizado pela defesa de um patrimônio: é recebido como um dado socioeconômico e geográfico. Mas o fato desse destaque etnológico e metonímico é comum às duas análises, mesmo que as modalidades de sua determinação sejam heterogêneas tanto num caso como no outro. O segundo gesto *inverte* ou põe do avesso a unidade assim obtida por isolamento. De obscura, tácita e distante, ela se muda no elemento que esclarece a teoria e sustenta o discurso. Em Foucault, os procedimentos escondidos nos detalhes da vigilância escolar, militar ou hospitalar, microdispositivos sem legitimidade discursiva, técnicas estranhas às Luzes, tornam-se a razão por onde se esclarecem ao mesmo tempo o sistema de nossa sociedade e o das ciências humanas. *Por* elas e *nelas*, nada escapa a Foucault. Permitem a seu discurso ser ele mesmo e teoricamente panóptico, *ver tudo*. Em Bourdieu, o lugar distante e opaco organizado por "estratégias" cheias de astúcia, polimórficas e transgressoras quanto à ordem do discurso é igualmente invertido para fornecer sua evidência e sua articulação essencial à teoria que reconhece em toda a parte a reprodução da mesma ordem. Reduzidas ao *habitus* que ali se exterioriza, essas estratégias inconscientes de seu saber proporcionam a Bourdieu o meio de explicar tudo e tomar consciência de tudo. Mesmo que Foucault se interesse pelo efeito dos seus procedimentos sobre um sistema, e Bourdieu, pelo "princípio único" que tem nas estratégias os seus efeitos, ambos executam a mesma manobra quando transformam práticas isoladas como afásicas e secretas na peça-mestra da teoria, quando fazem dessa população noturna o espelho onde brilha o elemento decisivo de seu discurso explicativo. Mediante essa manobra, a teoria pertence aos procedimentos que aborda, embora, considerando uma só categoria da espécie, supondo um valor metonímico a esse dado isolado e fazendo assim o impasse das outras práticas, esquece aquelas que garantem a sua própria fabricação. Que o discurso seja determinado por procedimentos, Foucault já o analisa, no caso das ciências humanas. Mas também a sua análise, confirmada pelo modo de produção que atesta, depende de um dispositivo análogo àqueles cujo funcionamento descobre. Restaria saber que diferença é introduzida, com relação aos procedimentos panópticos cuja história é narrada por Foucault, pelo duplo gesto de delimitar um corpo *estranho* de práticas e *inverter* o seu obscuro conteúdo em luminosa escritura.

Mas convém precisar em primeiro lugar a natureza desses gestos e não limitar seu exame a obras que seriam postas fora de órbita pelas necessidades da causa. Com efeito, o procedimento do qual resultam está longe de ser excepcional. É até uma antiga receita, muitas vezes utilizada, e que não merece a não ser um pouco mais de consideração. Bastará lembrar dois exemplos célebres, do começo século XX: Durkheim, em *As formas elementares da vida religiosa*, e Freud, em *Totem e tabu*. Quando constroem uma teoria das práticas, eles as situam primeiro num espaço "primitivo" e fechado, etnológico em cotejo com nossas sociedades "esclarecidas", e reconhecem ali, neste lugar obscuro, a fórmula teórica de sua análise. É nas práticas sacrificais dos Arunta, da Austrália, etnia certamente primitiva entre as "primitivas", que Durkheim descobre o princípio de uma ética e de uma teoria sociais contemporâneas: a restrição contraposta (pelo sacrifício) ao querer indefinido de cada indivíduo possibilita de um lado uma coexistência e, de outro, convenções entre membros de um grupo. Noutras palavras, a prática da renúncia e da abnegação permite uma pluralidade e contratos, isto é, uma sociedade: o limite aceito funda o contrato social[2].

Quanto a Freud, nas práticas da horda primitiva, ele decifra os conceitos essenciais da psicanálise: o incesto, a castração, a articulação da lei a partir da morte do pai[3]. Inversão tanto mais impressionante, por não ter nenhuma experiência direta a justificá-la. Nem um nem outro observou as práticas que aborda. Não foram nunca observá-las diretamente, da mesma forma que Marx nunca foi a uma fábrica[4]. Por que, portanto, a constituição dessas práticas em enigma fechado onde se vai ler pelo avesso a palavra-chave da teoria?

Hoje, essas práticas portadoras do segredo de nossa razão não se acham mais tão distantes. Com o tempo, elas se aproximam. Essa realidade etnológica, é inútil agora ir procurá-la na Austrália ou no princípio dos tempos. Ela se instala em nosso sistema (os procedimentos panópticos) ou ao lado, ou talvez mesmo dentro de nossas cidades (as estratégias bearnesas ou kabilinas) e mais perto ainda ("o inconsciente").

Mas por mais perto que esteja o seu conteúdo, sua *forma* "etnológica" subsiste. Constitui, portanto, um problema em primeiro lugar a forma a essas práticas estabelecidas longe do saber e no entanto detentoras do seu segredo. Existe aí uma figura da modernidade.

A etnologização das "artes"

A reflexão teórica não escolhe manter as práticas à distância de seu lugar, de maneira que tenha de sair para analisá-las, mas basta-lhe invertê-las para se encontrar em casa. Ela repete o corte que efetua. Este lhe é imposto pela história. Os procedimentos sem discurso são coligidos e fixados em uma região que o passado organizou e que lhes dá o papel, determinante para a teoria, de serem constituídos em "reservas" selvagens para o saber esclarecido.

Esses procedimentos foram aos poucos adquirindo um valor *fronteiriço*, à medida que a razão que surgiu da *Aufklärung* ia determinando suas disciplinas, suas coerências e seus poderes. Aparecem então como alteridades e "resistências", relativas às escrituras científicas cujo rigor e operatividade se vão precisando a partir do século XVIII. Em nome do mesmo progresso, vê-se ocorrer o diferenciamento, de um lado, das *artes* (ou maneiras) de fazer, cujos títulos se multiplicam na literatura popular[5], objetos de crescente curiosidade dos "observadores do homem"[6] e, de outro lado, as ciências esboçadas por uma nova configuração do saber.

A distinção não se refere mais essencialmente ao binômio tradicional da "teoria" e da "prática", especificado pela separação entre a "especulação" que decifra o livro do cosmos, e as "aplicações" concretas, mas visa duas *operações* diferentes, uma discursiva (na e pela linguagem) e a não discursiva. Desde o século XVI, a ideia de *método* abala progressivamente a relação entre o conhecer e o fazer, a partir das práticas do direito e da retórica, mudadas pouco a pouco em "ações" discursivas que se exercem em terrenos diversificados e, portanto, em técnicas de transformação de um ambiente, impõe-se o esquema fundamental de um *discurso* que organiza a maneira de *pensar* em maneira de *fazer*, em gestão racional de uma produção e em operação regulada sobre campos apropriados. Eis o "método", semente da cientificidade moderna. No fundo, o método sistematiza a *arte* que Platão já colocava sob o signo da atividade[7]. Mas é por um discurso que ele ordena um saber-fazer. Portanto, a fronteira não separa mais dois saberes hierarquizados, um especulativo, o outro ligado às particularidades, um ocupado em ler a ordem cósmica e o outro às voltas com os pormenores das coisas no quadro que lhe é fixado pelo primeiro, mas ela opõe as práticas articuladas pelo discurso às que (ainda) não o são.

Do "saber-fazer" não discursivo, essencialmente sem escritura (é o discurso do método que é ao mesmo tempo escritura e ciência), qual será o estatuto? É feito de operatividades múltiplas, mas selvagens. Essa proliferação não obedece à lei do discurso, mas obedece já à lei da produção, valor último da economia fisiocrata e depois capitalista. Ela contesta, portanto, à escritura científica o seu privilégio de organizar a produção. Ela irrita e estimula volta e meia os técnicos da linguagem. Pede uma conquista, não como de práticas desprezíveis, mas ao contrário de saberes "engenhosos", "complexos" e "operativos". De Bacon e Christian Wolff ou Jean Beckmann, faz-se gigantesco esforço para colonizar essa imensa reserva de "artes" e "ofícios" que, por não conseguirem ainda articular-se em uma ciência, podem ser já introduzidos na linguagem por uma "*Descrição*" e, deste modo, levados a uma maior "*perfeição*". Mediante esses dois termos – a "descrição" que depende da narratividade e a "perfeição" que tem em mira uma otimização técnica – a posição das "artes" é fixada perto, mas fora da ciência[8].

Desse trabalho de compilação, a *Enciclopédia* é um resultado e ao mesmo tempo a bandeira: *Dictionnaire raisonné des sciences, des arts et des métiers.* Ela coloca lado a lado, numa proximidade que é promessa de assimilação ulterior, as "ciências" e as "artes": umas são línguas operatórias cuja gramática e sintaxe formam sistemas construídos e controláveis, portanto escrevíveis; as outras são técnicas à espera de um saber esclarecido e que lhes falta. No artigo *Arte*, Diderot tenta precisar a relação entre esses elementos heterogêneos. Estamos diante de "arte", escreve ele, "se o objeto é executado"; diante de uma "ciência", "se o objeto é contemplado". Distinção mais baconiana do que cartesiana, entre execução e especulação. Ela se repete no interior da

126

própria "arte", dependendo de ser representada ou praticada: "Toda arte tem sua especulação e sua prática: sua especulação, que nada mais é que seu conhecimento inoperativo das regras da arte; sua prática, que outra coisa não é senão o uso habitual e não reflexivo das mesmas regras". A arte é, portanto, um saber que opera fora do discurso esclarecido e que lhe falta. Mais ainda, esse *saber-fazer* precede, por sua complexidade, a ciência esclarecida. Assim, a propósito da "geometria das artes", eis a observação de Diderot: "É evidente que os elementos da geometria da academia são os mais simples e os menos compostos dentre os da geometria das oficinas". Por exemplo, em muitos problemas de alavancas, de fricção, de torções têxteis, de mecanismos de relógios etc., o "cálculo" é ainda insuficiente. A solução será antes "o negócio" de uma antiquíssima "matemática" experimental e manual mesmo que a sua "língua" fique inculta pela "carência de palavras próprias" e pela "abundância de sinônimos"[9].

Por *manuais*, Diderot quer designar, segundo Girard, as artes que se limitam a "adaptar" os materiais cortando-os, talhando, unindo etc., sem "lhes dar um novo" (por fusão, composição etc.), como o fazem as artes *manufatureiras*[10]. Não "formam" tampouco um produto novo nem dispõem de uma língua própria. Fazem bricolagem. Mas a reorganização e a hierarquização dos conhecimentos segundo o critério da produtividade fazem essas artes ganhar um valor de referência, por causa de sua operatividade, e um valor de vanguarda, por causa de sua sutileza "experimental e manual". Estranhas para as "línguas" científicas, elas constituem fora delas um *ab-soluto* do fazer (uma eficácia que, livre do discurso, testemunha no entanto seu ideal produtivista) e uma *reserva* de saberes que se devem inventariar nas "oficinas" ou nos campos (há um *Logos* escondido no artesanato e ele já murmura o futuro da ciência). Uma problemática de retardamento se introduz na relação entre ciência e artes. Um *handicap temporal* separa dos saber-fazer a sua progressiva elucidação por ciências *epistemologicamente superiores*.

Os "observadores" se apressam, portanto, em direção a essas práticas ainda afastadas das ciências, mas avançando para elas. Fontenelle já fazia esse convite desde 1699: "As oficinas dos artesãos brilham em todos os cantos com um espírito e uma inventividade que no entanto não atraem os nossos olhares. Faltam observadores a instrumentos e a práticas extremamente úteis e muito engenhosamente imaginadas..."[11]

Esses "observadores" se fazem colecionadores, descritores, analistas. Mas embora reconhecendo ali um saber que precede os eruditos, procuram destacá-lo de sua linguagem "imprópria", inverter em um discurso "próprio" a expressão errônea das "maravilhas" que já estão presentes nos inúmeros tipos de saber-fazer cotidianos. Todas essas Gatas Borralheiras, a ciência há de transformá-las em princesas. O princípio de uma operação etnológica sobre essas práticas já se acha então posto: o seu *isolamento social* pede uma espécie de "educação" que, graças a uma *inversão linguística*, vai introduzi-las no campo da escritura científica.

Fato notável, desde o século XVIII ao XX, os etnólogos ou os historiadores consideram as técnicas respeitáveis em si mesmas. Destacam aquilo que *fazem*. Não sentem necessidade de interpretar. Basta descrever. Ao contrário, consideram como "lendas" que significam outra coisa diferente do que dizem as histórias pelas quais um grupo situa ou simboliza suas atividades. Estranha disparidade entre o tratamento dado às práticas e o dado aos discursos. Onde o primeiro registra uma "verdade" do fazer, o outro decodifica as "mentiras" do dizer. As breves descrições do primeiro tipo contrastam, aliás, com as interpretações prolixas que fizeram dos mitos ou das lendas um objeto privilegiado pelos profissionais da linguagem, "clérigos" com longa experiência, com procedimentos hermenêuticos transmitidos dos juristas aos professores e/ou etnólogos, para glosar e "traduzir" em textos científicos os documentos referenciais.

As cartas estão lançadas. A instância muda das práticas está historicamente circunscrita. Cento e cinquenta anos depois, Durkheim praticamente não corrige essa definição "etnológica" – e ainda a reforça – abordando o problema da *arte* (de fazer), isto é, "aquilo que é prática pura sem teoria". Aí está o absoluto da operatividade, em sua "pureza". Escreve ele: "Uma arte é um sistema de maneiras de fazer que são ajustadas a fins especiais e que são o produto ou de uma experiência tradicional comunicada pela educação, ou da experiência pessoal do indivíduo". Enquistada na particularidade, desprovida das generalizações que fazem a competência exclusiva do discurso, a arte nem por isso deixa de formar um "sistema" e organizar-se por "fins" – dois postulados que permitem a uma ciência e a uma ética conservar *em seu lugar* o discurso "próprio" de que está privada, isto é, escrever-se no lugar e em nome dessas práticas.

Característico também o interesse pela produção ou pela aquisição da arte por este grande pioneiro que ligou a fundação da sociologia a uma teoria da educação: "Não se pode adquiri-la a não ser pondo-se em relação com as coisas sobre as quais se deve exercer a ação e exercendo-a pessoalmente". À "imediaticidade" da operação Durkheim não opõe mais, como o fazia Diderot, um atraso da teoria quanto ao saber manual das oficinas. Permanece apenas traçada a uma hierarquia estabelecida sobre o critério da educação: "Sem dúvida – prossegue Durkheim – pode acontecer que a arte seja esclarecida (eis a palavra-chave das Luzes) pela reflexão, mas a reflexão não é o seu elemento essencial, pois a arte pode existir sem ela. Mas não existe uma só arte em que tudo seja fruto da reflexão"[12].

Existiria então uma ciência onde "tudo seja fruto da reflexão"? Seja como for, usando um vocabulário bastante próximo da *Enciclopédia* (que mencionava o "contemplar"), cabe à teoria "refletir" esse "todo". De modo ainda mais geral, para Durkheim a sociedade é uma escritura que só se faz legível por ele. Aqui existe um saber já escrito nas práticas, mas não ainda esclarecido. A ciência fornecerá o espelho para torná-lo legível, com o discurso "refletindo" uma operatividade imediata e precisa, mas privada de linguagem e consciência, já sábia, mas ainda inculta.

Os relatos do não sabido

Da mesma forma que o sacrifício, "mais perto de nós do que se poderia crer segundo a sua aparente grosseria"[13], a *arte* constitui em relação à ciência um saber em si mesmo essencial, mas ilegível sem ela. Posição perigosa para a ciência, pois só lhe resta poder dizer o saber que lhe falta. Ora, entre a ciência e a arte, considera-se não uma alternativa, mas a complementaridade e, se possível, a articulação.

Ou seja, como o pensa Wolff já em 1740 (depois de Swedenborg, ou antes de Lavoisier, Désaudray, Augusto Comte et al.), pensa-se em um "*terceiro homem* capaz de reunir em si a ciência e a arte: ele poria um remédio à enfermidade dos teóricos, libertaria os amantes das artes do preconceito segundo o qual elas poderiam chegar a bom termo sem a teoria..."[14] Esse mediador entre "o homem do teorema" e "o homem da experiência"[15] há de ser o *engenheiro.*

O "terceiro homem" sempre frequentou e ainda frequenta o discurso esclarecido (filosófico ou científico)[16], mas não surgiu como se esperava. O lugar que lhe foi atribuído (hoje lentamente ocupado por outra figura, a dos tecnocratas) é relativo ao trabalho que, ao longo do século XIX, de um lado isolou da arte as suas técnicas e, de outro, "geometrizou" e matematizou essas técnicas. No saber-fazer se conseguiu aos poucos isolar aquilo que poderia ser *destacado da performance* individual e isto se "aperfeiçoou" em *máquinas* que constituem combinações controláveis de formas, matérias e forças. Esses "órgãos técnicos" são retirados da competência manual (ultrapassam-na tornando-se máquinas) e colocados num espaço próprio, sob a jurisdição do engenheiro. Passam a subordinar-se a uma tecnologia. E agora o saber-fazer se acha lentamente privado daquilo que o articulava objetivamente num *fazer*. Aos poucos essas técnicas lhe são tiradas para serem transformadas em máquinas, e então o saber-fazer parece retirar-se para um *saber* subjetivo, separado da linguagem de seus procedimentos (que agora lhe são devolvidos e impostos em máquinas produzidas por uma tecnologia). Toma as feições de uma capacidade "intuitiva" ou "reflexa", quase secreta, cujo estatuto fica indefinido. A otimização técnica do século XIX, indo inspirar-se no tesouro das "artes" e "ofícios" para criar os modelos, pretextos ou regras obrigatórias para suas invenções mecânicas, deixa às práticas cotidianas apenas um solo privado de meios ou de produtos próprios. Ela o constitui em região folclórica ou em uma terra duplamente silenciosa, sem discurso verbal como outrora e agora sem linguagem manual.

Aqui ainda subsiste um "saber", mas sem o seu aparelho técnico (transformado em máquinas) ou cujas maneiras de fazer não têm legitimidade aos olhos de uma racionalidade produtivista (artes do dia a dia na cozinha, artes de limpeza, da costura etc.). Ao contrário, esse resto, abandonado pela colonização tecnológica, adquire valor de atividade "privada", carrega-se com investimentos simbólicos relativos à vida cotidiana, funciona sob o signo das particularidades coletivas ou individuais, torna-se em suma a memória ao mesmo tempo legendária e ativa daquilo que se mantém à margem ou no interstício das ortopraxias científicas ou culturais. Enquanto indícios de singularidades – murmúrios poéticos ou trágicos do dia a dia – as maneiras de fazer se introduzem em massa no romance ou na ficção. Assim, em primeiro lugar o romance realista do século XIX. Essas maneiras encontram aí um novo espaço de representação, o da ficção, povoado por virtuosidades cotidianas das quais a ciência não sabe o que fazer, e que se tornam, bem reconhecíveis para os leitores, as assinaturas das micro-histórias de todo o mundo. A *literatura* se muda em repertório dessas práticas desprovidas de *copyright* tecnológico. São elas ainda que logo vão ocupar um lugar privilegiado nos relatos dos clientes nas salas das instituições psiquiátricas ou nos consultórios dos psicanalistas.

Noutras palavras, há "histórias" que fornecem às práticas cotidianas o escrínio de uma *narratividade.* Certamente, só descrevem alguns de seus fragmentos. São apenas metáforas delas. Mas, a despeito das rupturas entre configurações sucessivas do saber, representam uma nova variante na série contínua de documentos narrativos que, a partir dos contos populares, panóplias de esquemas de ação[17], até as *Descrições das artes* da era clássica, expõem as maneiras de fazer sob a forma de *relatos.* Essa série compreende então igualmente o romance contemporâneo – e também os microrromances que são geralmente as descrições etnológicas de técnicas artesanais, culinárias etc. Tal continuidade sugere uma pertinência *teórica* da narratividade no que concerne às práticas cotidianas.

O "retorno" dessas práticas na narração (será necessário examinar o seu alcance em muitos outros exemplos) está ligado a um fenômeno mais amplo, e historicamente menos determinado, que se poderia designar como *estetização do saber* implícito no saber-fazer. Separado de seus procedimentos, este saber é considerado um "gosto" ou um "tato", quem sabe mesmo "genialidade". A ele se emprestam os caracteres de uma intuição ora artística, ora reflexa. Trata-se, como se costuma dizer, de um conhecimento que não se conhece. Este "fazer cognitivo" não viria acompanhado de uma autoconsciência que lhe desse um domínio por meio de uma reduplicação ou "reflexão" interna. Entre a prática e a teoria, esse conhecimento ocupa ainda uma "terceira" posição, não discursiva, mas primitiva. Acha-se recolhido, originário, como uma "fonte" daquilo que se diferencia e se elucida mais tarde.

Trata-se de *um saber não sabido*. Há, nas práticas, um estatuto análogo àquele que se atribui às fábulas ou aos mitos, como os dizeres de conhecimentos que não se conhecem a si mesmos. Tanto num caso como no outro, trata-se de um saber sobre os quais os sujeitos não refletem. Dele dão testemunho sem poderem apropriar-se dele. São afinal os locatários e não os proprietários do seu próprio saber--fazer. A respeito deles não se pergunta *se há* saber (supõe-se que *deva haver*), mas este é *sabido* apenas por outros e não por seus portadores. Tal como o dos poetas ou pintores, o saber-fazer das práticas cotidianas não seria conhecido senão pelo intérprete que o esclarece no seu espelho discursivo, mas que não o possui tampouco. Portanto, não pertence a ninguém. Fica circulando entre a inconsciência dos praticantes e a reflexão dos não praticantes, sem pertencer a nenhum. Trata-se de um saber anônimo e referencial, uma condição de possibilidade das práticas técnicas ou eruditas.

Este saber retirado, privado ao mesmo tempo de procedimentos legíveis (por não possuir linguagem própria) e de proprietário legítimo (pois não tem linguagem própria), encontra na psicanálise freudiana uma versão particularmente notável. Tudo funciona aí a partir de um postulado que seus efeitos fizeram considerar realidade: há *saber*, mas *inconsciente*; reciprocamente, é o inconsciente que sabe[18]. Os relatos de clientes e as "histórias de doentes" (*Krankengeschichte*) freudianos ocupam páginas e páginas para contá-lo. Aliás, depois de Freud todos os psicanalistas o aprenderam por experiência própria: "as pessoas já sabem tudo" aquilo que, na sua posição de "suposto saber", pode ou poderia permitir-lhes articular. Tudo se passa como se "as oficinas" de que falava Diderot se houvessem tornado a metáfora do lugar recalcado e reprimido no fundo do qual os conhecimentos "experimentais e manuais" precedem hoje o discurso proferido sobre eles pela teoria ou pela "academia" psicanalítica. De seus clientes – e de todos os outros – o analista diz muitas vezes: "Em algum lugar eles o sabem". "Em algum lugar", mas onde? São as suas práticas que o sabem – gestos, comportamentos, maneiras de falar ou caminhar etc. Temos aí um saber, mas de quem? É um saber tão rigoroso e preciso que todos os valores de cientificidade parecem ter-se transportado com armas e bagagens para o lado desse inconsciente, de sorte que só restam à consciência fragmentos e efeitos desse saber, astúcias e táticas análogas àquelas que antigamente caracterizavam "a arte". Mediante essa inversão, o que tem *razão* é aquilo que não se reflete e que não se diz, o *não sabido* e o *in-fans*, enquanto a consciência "esclarecida" é apenas a língua "imprópria" desse saber. Mas essa inversão tem em mira mais o privilégio da consciência que mudar a divisão do saber e do discurso. Nas "oficinas" artesanais bem como naquelas do inconsciente jaz um saber fundamental e primitivo que antecede o discurso esclarecido, mas ao qual falta uma cultura própria. Ao saber do inconsciente – como ao das "artes" – o analista oferece por isso a possibilidade de palavras "próprias" e de uma distinção entre os "sinônimos". Daquilo que se move obscuramente no fundo desse poço de saber, a teoria "reflete" uma parte à plena luz da linguagem "científica". Sobre três séculos, malgrado os avatares históricos da consciência ou as definições sucessivas do conhecimento, paira sempre a combinação entre dois termos distintos, de uma parte um conhecimento referencial e "inculto" e, da outra, um discurso elucidador que à plena luz produz a representação inversa de sua fonte opaca. Este discurso é "teoria". Conserva da palavra o seu sentido antigo e clássico de "ver/fazer ver" ou de "contemplar" (*theorein*). É "esclarecido". O saber primitivo, na medida em que foi progressivamente dissociado das técnicas e das linguagens que o objetivavam, torna-se uma inteligência do sujeito, mal definida senão por neutros (ter faro, tato, gosto, juízo, instinto etc.), que oscilam entre os regimes do estético, do cognitivo ou do reflexivo, como se o saber-fazer se reduzisse a um princípio inapreensível do saber.

Uma arte de pensar: Kant

Fato característico, Kant vai tratar a relação entre a arte de fazer (*Kunst*) e a ciência (*Wissenschaft*), ou entre uma técnica (*Technik*) e a teoria (*Theorie*), no decorrer de uma pesquisa que se deslocou de uma primeira redação sobre o gosto para uma crítica do juízo[19]. E ele encontra a arte durante esse percurso que vai do gosto ao juízo. Parâmetro de um conhecimento prático que vai mais longe que o saber e de forma estética, Kant percebe aí aquilo que, genialmente, denomina "um tato lógico" (*logische Takt*). Inscrita na órbita de uma estética, a arte de fazer é colocada sob o signo do juízo, condição "a-lógica" do pensamento[20]. A tradicional antinomia entre uma "operatividade" e uma "reflexão" é superada graças a um ponto de vista que, reconhecendo uma *arte* na raiz do pensar, faz do juízo um "meio-termo" (*Mittelglied*) entre a teoria e a práxis. Esta arte de pensar constitui uma unidade sintética entre as duas.

Os exemplos kantianos se referem precisamente às práticas cotidianas: "A faculdade de julgar ultrapassa o entendimento [...] Faculdade de julgar sobre a roupa que uma camareira deve vestir. Faculdade de julgar sobre a dignidade que convém a um edifício, sobre os ornamentos que não devem ir contra o fim perseguido"[21]. O juízo não se refere apenas à "conveniência" social (equilíbrio elástico de uma rede de contratos tácitos), mas, de modo mais geral, à *relação* de numerosos elementos, e só existe no ato de concretamente criar um conjunto novo por uma articulação *conveniente* dessa relação com um elemento a mais, como se acrescenta um tom vermelho ou ocre a um quadro, modificando-o sem destruí-lo. A transformação de um equilíbrio dado em outro equilíbrio caracterizaria a arte.

Precisando melhor o que pensa, Kant cita a autoridade geral do discurso, mas uma autoridade que no entanto é sempre local e concreta: em meu canto, escreve ele (*in meinen Gegenden*: em minha região, no meu "país"), "o homem comum", "ordinário" (*der gemeine Mann*) diz (*sagt*) que os prestidigitadores (*Taschenspieler*) dependem de um saber (você pode fazer a mesma coisa, quando conhece o truque), ao passo que os que dançam na corda (*Seiltänzer*) dependem de uma arte[22]. Dançar sobre a corda é de momento em momento manter *um equilíbrio*, recriando-o a cada passo graças a novas intervenções;

significa conservar uma relação nunca de todo adquirida e que por uma incessante invenção se renova com a aparência de "conservá-la". A arte de fazer fica assim admiravelmente definida, ainda mais que efetivamente o próprio praticante faz parte do equilíbrio que ele modifica sem comprometê-lo. Por essa capacidade de fazer um conjunto novo a partir de um acordo preexistente e de manter uma relação formal malgrado a variação dos elementos, tem muita afinidade com a produção artística. Seria uma inventividade incessante de um gosto na experiência prática.

Mas esta arte designa igualmente aquilo que, no próprio trabalho científico, não depende da aplicação no entanto necessária de regras ou modelos e é sempre, em última instância, como dirá também Freud, "uma questão de tato" (*eine Sache des Takts*)[23]. Quando volta a esse ponto, Freud tem em vista o diagnóstico, uma questão de julgamento que põe precisamente em causa, numa intervenção prática, uma relação ou um equilíbrio entre inúmeros elementos. Para Freud, como para Kant, trata-se aí de uma faculdade autônoma que se afina, mas não se aprende: "A falta de juízo – diz Kant – é propriamente aquilo que se chama estupidez, e para esse vício não há remédio"[24]. Esse vício não poupa nem o cientista, da mesma forma que os outros.

Entre o entendimento que conhece e a razão que deseja, a faculdade de julgar é, portanto, um "arranjo" formal, um "equilíbrio" subjetivo do imaginar e do compreender. Ela tem a forma de um *prazer*, relativo não a uma exterioridade, mas a um modo de exercício: põe em jogo a experiência *concreta* de um princípio *universal* de harmonia entre a imaginação e o entendimento. Trata-se de um *sentido* (*Sinn*), mas é "comum": o senso comum (*Gemeinsinn*) ou o juízo comum. Sem se deter mais nos detalhes de uma tese que recusa a divisão ideológica entre os saberes, e portanto também a sua hierarquização social, pode-se ao menos sustentar a esse propósito que este tato reúne em um só todo uma liberdade (*moral*), uma criação (*estética*) e um ato (*prático*) – três elementos já presentes no trabalho com "sucata", exemplo contemporâneo de uma tática cotidiana[25].

Desse juízo investido num ato ético e poético talvez se devam procurar os antecedentes no lado da antiga experiência religiosa, quando era também um "tato", a apreensão e a criação de uma "harmonia" em práticas particulares, o gesto ético e poético de *religare* (re-ligar) ou de estabelecer um acordo graças a uma série indefinida de atos concretos. Newman também reconhecerá aí um "tato". Mas em consequência de uma série de deslocamentos históricos que limitaram singularmente os equilíbrios possíveis para a arte religiosa "dançar na corda bamba", uma prática estética foi aos poucos substituindo-a, ficando ela mesma progressivamente isolada da operatividade e da cientificidade, a tal ponto que, por exemplo, desde Schleiermacher até Gadamer, ela se tornou a experiência marginal a que uma tradição "hermenêutica" não cessa de recorrer para sustentar sua crítica das ciências objetivas. Em razão de um gênio ajudado pela conjuntura (da arte de J.S. Bach à da Revolução), Kant se situa na encruzilhada onde do ato religioso concreto subsiste a forma ética e estética (ao passo que o seu conteúdo dogmático desaparece), e onde a criação artística ainda tem o valor de ato moral e técnico. Essa combinação transitiva, que nele já oscila de uma "Crítica do gosto" para uma "Metafísica dos costumes", fornece uma referência moderna fundadora para analisar a natureza estética, ética e prática do saber-fazer cotidiano.

Kant procura ainda determinar melhor esse tato, num texto de jornalismo esclarecido, publicado em plena Revolução Francesa, no *Berlinische Monatsschrift*, de setembro de 1793, a propósito de um "adágio comum": "A teoria é uma coisa, mas a prática é outra"[26] (lit: "Pode estar certo na teoria, mas de nada vale na prática"). Esse importante texto teórico tem, portanto, como objeto, e como título um provérbio, uma sentença popular, e usa a linguagem da imprensa (houve quem falasse de uma "obra popular" de Kant). Ele intervém num debate onde sucessivamente, depois das respostas de Kant às objeções de Christian Garve (1792), os artigos de Friedrich Gentz (dezembro de 1793) e de August Wilhelm Rehberg (fevereiro de 1794) voltam de novo, na mesma revista, ao comentário do provérbio. Esse "adágio" é um *Spruch*, isto é, ao mesmo tempo um provérbio (sabedoria), uma sentença (juízo) e oráculo (palavra autorizada e sapiencial). Seria por efeito da Revolução que um provérbio recebe a pertinência filosófica de um versículo (*Spruch*) de texto sagrado e mobiliza em torno de si, como nas antigas edições do Talmude, do Corão ou da Bíblia o saber exegético dos teorizadores?[27] Este debate filosófico em torno de um provérbio evoca igualmente a história evangélica do *Infans* falando no meio dos escribas, ou o tema popular *O menino sábio aos três anos*[28]. Mas agora não se trata mais de uma infância e nem tampouco de uma velhice (como se faz Kant dizer, traduzindo *Gemeinspruch* por "velho adágio" ou *Old Saw*), mas de qualquer pessoa e de todo o mundo, do homem "comum" ou "ordinário" (*gemein*), cuja *sentença*, mais uma vez, *interroga* os eruditos e escribas e faz proliferar os seus comentários.

A "sentença" comum não afirma um princípio. Constata um fato, que Kant interpreta como o sinal ou de um interesse insuficiente na teoria da parte do homem prático, ou de um desenvolvimento insuficiente da teoria no próprio teórico. "Quando a teoria ainda se acha pouco desenvolvida (*noch wenig*) na prática, não cabe a falta à teoria, mas, ao contrário, não há *bastante* (*nicht genug*) teoria que se deveria ter aprendido com a experiência..."[29] Sejam quais forem os exemplos dados (encontra-se o problema tradicional das fricções), Kant organiza a sua demonstração numa peça em três atos, onde o homem ordinário aparece sucessivamente sob a figura de três personagens (o negociante, o político e o cidadão comum) opostos a três filósofos (Garve, Hobbes e Mendelssohn), e com isso se podem analisar sucessivamente as questões relativas à moral, à lei constitucional e à ordem internacional. Aqui importa, mais que essas variações, o princípio de um *acordo formal* das faculdades no ato de julgar. Este não é localizável nem no discurso científico, nem numa técnica particular, nem numa expressão artística. É uma arte de pensar da qual tanto dependem as práticas ordinárias como a teoria. Como a atividade do equilibrista na corda, tem valor ético, estético e prático. Não é de se admirar que uma arte organize os discursos que abordam práticas a título de teoria, por exemplo, os de Foucault ou de Bourdieu. Mas assim se abre a questão, pouco kantiana, de um discurso que seja a arte de dizer ou fazer a teoria, bem como a teoria da arte, ou seja, um discurso que seja memória e prática, em suma, *o relato do tato*.

CAPÍTULO VI

O TEMPO DAS HISTÓRIAS

Subindo, descendo e girando em torno dessas práticas algo escapa sem cessar, que não pode ser dito nem "ensinado", mas deve ser "praticado". Assim pensava Kant a propósito do juízo ou do tato. Se ele situou a questão a esse propósito em um nível "transcendental" com relação às prática e à teoria (e não mais na posição de um resto referencial com relação às "luzes" da razão), ele não nos precisa qual poderia ser a sua linguagem. A esse propósito, ele usa a citação: um adágio comum ou uma palavra do homem "ordinário". Esse procedimento, ainda jurídico (e já etnológico), *faz o outro dizer* o fragmento oferecido à glosa. O "oráculo popular" (*Spruch)* deve *falar* dessa arte, e o comentário *explicará* essa "sentença". Sem dúvida, deste modo o discurso leva a sério essa palavra (muito longe de considerá-la uma cobertura enganadora das práticas), mas ele se situa do lado de fora, na distância de uma observação apreciadora. É um dizer *sobre* aquilo que o outro diz de sua arte, e não um dizer *dessa* arte. Se se afirma que essa "arte" só pode ser praticada e fora do seu exercício não se dá enunciado, a linguagem deve ser então a sua prática. Será uma arte de dizer: nela se exerce precisamente essa arte de fazer onde Kant reconheceria uma arte de pensar. Noutras palavras, será um relato. Se a própria arte de dizer é uma arte de fazer e uma arte de pensar, pode ser ao mesmo tempo a prática e a teoria dessa arte.

Uma arte de dizer

As sondagens precedentes apontam nessa direção. Ali distingo um dado e uma hipótese.

1) Um *fato*, em primeiro lugar, é indicativo. As maneiras de fazer não designam somente atividades que uma teoria tomaria como objetos. Essas maneiras organizam também a sua construção. Longe de se achar fora da criação teórica, à porta, os "procedimentos" de Foucault, as "estratégias" de Bourdieu e, de maneira mais geral, as táticas formam *um campo de operações dentro do qual se desenvolve também a produção da teoria*. Deste modo se alcança, embora em outro terreno, a posição de Wittgenstein em relação à "linguagem ordinária"[1].

2) Para explicitar a relação da teoria com os procedimentos dos quais é efeito e com aqueles que aborda, oferece-se uma *possibilidade*: um discurso em histórias. A narrativização das práticas seria uma "maneira de fazer" textual, com seus procedimentos e táticas próprios. A partir de Marx e Freud (para não remontar mais acima), não faltam exemplos autorizados. Foucault declara, aliás, que está escrevendo apenas histórias ou "relatos". Por seu lado, Bourdieu toma relatos como a vanguarda e a referência de seu sistema. Em muitos trabalhos, a narratividade se insinua no discurso erudito como o seu indicativo geral (o título), como uma de suas partes (análises de "casos", "histórias de vida" ou de grupos etc.), ou como seu contraponto (fragmentos citados, entrevistas, "ditos" etc.). Aparece aí sempre de novo. Não seria necessário reconhecer-lhe a legitimidade *científica* supondo que em vez de ser um resto inelimínável ou ainda a eliminar do discurso, a narratividade tem ali uma função necessária, e supondo que *uma teoria do relato é indissociável de uma teoria das práticas*, como a sua condição ao mesmo tempo que sua produção?

Isto implicaria sem dúvida reconhecer o valor teórico do romance, tornado o zoo das práticas cotidianas desde que existe a ciência moderna. Isto seria sobretudo restituir importância "científica" ao gesto tradicional (é também uma gesta) que sempre *narra* as práticas. Neste caso, o conto popular fornece ao discurso científico um modelo, e não somente objetos textuais a tratar. Não tem mais o estatuto de um documento que não sabe o que diz, citado à frente de e pela análise que o sabe. Pelo contrário, é um "saber-dizer" exatamente ajustado a seu objeto e, a este título, não mais o outro do saber mas uma variante do discurso que sabe e uma autoridade em matéria de teoria. Então se poderiam compreender as alternâncias e cumplicidades, as homologias de procedimentos e as imbricações sociais que ligam as "artes de dizer" às "artes de fazer": as mesmas práticas se produziriam ora num campo verbal, ora num campo gestual; elas jogariam de um ao outro, igualmente táticas e sutis cá e lá; fariam uma troca entre si – do trabalho no serão, da culinária às lendas e às conversas de comadres, das astúcias da história vivida às da história narrada.

Essa narratividade seria um retorno à "Descrição" da época clássica? Há uma diferença que as separa, fundamental: no relato não se trata mais de ajustar-se o mais possível a uma "realidade" (uma operação técnica etc.) e dar credibilidade ao texto pelo "real" que exibe. Ao contrário, a história narrada cria um espaço de ficção. Ela se afasta do "real" – ou melhor, ela aparenta subtrair-se à conjuntura: "era uma vez..." Deste modo, precisamente, mais que descrever um "golpe", ela o *faz*. Para voltar ao que dizia Kant, ela mesma é um *ato* de funâmbulo, um gesto equilibrista em que participam a circunstância (lugar e tempo) e o próprio locutor, uma maneira de saber, manipular, arranjar e "colocar" um dito deslocando um conjunto, em suma "uma questão de tato".

Existe com certeza um conteúdo do relato, mas pertence, ele também, à arte de fazer um golpe: ele é desvio por um passado ("no outro dia", "outrora") ou por uma citação (uma "sentença", um "dito", um provérbio), para aproveitar uma ocasião e modificar um equilíbrio por uma surpresa. O discurso aí se caracteriza não tanto por uma maneira de *se exercer,* mas antes pela coisa que mostra. Ora, é preciso entender outra coisa do que a que se diz. O discurso produz então efeitos, não objetos. É narração, não descrição. É uma *arte* do dizer. O público ali não se engana. Do "truque" (o que *basta saber* para fazê-lo) – mas também da revelação/vulgarização (o que indefinidamente é *preciso saber*) – ele diferencia a arte, como as pessoas ordinárias a que Kant se refere (aliás, onde está ele mesmo?) distinguem facilmente o prestidigitador do homem que dança na corda. Algo na narração escapa à ordem daquilo que é suficiente ou necessário saber e, por seus traços, está subordinado ao *estilo* das táticas.

Esta arte, não seria difícil reconhecê-la em Foucault: uma arte do suspense, das citações, da elipse, da metonímia; uma arte da conjuntura (a atualidade, o público) e das ocasiões (epistemológicas, políticas); em suma, uma arte de fazer "golpes", "lances", com ficções de histórias. Não é primeiramente a sua erudição (prodigiosa no entanto) que dá tanta eficácia a Foucault, mas esta arte de dizer que é uma arte de pensar e fazer. Com os mais sutis procedimentos da retórica, esboçando alternadamente e com sabedoria quadros figurativos ("histórias" exemplares) e quadros analíticos (distinções teóricas), ele produz um efeito de evidência sobre o público visado, desloca os campos em que sucessivamente se insinua, cria um novo "arranjo" do conjunto. Mas essa arte da narração representa também o seu outro, com a "descrição" historiográfica e lhe modifica a lei sem a substituir por outra. Não possui discurso próprio. Não se diz a si mesma. Pratica o não lugar: *fort? da?* Ali e não ali. Finge que se eclipsa por trás da erudição ou das taxinomias que no entanto manipula. Dançarino disfarçado em arquivista. O riso de Nietzsche perpassa o texto do historiador.

Para compreender a relação entre o relato e as táticas, deve-se encontrar e demarcar melhor um modelo científico mais explícito, onde a teoria das práticas tenha precisamente por forma uma maneira de narrá-las.

Contar os lances: Detienne

Historiador e também antropólogo, Marcel Detienne escolheu deliberadamente a narração. Ele não instala as histórias gregas diante de si para tratá-las em nome de outra coisa que não elas mesmas. Recusa o corte que delas faria objetos de saber, mas também objetos a saber, cavernas onde "mistérios" postos em reserva aguardariam da pesquisa científica o seu significado. Ele não supõe, por trás de todas essas histórias, segredos cujo progressivo desvelamento lhe daria, em contrapartida, o seu próprio lugar, o da interpretação. Esses contos, histórias, poemas e tratados para ele já são práticas. Dizem exatamente o que fazem. São o gesto que significam. Não há necessidade alguma de lhes acrescentar alguma glosa que saiba o que exprimem sem saber, nem perguntar *de que* são a metáfora. Formam uma rede de operações da qual mil personagens esboçam as formalidades e os bons lances. Neste espaço de práticas textuais, como num jogo de xadrez cujas figuras, regras e partidas teriam sido multiplicadas na escala de uma literatura, Detienne conhece como artista mil lances já executados (a memória dos lances antigos é essencial a toda partida de xadrez), mas ele joga com esses lances; deles faz outros com esse repertório: *conta histórias* por sua vez. Recita esses gestos táticos. Para dizer o que dizem, não há outro discurso senão eles. Alguém pergunta: mas o que "querem" dizer? Então se responde: vou contá-los de novo. Se alguém lhe perguntasse qual era o sentido de uma sonata, Beethoven, segundo se conta, a tocava de novo. O mesmo acontece com a recitação da tradição oral, assim como a analisa J. Goody: uma maneira de repetir séries e combinações de operações formais, com uma arte de "fazê-las concordar" com as circunstâncias e com o público[2].

O relato não exprime uma prática. Não se contenta em dizer um movimento. Ele o *faz*. Pode-se, portanto, compreendê-lo ao entrar na dança. Assim Detienne. Diz as práticas gregas narrando as histórias gregas... "Era uma vez..." *O jardim de Adônis*, *A pantera perfumada*, *Dioniso morto*, *A cozinha do sacrifício*: fábulas de um narrador praticante[3]. Traça os movimentos dos gregos executando ele mesmo os seus relatos à sua maneira no cenário atual. Protege-os contra a alteração museográfica por uma arte que a historiografia perde após ter achado muito tempo que era essencial e cuja importância o antropólogo descobre nas outras, desde as *Mythologiques* à *Etnography of Speaking*:[4] a arte de contar histórias. Ele faz seu jogo, portanto, entre aquilo que a historiografia praticava no passado e aquilo que a antropologia restaura hoje como um objeto estranho. Nesse terreno intermediário, eis que um prazer de contar encontra pertinência científica. Recitando-o no ritmo alegre de suas fábulas. Faz todas as idas e vindas desse relato, exercendo assim uma arte de pensar. Como o cavalo, no jogo de xadrez, atravessa o imenso tabuleiro da literatura com as "curvas" dessas histórias, fios de Ariadne, jogos formais das práticas. Justamente aqui, como o pianista, ele "interpreta" essas fábulas. Executa-as privilegiando duas "figuras" onde particularmente se exercia a arte grega de pensar: a dança e a luta, ou seja, as próprias figuras que a escritura do relato aciona.

Com Jean-Pierre Vernant, ele escreveu um livro sobre a *"métis"* dos gregos, *As astúcias da inteligência*[5]. Esse livro é uma série de relatos. Consagra-se a uma forma de inteligência sempre "mergulhada numa prática" onde se combinam "o faro, a sagacidade, a previsão, a flexibilidade de espírito, a finta, a esperteza, a atenção vigilante, o senso de oportunidade, habilidades diversas, uma experiência longamente adquirida"[6]. De extraordinária "estabilidade" de um extremo a outro do helenismo, embora ausente da imagem (e da teoria) que o pensamento grego construiu de si mesmo, a *métis* tem muita afinidade com as táticas cotidianas por "seus gestos manuais, suas habilidades e seus estratagemas", e pela enorme gama das condutas que abrange, desde o saber-fazer até a astúcia.

Desta análise, três elementos me prendem mais a atenção, por diferenciarem mais nitidamente a *métis* em face de outros comportamentos, mas também por caracterizarem igualmente os relatos que falam dela. É a tríplice relação que a *métis* mantém com "a ocasião", com os disfarces e com uma paradoxal invisibilidade. De um lado, a *métis* conta com o "momento oportuno" (o *Kairós*) e o aproveita: é uma prática do tempo. De outro lado, multiplica as máscaras e metáforas: é uma defecção do lugar próprio. Enfim, desaparece no seu próprio ato, como que perdida no que faz, sem espelho para re-presentá-la; não tem imagem própria. Esses traços da *métis* podem igualmente atribuir-se ao relato. Sugerem então um "suplemento" a Detienne e Vernant: a forma de inteligência prática que analisam e a maneira como o fazem devem ter entre si um nexo teórico se a narratividade contadora *é* também algo semelhante a uma *métis*.

A arte da memória e a ocasião

Na relação de forças onde intervém, a *métis* é "a arma absoluta", aquela que vale a Zeus a supremacia sobre os outros deuses. É um princípio de economia: com o mínimo de força, obter o máximo de efeito. Define também uma estética, como se sabe. A multiplicação dos efeitos pela rarefação dos meios é, por motivos diferentes, a regra que organiza ao mesmo tempo uma arte de fazer e a arte poética de dizer, pintar ou cantar.

Essa relação econômica enquadra a *métis* e não tanto indica o seu alcance. A "volta" ou retorno que leva a operação do seu ponto de partida (*menos* força) até seu termo (*mais* efeito), implica em primeiro lugar a mediação de um *saber,* mas um saber que tem por forma a duração de sua aquisição e a coleção intermináveis dos seus conhecimentos particulares. Questão de "idade", dizem os textos: à "irreflexão da juventude" eles opõem "a experiência do ancião". Este saber se faz de muitos momentos e de muitas coisas heterogêneas. Não tem enunciado geral e abstrato, nem lugar próprio. É uma *memória*[7], cujos conhecimentos não se podem separar dos tempos de sua aquisição e vão desfiando as suas singularidades. Instruída por muitos acontecimentos onde circula sem possuí-los (cada um deles é *passado*, perda de lugar, mas brilho de tempo), ela suputa e prevê também "as vias múltiplas do futuro" combinando as particularidades antecedentes ou possíveis[8]. Assim se introduz uma duração na relação de forças, capaz de modificá-la. A *métis* aponta com efeito para um tempo acumulado, que lhe é favorável, contra uma composição de lugar, que lhe é desfavorável. Mas a sua memória continua escondida (não tem lugar que se possa precisar), até o instante em que se revela, no "momento oportuno", de maneira ainda temporal embora contrária ao ato de se refugiar na duração. O resplendor dessa memória brilha na *ocasião.*

Enciclopédia, graças à capacidade da *métis* para aí acumular experiências passadas e inventariar as possíveis, a ocasião armazena todo esse saber no menor volume possível. Concentra *o máximo* de saber *no mínimo* de tempo. Reduzida ao seu mínimo formato, num ato metamorfoseador da situação, esta enciclopédia concreta se assemelha a uma pedra filosofal!

Evoca, aliás, sobretudo, o tema lógico da identidade entre a circunferência e o ponto. Mas aqui a extensão é duração; a concentração, instante. Deslocando o espaço para o tempo, a coincidência entre a circunferência indefinida das experiências e o momento pontual de sua recapitulação seria então o modelo teórico da ocasião.

Atendo-se a esses primeiros elementos, seria possível uma representação esquemática da "volta", desde o seu ponto inicial (I) – menos forças – até o seu ponto terminal (IV) – mais efeitos. Algo que se poderia representar mais ou menos assim:

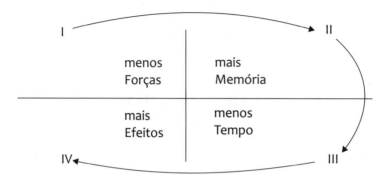

Em (I) diminuem as forças; em (II) o saber-memória aumenta; em (III) diminui o tempo; e em (IV) aumentam os efeitos. Esses crescimentos e decréscimos se articulam em proporções inversas. Obtemos as relações seguintes:

– de (I) a (II), quanto *menos* força, *mais* se precisa de saber-memória;

– de (II) a (III), quanto *mais* há saber-memória, *menos* se precisa de tempo;

– de (III) a (IV), quanto *menos* tempo há, *mais* aumentam os efeitos.

A ocasião é um *nó* tão importante em todas as práticas cotidianas, como nos relatos "populares" atinentes, que é preciso deter-se um pouco mais e precisar melhor este primeiro esboço. Mas a ocasião não cessa de enganar as definições, por não ser isolável nem de uma conjuntura nem de uma operação. Não é um fato destacável da "volta" que o produz. Inscrevendo-se numa série de elementos, ela distorce as suas relações. Ela aí se traduz em *torsões* geradas numa situação pela aproximação de *dimensões qualitativamente heterogêneas* que não são mais apenas oposições de contrariedade ou de contradição. Esse processo "de retorção" tem como índices as relações inversamente proporcionais anotadas acima: seriam comparáveis às proporções e distorções que, por efeitos de espelho (inversões, encurvamentos, reduções ou ampliações) ou de perspectiva (tanto menor quanto mais longe etc.), permitem justapor, num mesmo quadro, espaços *diferentes*. Mas, na série em que se insinua a ocasião, a justaposição de dimensões heterônomas diz respeito ao tempo e ao espaço, ou estado e ação etc. Ela é marcada por relações proporcionalmente inversas, análogas àquelas que, em Pascal, articulam "ordens" diferentes e são do tipo: *tanto mais* presente *quanto menos* visível; *tanto menos* numerosos *quanto mais* privilegiados pela graça; etc.[9] Há qualitativamente *passagens para a outra*, por relações "torcidas", por sucessivas inversões.

Entre as diferenças qualitativas estabelecidas por relações inversas, vou mencionar ao menos duas espécies, que obrigam a duas leituras distintas de sua seriação:

1) Uma diferença entre *espaço* e *tempo* fornece a série paradigmática: na composição de lugar inicial (I), o mundo da memória (II) intervém no "momento oportuno" (III) e produz modificações do espaço (IV). Segundo esse tipo de diferença, a série tem por começo e fim uma organização espacial; o tempo fica aí como o espaço intermediário, estranheza que sobrevém de alhures e produz a passagem de um estado dos lugares para o seguinte. Em suma, entre dois "equilíbrios", a irrupção de um tempo:

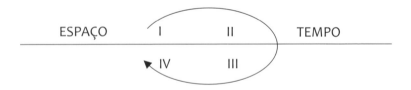

2) Uma diferença entre *ser* estabelecido (um estado) e *fazer* (produção e transformação) se combina com a primeira. Joga aliás com uma oposição entre visível e invisível, sem lhe corresponder exatamente. Seguindo este eixo, temos a série paradigmática seguinte: dado um estabelecimento visível de forças (I) e um dado invisível da memória (II), uma ação pontual da memória (III) acarreta efeitos visíveis na ordem estabelecida (IV). A primeira parte da série se com-

põe de duas situações de fato, onde o invisível saber escapa ao poder visível; a seguir vem uma parte operacional. Distinguindo entre os ciclos ser/fazer e visível/invisível, temos:

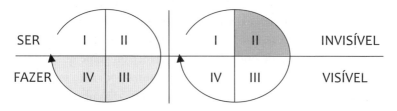

O quadro recapitulativo desses elementos daria:

	(I) lugar	(II) memória	(III) kairós	(IV) efeitos
TEMPO		+	+	
FAZER			+	+
PARECER	+		+	+

A memória mediatiza transformações espaciais. Segundo o modo do "momento oportuno" (*kairós*), ela produz uma ruptura instauradora. Sua estranheza torna possível uma transgressão da lei do lugar. Saindo de seus insondáveis e móveis segredos, um "golpe" modifica a ordem local. A finalidade da série visa, portanto, uma operação que transforme a organização visível. Mas essa mudança tem como condição os recursos invisíveis de um tempo que obedece a outras leis e que, por surpresa, furta alguma coisa à distribuição proprietária do espaço.

Este esquema se encontra em muitas histórias. Constituiria a sua *unidade mínima*. Pode ter forma cômica com a memória que, no momento oportuno, inverte uma situação – do tipo: "Mas... o senhor é meu pai! – Meu Deus, minha filha!" Reviravolta que se deve ao regresso do tempo que era ignorado pela distribuição espacial das personagens. Tem-se uma forma policial, onde o passado, voltando, abala os dados de uma ordem hierárquica: "Ah, então ele é o assassino!" A estrutura do milagre também tem analogia com isso: de um outro tempo, do tempo que é outro, surge esse "deus" que tem os caracteres da memória, silenciosa enciclopédia dos atos singulares, e cuja figura, nos relatos religiosos, representa com tanta fidelidade a memória "popular" daqueles que não têm lugar, mas têm o tempo – "Paciência!" Com variantes, aqui se repete o recurso ao mundo estranho de onde pode, de onde deverá vir o lance ou golpe que mudará a ordem estabelecida. Mas todas essas variantes poderiam ser apenas, ampliadas em projeções simbólicas e narrativas, as sombras da prática cotidiana que consiste em aproveitar a ocasião e fazer da memória o meio de transformar os lugares.

Resta precisar ainda um último ponto, que é o essencial: como é que o tempo se articula num espaço organizado? Como se efetua sua "penetração" no modo de ocasiões? Em suma, qual *a implantação da memória num lugar* que já forma um conjunto? Este é o momento equilibrista e tático, o instante da arte. Ora, essa implantação não é localizada nem determinada pela memória-saber. A ocasião é "aproveitada", não criada. É fornecida pela conjuntura, isto é, por circunstâncias *exteriores* onde um bom golpe de vista consegue reconhecer o conjunto novo e favorável que irão constituir mediante *um pormenor a mais*. Um toque suplementar, e ficará "bom". Para que haja "harmonia" prática, falta apenas um pequeno nada, um pingo de algo, um resto que se tornou precioso na circunstância, e que o invisível tesouro da memória vai fornecer. Mas o fragmento que vai sair desse fundo só pode ser insinuado numa disposição imposta de fora, para mudá-la em harmonia instável, bricolada. Sob a sua forma prática, a memória não possui uma organização já pronta de antemão que ela apenas encaixaria ali. Ela se mobiliza relativamente ao que acontece – uma surpresa, que ela está habilitada a transformar em ocasião. Ela só se instala num encontro fortuito, no outro.

Como os pássaros que só põem seus ovos no ninho de outras espécies, a memória produz num lugar que não lhe é próprio. De uma circunstância estranha recebe a sua forma e implantação, mesmo que o conteúdo (o pormenor que falta) venha dela. Sua mobilização é indissociável de *uma alteração*. Mais ainda, a sua força de intervenção, a memória a obtém de sua própria capacidade de ser alterada – deslocável, móvel, sem lugar fixo. Traço permanente: ela se forma (e seu "capital") *nascendo do outro* (uma circunstância) e *perdendo-o* (agora é apenas uma lembrança). Dupla alteração, e de si mesma, que se exerce, ao ser atingida, e de seu objeto, que ela só conserva depois que desapareceu. A memória se esvai quando não é mais capaz dessa operação. Ela se constrói ao contrário de acontecimentos que não dependem dela, ligada à expectativa de que vai se produzir ou de que deve se produzir algo de estranho ao presente. Longe de ser o relicário ou a lata de lixo do passado, a memória vive de *crer* nos possíveis, e de esperá-los, vigilante, à espreita.

Análoga no tempo ao que é uma "arte da guerra" para as manipulações do espaço, uma "arte" da memória desenvolve a aptidão para estar sempre no lugar do outro, mas sem apossar-se dele, e tirar partido dessa alteração, mas sem se perder aí. Essa força não é um poder (mesmo que seu relato o possa ser). Recebeu antes o nome de *autoridade*: aquilo que, "tirado" da memória coletiva ou individual, "autoriza" (torna possíveis) uma inversão, uma mudança de ordem ou de lugar, uma passagem a algo diferente, uma "metáfora" da prática ou do discurso. Daí o manejo tão sutil das "autoridades" em toda tradição popular. A memória vem de alhures, ela não está em si mesma e sim noutro lugar, e ela desloca. As táticas de sua arte remetem ao que ela é, e à sua inquietante familiaridade.

Terminando, eu gostaria de sublinhar alguns de seus modos de proceder, muito particularmente os que organizam a ocasião nos comportamentos cotidianos: o jogo da alteração, a prática metonímica da singularidade e (mas isso no fundo é apenas um efeito geral) uma mobilidade desconcertante e "torcida".

1) A memória prática é regulada pelo jogo múltiplo da *alteração*, não só por se constituir apenas pelo fato de ser marcada pelos encontros externos e colecionar esses brasões sucessivos e tatuagens do outro, mas também porque essas escrituras invisíveis só são claramente "lembradas" por novas circunstâncias. O modo da rememoração é conforme ao modo da inscrição. Talvez a memória seja aliás apenas essa "rememoração" ou chamamento pelo outro, cuja

impressão se traçaria como em sobrecarga sobre um corpo há muito tempo alterado mas sem o saber. Essa escritura originária e secreta "sairia" aos poucos, onde fosse atingida pelos toques. Seja como for, a memória é tocada pelas circunstâncias, como o piano que "produz" sons ao toque das mãos. Ela é sentido do outro. E por isso ela se desenvolve também com a relação – nas sociedades "tradicionais", como no amor – ao passo que se atrofia quando se dá a autonomização de lugares próprios. Mais que registrar, ela responde às circunstâncias, até ao momento em que, perdendo sua fragilidade móvel, tornando-se incapaz de novas alterações, ela só consegue repetir suas primeiras respostas.

Esse regime de alteração respondente organiza, momento após momento, o tato que acompanha a insinuação num conjunto circunstancial. A ocasião, apreendida quando surge, seria a própria transformação do toque em resposta, "uma inversão" da surpresa esperada sem ser prevista: aquilo que o acontecimento inscreve, por mais fugitivo e rápido que seja, é devolvido, é-lhe devolvido em palavra ou em gesto. Lance a lance. A vivacidade e a precisão da devolução são indissociáveis de uma dependência em relação aos instantes e de uma vigilância que marcam com tanto mais vigor quanto menos lugar próprio têm para se proteger contra eles.

2) Esta resposta é *singular*. No conjunto em que ela se produz, é apenas *um detalhe a mais* – um gesto, uma palavra – tão exato que inverte a situação. Mas que mais poderia a memória fornecer? Ela é feita de clarões e fragmentos particulares. Um detalhe, muitos detalhes, eis o que são as lembranças. Cada uma delas, quando se destaca tecida de sombra, é relativa a um conjunto que lhe falta. Brilha como uma metonímia em relação a esse todo. De um quadro, há somente, deliciosa ferida, esse azul profundo. De um corpo, esse brilho de um olhar, ou esse granulado de uma brancura que apareceu no entreabrir-se de uma encrespadura. Essas particularidades têm a força de demonstrativos: *aquele* sujeito ao longe que passava inclinado... *aquele* odor que nem se sabe de onde subia... Detalhes cinzelados, singularidades intensas funcionam já na memória quando intervêm na ocasião. O mesmo tato se exerce cá e lá, a mesma arte da relação

entre um pormenor concreto e uma conjuntura que é, aqui, sugerida, como traço de acontecimento e, lá, operada, pela produção de uma conveniência ou de uma "harmonia".

3) A coisa mais estranha é sem dúvida a *mobilidade* dessa memória onde os detalhes não são nunca o que são: nem objetos, pois escapam como tais; nem fragmentos, pois oferecem também o conjunto que esquecem; nem totalidades, pois não se bastam; nem estáveis, pois cada lembrança os altera. Esse "espaço" de um não lugar que se move com a sutileza de um mundo cibernético. Constitui provavelmente (mas esta referência é mais indicadora que esclarecedora, remetendo ao que nós não sabemos) o modelo da arte de fazer, ou desta *métis* que, aproveitando as ocasiões, não cessa de restaurar, nos lugares onde os poderes se distribuem, a insólita pertinência do tempo.

Histórias

Tudo parece igual na estrutura onde se introduz o pormenor que lhe muda, porém, o funcionamento e o equilíbrio. As análises científicas contemporâneas, que inscrevem a memória nos seus "quadros sociais"[10], ou as técnicas clericais que, na Idade Média, a transformaram habilidosamente em uma composição de lugares e que assim prepararam a mutação moderna do tempo em espaço controlável[11], esquecem-lhe ou lhe recusam os rodeios, mesmo que apresentem o interesse maior de explicar por que procedimentos e por que razões estratégicas legítimas a ocasião – este instante indiscreto, este veneno – foi controlada para espacialização do discurso erudito. Incessantemente, a escritura científica, constituição de um lugar próprio, reconduz o tempo, este fugitivo, à normalidade de um sistema observável e legível. Assim, não há surpresas! Uma conservação dos lugares elimina essas voltas ruins.

Mas elas retornam sempre, não apenas sub-reptícias e silenciosas, na própria atividade científica[12], não apenas nas práticas do dia a dia que, por não terem mais discurso, nem por isso deixam de ter existência, mas nas histórias também, tagarelas, cotidianas e astuciosas. Basta, para reconhecê-las aí, não se contentar (trabalho no entanto necessário) com examinar as suas formas ou estruturas repetitivas. Aí se exerce um saber-fazer onde se podem encontrar todos os traços da arte da memória. Um só exemplo. De uma história bem conhecida, classificável, portanto, um detalhe "de circunstância" pode modificar radicalmente o alcance. "Recitá-la" é jogar com esse elemento *a mais*, escondido no estereótipo feliz do lugar-comum. O "nada fixado no quadro que lhe serve de suporte faz que esse lugar produza outros efeitos. Quem tem ouvidos para ouvir, que ouça! O ouvido apurado sabe discernir no *dito* aquilo que aí é marcado de diferente pelo *ato de dizê-(lo)* aqui e agora, e não se cansa de prestar atenção a essas habilidades astuciosas do contador."

Será preciso determinar melhor os giros que mudam em ocasiões as histórias do legendário coletivo ou da conversação cotidiana e que dependem numa grande parte da retórica, uma vez mais[13]. Mas já se pode ter como hipótese inicial que, na arte de contar as maneiras de fazer, estas se exercem por si mesmas. É também exemplar que Detienne e Vernant se tenham feito os contadores dessa "inteligência em dédalos", na feliz expressão de Françoise Frontisi[14]. Essa prática discursiva da história é ao mesmo tempo a sua arte e o seu discurso.

No fundo, tudo isso é uma história muito antiga. O velho Aristóteles, que não faz precisamente o papel de um dançarino de corda, gostava de se perder no mais labiríntico e no mais sutil dos discursos. Tinha então a idade da *métis*: "Quanto mais solitário e isolado me torno, tanto mais gosto das histórias"[15]. E dera admiravelmente a razão para isso: como no velho Freud, era uma admiração de conhecedor pelo tato compositor de harmonia e por sua arte de fazê-lo de surpresa: "o amante do mito é em certo sentido um amante da sabedoria, pois o mito se compõe de admirações"[16].

TERÇA PARTE

Práticas de espaço

CAPÍTULO VII

CAMINHADAS PELA CIDADE

Voyeurs ou caminhantes

Do 110º andar do World Trade Center*, *ver* Manhatan. Sob a bruma varrida pelo vento, a ilha urbana, mar no meio do mar, acorda os arranha-céus de Wall Street, abaixa-se em Greenwich, levanta de novo as cristas de Midtown, aquieta-se no Central Park e se encapela enfim para lá do Harlem. Onda de verticais. A gigantesca massa se imobiliza sob o olhar. Ela se modifica em texturologia onde coincidem os extremos da ambição e da degradação, as oposições brutais de raças e estilos, os contrastes entre os prédios criados ontem, agora transformados em latas de lixo, e as irrupções urbanas do dia que barram o espaço. Diferente neste ponto de Roma, Nova York que nunca soube a arte de envelhecer curtindo todos os passados. Seu presente se inventa, de hora em hora, no ato de lançar o que adquiriu e de desafiar o futuro. Cidade feita de lugares paroxísticos em relevos monumentais. O espectador pode ler aí um universo que se ergue no ar. Ali se escrevem as figuras arquitetônicas da *coincidatio oppositorum* antigamente esboçada em miniaturas e texturas místicas. Neste palco de concreto, de aço e vidro, que uma água fria corta entre dois oceanos (o atlântico e o americano), os caracteres mais altos do globo compõem uma gigantesca retórica de excessos no gasto e na produção[1].

A que erótica do saber se liga o êxtase de ler tal cosmos? Apreciando-o violentamente, pergunto-me onde se origina o prazer de

---

* Quando esta obra foi publicada, as Torres Gêmeas não haviam sido derrubadas [N.E.].

"ver o conjunto", de superar, de totalizar o mais desmesurado dos textos humanos. Subir até o alto do World Trade Center é o mesmo que ser arrebatado até ao domínio da cidade. O corpo não está mais enlaçado pelas ruas que o fazem rodar e girar segundo uma lei anônima; nem possuído, jogador ou jogado, pelo rumor de tantas diferenças e pelo nervosismo do tráfego nova-iorquino. Aquele que sobe até lá no alto foge à massa que carrega e tritura em si mesma toda identidade de autores ou de espectadores. Ícaro, acima dessas águas, pode agora ignorar as astúcias de Dédalo em labirintos móveis e sem fim. Sua elevação o transfigura em *voyeur*. Coloca-o à distância. Muda num texto que se tem diante de si, sob os olhos, o mundo que enfeitiçava e pelo qual se estava "possuído". Ela permite lê-lo, ser um Olho solar, um olhar divino. Exaltação de uma pulsão escópica e gnóstica. Ser apenas este ponto que vê, eis a ficção do saber.

Será necessário depois cair de novo no sombrio espaço onde circulam multidões que, visíveis lá do alto, embaixo não veem? Queda de Ícaro. No 110º andar, um cartaz, semelhante a uma esfinge, propõe um enigma ao pedestre por instantes transformado em visionário: *It's hard to be down when you're up.*

A vontade de ver a cidade precedeu os meios de satisfazê-la. As pinturas medievais ou renascentistas representavam a cidade vista em perspectiva por um olho que no entanto jamais existira até então[2]. Elas inventavam ao mesmo tempo a visão do alto da cidade e o panorama que ela possibilitava. Essa ficção já transformava o espectador medieval em olho celeste. Fazia deuses. Será que hoje as coisas se passam de outro modo, agora que processos técnicos organizaram um "poder onividente"?[3] O olho totalizador imaginado pelos pintores de antanho sobrevive em nossas realizações. A mesma pulsão escópica frequenta os usuários das produções arquitetônicas materializando hoje a utopia que ontem era apenas pintada. A torre de 420 metros que serve de proa a Manhattan continua construindo a ficção que cria leitores, que muda em legibilidade a complexidade da cidade e fixa num texto transparente a sua opaca mobilidade.

A imensa texturologia que se tem sob os olhos seria ela outra coisa senão uma representação, um artefato ótico? É o análogo do fac-símile produzido, graças a uma projeção que é uma espécie de colocação à distância, pelo administrador do espaço, o urbanista ou o cartógrafo. A cidade-panorama é um simulacro "teórico" (ou seja, visual), em suma, um quadro que tem como condição de possibilidade um esquecimento e um desconhecimento das práticas. O deus *voyeur* criado por essa ficção e que, como o de Schreber, só conhece os cadáveres[4], deve excluir-se do obscuro entrelaçamento dos comportamentos do dia a dia e fazer-se estranho a eles.

Mas "embaixo" (*down*), a partir dos limiares onde cessa a visibilidade, vivem os praticantes ordinários da cidade. Forma elementar dessa experiência, eles são caminhantes, pedestres, *Wandersmänner*, cujo corpo obedece aos cheios e vazios de um "texto" urbano que escrevem sem poder lê-lo. Esses praticantes jogam com espaços que não se veem; têm dele um conhecimento tão cego como no corpo a corpo amoroso. Os caminhos que se respondem nesse entrelaçamento, poesias ignoradas de que cada corpo é um elemento assinado por muitos outros, escapam à legibilidade. Tudo se passa como se uma espécie de cegueira caracterizasse as práticas organizadoras da cidade habitada[5]. As redes dessas escrituras avançando e entrecruzando-se compõem uma história múltipla, sem autor nem espectador, formada em fragmentos de trajetórias e em alterações de espaços: com relação às representações, ela permanece cotidianamente, indefinidamente, outra.

Escapando às totalizações imaginárias do olhar, existe uma estranheza do cotidiano que não vem à superfície, ou cuja superfície é somente um limite avançado, um limite que se destaca sobre o visível. Neste conjunto, eu gostaria de detectar práticas estranhas ao espaço "geométrico" ou "geográfico" das construções visuais, panópticas ou teóricas. Essas práticas do espaço remetem a uma forma específica de "operações" ("maneiras de fazer"), a "uma outra espacialidade"[6] (uma experiência "antropológica", poética e mítica do espaço) e a uma mobilidade *opaca e cega* da cidade habitada. Uma cidade *transumante*, ou metafórica, insinua-se assim no texto claro da cidade planejada e visível.

1 Do conceito de cidade às práticas urbanas

O World Trade Center foi a mais monumental das figuras do urbanismo ocidental. A atopia-utopia do saber ótico leva consigo há muito tempo o projeto de superar e articular as contradições nascidas da aglomeração urbana. Trata-se de gerir um aumento da coleção ou acúmulo humano. "A cidade é um grande mosteiro", dizia Erasmo. Vista perspectiva e vista prospectiva constituem a dupla projeção de um passado opaco e de um futuro incerto numa superfície tratável. Elas inauguram (desde o século XVI?) a transformação do *fato* urbano em *conceito* de cidade. Muito antes de o próprio conceito destacar uma figura da história, ele supõe que este fato seja tratável com uma unidade que depende de uma racionalidade urbanística. A aliança da cidade e do conceito jamais os identifica, mas joga com sua progressiva simbiose: planejar a cidade é ao mesmo tempo *pensar a própria pluralidade* do real e *dar efetividade* a este pensamento do plural: é saber e poder articular.

Um conceito operatório?

A "cidade" instaurada pelo discurso utópico e urbanístico[7] é definida pela possibilidade de uma tríplice operação:

1) a produção de um espaço *próprio*: a organização racional deve, portanto, recalcar todas as poluições físicas, mentais ou políticas que a comprometeriam;

2) estabelecer um *não tempo* ou um sistema sincrônico, para substituir as resistências inapreensíveis e teimosas das tradições: estratégias científicas unívocas, possibilitadas pela redução niveladora de todos os dados, devem substituir as táticas dos usuários que astuciosamente jogam com as "ocasiões" e que, por esses acontecimentos-armadilha, lapsos da visibilidade, reintroduzem por toda a parte as opacidades da história;

3) enfim, a criação de um *sujeito universal* e anônimo que é a própria cidade: como a seu modelo político, o Estado de Hobbes, pode-se atribuir-lhe pouco a pouco todas as funções e predicados até então disseminados e atribuídos a múltiplos sujeitos reais, grupos, associações, indivíduos. "A cidade", à maneira de um nome próprio, oferece assim a capacidade de conceber e construir o espaço a partir de um número finito de propriedades estáveis, isoláveis e articuladas uma sobre a outra. Nesse lugar organizado por operações "especulativas" e classificatórias[8], combinam-se gestão e eliminação. De um lado,

existem uma diferenciação e uma redistribuição das partes em função da cidade, graças a inversões, deslocamentos, acúmulos etc.; de outro lado, rejeita-se tudo aquilo que não é tratável e constitui, portanto, os "detritos" de uma administração funcionalista (anormalidade, desvio, doença, morte etc.). Certamente, o progresso permite reintroduzir uma proporção sempre maior de detritos nos circuitos da gestão e transforma os próprios déficits (na saúde, na segurança social etc.) em meios de densificar as redes da ordem. Mas, de fato, não cessa de produzir efeitos contrários àquilo que visa: o sistema do lucro gera uma perda que, sob as múltiplas formas da miséria fora dele e do desperdício dentro dele, inverte constantemente a produção em "gasto" ou "despesa". Além disso, a racionalização da cidade acarreta a sua mitificação nos discursos estratégicos, cálculos baseados na hipótese ou na necessidade de sua destruição por uma decisão final[9]. Enfim, a organização funcionalista, privilegiando o progresso (o tempo), faz esquecer a sua condição de possibilidade, o próprio espaço, que passa a ser o não pensado de uma tecnologia científica e política. Assim funciona a Cidade-conceito, lugar de transformações e apropriações, objeto de intervenções, mas sujeito sem cessar enriquecido com novos atributos: ela é ao mesmo tempo a maquinaria e o herói da modernidade.

Hoje, sejam quais forem os avatares desse conceito, temos de constatar que se, no discurso, a cidade serve de baliza ou marco totalizador e quase mítico para as estratégias socioeconômicas e políticas, a vida urbana deixa sempre mais remontar àquilo que o projeto urbanístico dela excluía. A linguagem do poder "se urbaniza", mas a cidade se vê entregue a movimentos contraditórios que se compensam e se combinam fora do poder panóptico. A Cidade se torna o tema dominante dos legendários políticos, mas não é mais um campo de operações programadas e controladas. Sob os discursos que a ideologizam, proliferam as astúcias e as combinações de poderes sem identidade, legível, sem tomadas apreensíveis, sem transparência racional – impossíveis de gerir.

O retorno das práticas

A Cidade-conceito se degrada. Isto significaria que a enfermidade que afeta a razão que a instaurou e seus profissionais é igualmente a das populações urbanas? Talvez as cidades se estejam deteriorando ao mesmo tempo que os procedimentos que as organizaram. Mas é necessário desconfiar de nossas análises. Os ministros do saber sempre supuseram o universo ameaçado pelas mudanças que abalam as suas ideologias e os seus lugares. Mudam a infelicidade ou a ruína de suas teorias em teorias da ruína. Quando transformam em "catástrofes" os seus erros e extravios, quando querem aprisionar o povo no "pânico" de seus discursos, será necessário, mais uma vez, que tenham razão?

Ao invés de permanecer no terreno de um discurso que mantém o seu privilégio invertendo o seu conteúdo (que fala de catástrofe e não mais de progresso), pode-se enveredar por outro caminho: analisar as práticas microbianas, singulares e plurais, que um sistema urbanístico deveria administrar ou suprimir e que sobrevivem a seu perecimento; seguir o pulular desses procedimentos que, muito longe de ser controlados ou eliminados pela administração panóptica, se reforçaram em uma proliferação ilegitimada, desenvolvidos e insinuados nas redes da vigilância, combinados segundo táticas ilegíveis, mas estáveis a tal ponto que constituem regulações cotidianas e criatividades sub-reptícias que se ocultam somente graças aos dispositivos e aos discursos, hoje atravancados, da organização observadora.

Esse caminho poderia inscrever-se como uma sequência, mas também como a recíproca da análise que Michel Foucault fez das estruturas do poder. Ele deslocou para os dispositivos e os procedimentos técnicos "instrumentalidades menores" capazes, pela mera organização dos "detalhes", de transformar uma multiplicidade humana em sociedade "disciplinar" e de gerir, diferenciar, classificar, hierarquizar todos os desvios concernentes à aprendizagem, saúde, justiça, forças armadas ou trabalho[10]. "Essas astúcias muitas vezes minúsculas da disciplina", maquinarias "menores, mas sem falha", tiram sua eficácia de uma relação entre processos e o espaço que redistribuem para produzir um "operador". Mas a esses aparelhos produtores de um espaço disciplinar, que *práticas do espaço* correspondem, do lado onde se joga (com) a disciplina? Na conjuntura presente de uma contradição entre o modo coletivo da gestão e o modo individual de uma reapropriação, nem por isso essa pergunta deixa de ser essencial, caso se admita que as práticas do espaço tecem com efeito as condições determinantes da vida social. Eu gostaria de acompanhar alguns dos procedimentos – multiformes, resistentes, astuciosos e teimosos – que escapam à disciplina sem ficarem mesmo assim fora do campo onde se exerce, e que deveriam levar a uma teoria das práticas cotidianas, do espaço vivido e de uma inquietante familiaridade da cidade.

2 A fala dos passos perdidos

> "Reconhece-se a deusa por seu passo."
>
> Virgílio
>
> *Eneida*, I, 405

Essa história começa ao rés do chão, com passos. São eles o número, mas um número que não constitui uma série. Não se pode contá-lo, porque cada uma de suas unidades é algo qualitativo: um estilo de apreensão táctil de apropriação cinésica. Sua agitação é um inumerável de singularidades. Os jogos dos passos moldam espaços. Tecem os lugares. Sob esse ponto de vista, as motricidades dos pedestres formam um desses "sistemas reais cuja existência faz efetivamente a cidade", mas "não têm nenhum receptáculo físico"[11]. Elas não se localizam, mas são elas que espacializam. Nem tampouco se inscrevem em um continente como esses caracteres chineses esboçados pelos falantes, fazendo gestos com os dedos tocando na mão.

Certamente, os processos do caminhar podem reportar-se em mapas urbanos de maneira a transcrever-lhes os traços (aqui densos, ali mais leves) e as trajetórias (passando por aqui e não por lá). Mas essas curvas em cheios ou em vazios remetem somente, como palavras, à ausência daquilo que passou. Os destaques de percursos perdem o que foi: o próprio ato de passar a operação de ir, vagar ou "olhar as vitrines", noutras palavras, a atividade dos passantes é transposta em pontos que compõem sobre o plano uma linha totalizante e reversível. Só se deixa então captar um resíduo colocado no não tempo de uma superfície de projeção. Visível, tem como efeito tornar invisível a operação que a tornou possível. Essas fixações constituem procedimentos de esquecimento. O traço vem substituir a prática. Manifesta a propriedade (voraz) que o sistema geográfico tem de poder metamorfosear o agir em legibilidade, mas aí ela faz esquecer uma maneira de estar no mundo.

Enunciações pedestres

Uma comparação com o ato de falar permite ir mais longe[12] e não se limitar somente à crítica das representações gráficas, visando, nos limites da legibilidade, um inacessível além. O ato de caminhar está para o sistema urbano como a enunciação (o *speech act*) está para a língua ou para os enunciados proferidos[13]. Vendo as coisas no nível mais elementar, ele tem com efeito uma tríplice função "enunciativa": é um processo de *apropriação* do sistema topográfico pelo pedestre (assim como o locutor se apropria e assume a língua); é uma *realização* espacial do lugar (assim como o ato de palavra é uma realização sonora da língua); enfim, implica *relações* entre posições diferenciadas, ou seja, "contratos" pragmáticos sob a forma de movimentos (assim como a enunciação verbal é "alocução", "coloca o outro em face" do locutor e põe em jogo contratos entre colocutores)[14]. O ato de caminhar parece, portanto, encontrar uma primeira definição como espaço de enunciação.

Poder-se-ia aliás estender essa problemática às relações que o ato de escrever mantém com o escrito, e até mesmo transpô-la para as relações do "toque" (o/a gesto/a do pincel) com o quadro executado (formas, cores etc.). Isolado primeiro no campo da comunicação verbal, a enunciação teria aí apenas uma de suas aplicações, e sua modalidade linguística seria apenas o primeiro ponto de referência de uma distinção muito mais geral entre as *formas empregadas* num sistema e *os modos de usar* esse sistema, isto é, entre dois "mundos diferentes", pois "as mesmas coisas" são aí consideradas segundo formalidades contrárias. Considerada através desse prisma, a enunciação pedestre apresenta três características que de saída a distinguem do sistema espacial: o presente, o descontínuo, o "fático".

Em primeiro lugar, se é verdade que existe uma ordem espacial que organiza um conjunto de possibilidades (por exemplo, por um local por onde é permitido circular) e proibições (por exemplo, por um muro que impede prosseguir), o caminhante atualiza algumas delas. Deste modo, ele tanto as faz ser como aparecer. Mas também as desloca e inventa outras, pois as idas e vindas, as variações ou as improvisações da caminhada privilegiam, mudam ou deixam de lado elementos espaciais. Assim Charlie Chaplin multiplica as possibilidades de sua brincadeira: faz outras coisas com a mesma coisa e ultrapassa os limites que as determinações do objeto fixavam para o seu uso. Da mesma forma, o caminhante transforma em outra coisa cada significante espacial. E se, de um lado, ele torna efetivas algumas somente das possibilidades fixadas pela ordem construída (vai somente por aqui, mas não por lá), do outro aumenta o número dos possíveis (por exemplo, criando atalhos ou desvios) e o dos interditos (por exemplo, ele se proíbe de ir por caminhos considerados lícitos ou obrigatórios). Seleciona, portanto. "O usuário da cidade extrai fragmentos do enunciado para atualizá-los em segredo"[15].

Cria assim algo descontínuo, seja efetuando triagens nos significantes da "língua" espacial, seja deslocando-os pelo uso que faz deles. Vota certos lugares à inércia ou ao desaparecimento e, com outros, compõe "torneios" espaciais "raros", "acidentais" ou ilegítimos. Mas isso já introduz a uma retórica da caminhada.

No quadro da enunciação, o caminhante constitui, com relação à sua posição, um próximo e um distante, um *cá* e um *lá*. Pelo fato de os advérbios *cá* e *lá* serem precisamente, na comunicação verbal, os indicadores da instância locutora[16] – coincidência que reforça o paralelismo entre a enunciação linguística e a enunciação pedestre – deve-se acrescentar que essa localização (*cá-lá*) necessariamente implicada pelo ato de andar e indicativa de uma apropriação presente do espaço por um "eu" tem igualmente por função implantar o outro relativo a esse "eu" e instaurar assim uma articulação conjuntiva e disjuntiva de lugares. Vou aqui destacar sobretudo o aspecto "fático" se se entende por isso, isolada por Malinowski e Jakobson, a função dos termos que estabelecem, mantêm ou interrompem o contato, como "alô", "pois bem, pois bem" etc.[17] A caminhada, que sucessivamente persegue e se faz perseguir, cria uma organicidade móvel do ambiente, uma sucessão de *topoi* fáticos. E se a função fática, esforço para assegurar a comunicação, já caracteriza a linguagem dos pássaros falantes como constitui "a primeira função verbal a ser adquirida pelas crianças", não é de causar espécie que anterior ou paralela à elocução informativa, ela também saltite, caminhe nas quatro patas, dance e passeie, pesada ou leve, como uma sequência de "alô!" em um labirinto de ecos.

Da enunciação pedestre que se destaca assim de sua representação no papel se poderiam analisar as modalidades, isto é, os tipos de relação que mantêm com os percursos (ou "enunciados") atribuindo-lhes um valor de verdade (modalidades "aléticas" do necessário, do impossível, do possível ou do contingente), um valor cognitivo (modalidades "epistêmicas" do certo, do excluído, do plausível ou do contestável) ou enfim um valor concernente a um dever-fazer (modalidades "deônticas" do obrigatório, do proibido, do permitido ou do facultativo)[18]. A caminhada afirma, lança suspeita, arrisca, transgride, respeita etc. as trajetórias que "fala". Todas as modalidades entram aí em jogo, mudando a cada passo, e repartidas em proporções, em sucessões, e com intensidades que variam conforme os momentos, os percursos, os caminhantes. Indefinida diversidade dessas operações enunciadoras. Não seria, portanto, possível reduzi-las ao seu traçado gráfico.

Retóricas ambulatórias

As caminhadas dos pedestres apresentam uma série de percursos variáveis assimiláveis a "torneios" ou "figuras de estilo". Existe uma retórica da caminhada. A arte de "moldar" frases tem como equivalente uma arte de moldar percursos. Tal como a linguagem ordinária[19], esta arte implica e combina estilos e usos. O estilo especifica "uma estrutura linguística que manifesta no plano simbólico [...] a maneira de ser no mundo fundamental de um homem"[20]. Conota um singular. O *uso* define o fenômeno social pelo qual um sistema de comunicação se manifesta de fato: remete a uma norma. O estilo e o uso visam, ambos, uma "maneira de fazer" (falar, caminhar etc.), mas um como tratamento singular do simbólico, o outro como elemento de um código. Eles se cruzam para formar um estilo do uso, maneira de ser e maneira de fazer[21].

Introduzindo a noção de uma "retórica habitante", via fecunda aberta por A. Médam[22], sistematizada por S. Ostrowetsky[23] e J.-F.

Augoyard[24], supõe-se que os "tropos" catalogados pela retórica forneçam modelos e hipóteses à análise das maneiras de se apropriar dos lugares. Dois postulados, ao que me parece, condicionam a validade dessa aplicação:

1) supõe-se que as práticas do espaço correspondam, elas também, a manipulações sobre os elementos de base de uma ordem construída; 2) supõe-se que sejam, como os tropos da retórica, desvios relativos a uma espécie de "sentido literal" definido pelo sistema urbanístico. Haveria homologia entre as figuras verbais e as figuras ambulatórias (destas últimas já se teria uma seleção estilizada com as figuras da dança) enquanto umas e outras consistem em "tratamentos" ou operações que trabalham com unidades isoláveis[25], e em "arranjos ambíguos" que modificam e deslocam o sentido para uma equivocidade[26], da mesma maneira que uma imagem que se mexe perturba e multiplica o objeto fotografado. Pode-se descobrir uma analogia sob esses dois modos. Vou acrescentar que o espaço geométrico dos urbanistas e dos arquitetos parece valer como o "sentido próprio" construído pelos gramáticos e pelos linguistas visando dispor de um nível normal e normativo ao qual se podem referir os desvios e variações do "figurado". De fato, este "próprio" (sem figura) permanece não localizável no uso corrente, verbal ou pedestre; é apenas a ficção produzida por um uso também particular, o uso metalinguístico da ciência que se singulariza justamente por essa distinção[27].

A gesta ambulatória joga com as organizações espaciais, por mais panópticas que sejam: ela não lhes é nem estranha (não se passa alhures) nem conforme (não recebe delas a sua identidade). Aí ela cria algo sombrio e equívoco. Ela aí insinua a multidão de suas referências e citações (modelos sociais, usos culturais, coeficientes pessoais). Aí ela mesma é o efeito de encontros de ocasiões sucessivas que não cessam de alterá-la e de usá-la como o brasão de outra, ou seja, o que carreia aquilo que surpreende, atravessa ou seduz seus percursos. Esses vários aspectos instauram uma retórica. Chegam mesmo a defini-la.

Analisando, através dos relatos de práticas de espaços, esta "arte moderna da expressão cotidiana"[28], J.-F. Augoyard descobre aí, sobretudo como fundamentais, duas figuras de estilo: a sinédoque e o assíndeto. Esta predominância, creio eu, esboça a partir de seus dois polos complementares uma formalidade dessas práticas. A *sinédoque* consiste em "empregar a palavra num sentido que é uma parte de um outro sentido da mesma palavra"[29]. Essencialmente, ela designa uma parte no lugar do todo que a integra. Assim, "cabeça" é usada no lugar de "homem", na expressão: "Ignoro o paradeiro de uma cabeça tão querida". Da mesma forma, a cabana de alvenaria ou a pequena elevação de terreno é tomada como o parque na narrativa de uma trajetória. O *assíndeto* é supressão dos termos de ligação, conjunções e advérbios, numa frase ou entre frases. Do mesmo modo, na caminhada, seleciona e fragmenta o espaço percorrido; ela salta suas ligações e partes inteiras que omite. Deste ponto de vista, toda caminhada continua saltando, saltitando, como a criança, "num pé só". Pratica a elipse de lugares conjuntivos.

De fato, essas duas figuras ambulatórias remetem uma à outra. Uma dilata um elemento de espaço para lhe fazer representar o papel de um "mais" (uma totalidade) e substituí-lo (o velocípede ou o móvel à venda vale por uma rua inteira ou um bairro). A outra, por elisão, cria um "menos", abre ausências no *continuum* espacial e dele só retém pedaços escolhidos, até restos. Uma substitui as totalidades por fragmentos (um menos em lugar de um mais); a outra os desata, suprimindo o conjuntivo e o consecutivo (um nada em vez de alguma coisa). Uma densifica: amplifica o detalhe e miniaturiza o conjunto. A outra corta: desfaz a continuidade e desrealiza a sua verossimilhança. O espaço assim tratado e alterado pelas práticas se transforma em singularidades aumentadas e em ilhotas separadas[30]. Por essas inchações, diminuições e fragmentações, trabalho retórico, se cria um fraseado espacial de tipo antológico (composto de citações justapostas) e elíptico (faz buracos, lapsos e alusões). Em vez do sistema tecnológico de um espaço coerente e totalizador, "ligado" e simultâneo, as figuras ambulatórias introduzem percursos que têm uma estrutura de mito, se ao menos se entende por mito um discurso relativo ao lugar/não lugar (ou origem) da existência concreta, um relato bricolado com elementos tirados de lugares-comuns, uma história alusiva e fragmentária cujos buracos se encaixam nas práticas sociais que simboliza.

As figuras são os gestos dessa metamorfose estilística do espaço. Ou antes, como afirma Rilke, "árvores de gestos" em movimento. Mudam até de lugar os territórios fixos e maquinados do instituto médico-pedagógico onde crianças débeis se põem a brincar e dançar no celeiro suas "histórias espaciais"[31]. Essas árvores de gestos se movimentam por toda a parte. Suas florestas caminham pelas ruas. Transformam a cena, mas não podem ser fixadas pela imagem em um lugar. Se fosse necessária, apesar de tudo, uma ilustração, seriam as imagens-trânsito, caligrafias amarelo-verde e azul metal, que bradam sem gritar e listram os subsolos da cidade, "bordados" de letras e números, gestos feitos de violências pintadas com pistolas, xivas em escrituras, grafos dançantes, cujas fugidias aparições são acompanhadas pelos ruídos abafados dos trens do metrô: os *graffiti* de Nova York.

Se é verdade que as florestas de gestos manifestam, então sua caminhada não poderia ser detida num quadro, nem o sentido dos seus movimentos circunscrito num texto. A sua transumância retórica traz e leva os sentidos próprios analíticos e coerentes do urbanismo: é uma "errância do semântico"[32], produzida por massas que fazem desaparecer a cidade em certas regiões, exageram-na em outras, distorcem-na, fragmentam e alteram sua ordem no entanto imóvel.

3 Míticas: aquilo que "faz andar"

As figuras desses movimentos (sinédoques, elipses etc.) caracterizam ao mesmo tempo uma "simbólica do inconsciente" e "certos processos típicos da subjetividade manifestada no discurso"[33]. A similitude entre o "discurso"[34] e o sonho[35] se deve ao uso dos mesmos "processos estilísticos": ela abrange, portanto, também as práticas comerciais. O "velho catálogo de tropos" que, desde Freud até Benveniste, fornece um inventário apropriado à retórica dos dois primeiros registros de expressão, vale igualmente para o terceiro. Se existe paralelismo, não é apenas porque a enunciação domina nessas três regiões, mas porque o seu desenrolar discursivo (verbalizado, sonhado ou andado) se organiza em relação entre o *lugar* de onde sai (uma origem) e o *não lugar* que produz (uma maneira de "passar").

Deste ponto de vista, depois de ter aproximado das formações linguísticas os processos caminhatórios, pode-se rebatê-los para o plano das figurações oníricas, ou ao menos descobrir nessa outra face aquilo que numa prática do espaço é indissociável do lugar sonhado. Caminhar é ter falta de lugar. É o processo indefinido de estar ausente e à procura de um próprio. A errância, multiplicada e reunida pela cidade, faz dela uma imensa experiência social da privação de lugar – uma experiência, é verdade, esfarelada em deportações inumeráveis e ínfimas (deslocamentos e caminhadas), compensada pelas relações e os cruzamentos desses êxodos que se entrelaçam, criando um tecido urbano, e posta sob o signo do que deveria ser, enfim, o lugar, mas é apenas um nome, a Cidade. A identidade fornecida por esse lugar é tanto mais simbólica (nomeada) quanto, malgrado a desigualdade dos títulos e das rendas entre habitantes da cidade, existe somente um pulular de passantes, uma rede de estadas tomadas de empréstimo por uma circulação, uma agitação através das aparências do próprio, um universo de locações frequentadas por um não lugar ou por lugares sonhados.

Nomes e símbolos

Um indício da relação que as práticas do espaço mantêm com essa ausência é precisamente fornecido por seus jogos sobre e com os nomes "próprios". As relações do sentido da caminhada com o sentido das palavras situam duas espécies de movimentos aparentemente contrários, um de exterioridade (caminhar é sair); o outro, interior (uma mobilidade sob a estabilidade do significante). A caminhada obedece com efeito a tropismos semânticos; é atraída ou repelida por denominações de sentidos obscuros, ao passo que a cidade, esta sim, se transforma, para muitos, em um "deserto" onde o insensato, ou mesmo o terrificante, não tem mais a forma de sombras, mas se torna, como no teatro de Genet, uma luz implacável, produtora do texto urbano sem obscuridade, criada em toda a parte por um poder tecnocrático, que põe o habitante sob vigilância (de quê? não se sabe): "A cidade nos mantém sob o seu olhar, que não se pode suportar sem vertigem", diz uma moradora de Ruão[36]. Nos espaços brutalmente iluminados por uma razão estranha, os nomes próprios cavam reservas de significações escondidas e familiares. Eles "fazem sentido": noutras palavras, impulsionam movimentos, à maneira de vocações e chamados que dirigem ou alteram o itinerário, dando-lhe sentidos (ou direções) até então imprevisíveis. Esses nomes criam um não lugar nos lugares: mudam-nos em passagens.

Um amigo, habitante da cidade de Sèvres, se desvia em Paris para as ruas dos Santos-*Padres* e de *Sèvres*, ao passo que ele vai ver a mãe em outro bairro: esses nomes articulam uma frase que seus pés constroem sem que saiba. Os números (112ᵉ rue, ou 9 rue Saint-Charles) magnetizam também trajetórias assim como podem frequentar sonhos. Outra amiga circula de novo sem saber pelas ruas que são nomeadas e que, por esse fato, "significam" para ela ordens ou identidades à maneira de convocações e classificações; vai andando por caminhos sem nome e sem assinatura. É ainda para os nomes próprios uma maneira negativa de fazê-la andar.

O que é que soletram então? Postas em constelações que hierarquizam e ordenam semanticamente a superfície da cidade, operadoras de arranjos cronológicos e legitimações históricas, estas palavras (*Borrégo, Botzaris, Bougainville...*) perdem aos poucos o seu valor gravado, como moedas gastas, mas a sua capacidade de significar sobrevive à sua determinação primeira. *Saints-Pères, Corentin, Celton, Place Rouge.* Elas se oferecem às polissemias que lhes atribuem os passantes: destacam-se dos locais que se julgava definissem e servem de locais de encontros imaginários para viagens que, mudadas em metáforas, determinam por razões estranhas ao seu valor original, mas razões sabidas/não sabidas dos passantes. Estranha toponímia, descolada dos lugares, pairando por cima da cidade como uma geografia nebulosa de "sentidos" à espera, e daí conduzindo as deambulações físicas: *Place de l'Etoile, Concorde, Poissonnière...* Essas constelações mediatizam as circulações: estrelas dirigindo itinerários. "A Place de la Concorde não existe – dizia Malaparte – é uma ideia"[37]. É mais que uma "ideia". Seria necessário multiplicar as comparações para explicar os poderes mágicos de que dispõem os nomes próprios. Parecem carregados pelas mãos viajoras que conduzem enfeitando-as.

Ligando gestos e passos, abrindo rumos e direções, essas palavras operam ao mesmo título de um esvaziamento e de um desgaste do seu significado primário. Tornam-se assim espaços liberados, ocupáveis. Uma rica indeterminação lhes vale, mediante uma rarefação semântica, a função de articular uma geografia segunda, poética, sobre a geografia do sentido literal, proibido ou permitido. Insinuam outras viagens à ordem funcionalista e histórica da circulação. A caminhada as segue: "Preencho com um belo nome este enorme espaço vazio"[38]. O que faz andar são relíquias de sentido e às vezes seus detritos, os restos invertidos de grandes ambições[39]. Pequenos nadas, ou "quase" nadas, simbolizam e orientam os passos. Nomes que no sentido preciso deixaram de ser "próprios".

Nesses núcleos simbolizadores se esboçam (e talvez se fundam) três funcionamentos distintos (mas conjugados) das relações entre práticas espaciais e práticas significantes: o *crível*, o *memorável* e o *primitivo*. Designam aquilo que "autoriza" ou (faz possíveis ou críveis) as apropriações espaciais, aquilo que ali se repete (ou se recorda) de uma memória silenciosa e fechada, e aquilo que aí se acha estruturado e não cessa de ser marcado por uma origem in-fantil (*in-fans*). Esses três dispositivos simbólicos organizam os *topoi* dos discursos sobre/da cidade (a legenda, a lembrança e o sonho) de uma maneira que escapa também à sistematicidade urbanística. Pode-se reconhecê-los já nas funções dos nomes próprios: eles tornam habitável ou crível o lugar que vestem com uma palavra (esvaziando-se do seu poder classificador, adquirem o de "permitir" outra coisa): lembram ou evocam os fantasmas (mortos supostamente desaparecidos) que ainda perambulam, escondidos nos gestos e nos corpos que caminham; e, enquanto nomeiam, isto é, impõem uma injunção vinda do outro (uma história) e alteram a identidade funcionalista afastando-se dela, criam no próprio lugar essa erosão ou não lugar aí cavado pela lei do outro.

Críveis e memoráveis: a habitabilidade

Por um paradoxo apenas aparente, o discurso que leva a crer é aquele que priva do que impõe, ou que jamais dá aquilo que promete. Muito longe de exprimir um vazio, de descrever uma falta, ele o cria. Dá lugar a um vazio. Deste modo, abre clareiras; "permite" que se faça o jogo num sistema de lugares definidos. "Autoriza" a produção de um espaço de jogo (*Spielraum*) num tabuleiro analítico e classificador de identidades. Torna o espaço habitável. A este título, designo-o como "autoridade local". É uma falha no sistema que satura de significados alguns lugares e os reduz a ele, a ponto de torná-lo "irrespirável". Tendência sintomática, o totalitarismo funcionalista (inclusive quando programa jogos e festas) procura, portanto, eliminar essas autoridades locais, porque comprometem a univocidade do sistema. Ataca aquilo que justamente chama *superstições*: camadas semânticas supererrogatórias, que se insinuam, "a mais" e "demais"[40], e alienam num passado ou numa poética uma parte dos terrenos que são reservados pelos promotores de razões técnicas e rentabilizações financeiras.

No fundo, os nomes próprios já são "autoridades locais" ou "superstições". Por isso, costumam ser substituídos por números: não mais *Opéra,* mas 073; não mais *Calvados*, mas 14. O mesmo se dá com os relatos e as lendas que povoam o espaço urbano como habitantes de mais ou a mais. São o objeto de uma caça às bruxas, somente pela lógica da tecnoestrutura. Mas esse extermínio (como o das árvores, dos bosques e dos cantos onde vivem essas lendas)[41], faz da cidade uma "simbólica em sofrimento"[42]. Existe anulação da cidade habitável. Então, como diz uma moradora de Ruão: aqui, "não, não há nenhum lugar especial, só lá em casa, é tudo... Não há nada". Nada de "especial": nada de marcado, de aberto por uma lembrança ou um conto, assinado por algo de outro. Só permanece crível a gruta da casa, durante algum tempo ainda porosa a lendas, ainda penetrada por sombras. À parte isso, segundo outro morador da cidade, "só há lugares onde não se pode crer em mais nada!"[43]

Pela possibilidade que oferecem de esconder ricos silêncios e desfiar histórias sem palavras, ou antes por sua capacidade de criar em toda a parte adegas e celeiros, as legendas (lendas) locais (*legenda*: aquilo que se deve ler, mas também aquilo que se pode ler) permitem saídas, meios de sair e de entrar e, portanto, espaços de habitabilidade. Sem dúvida o ato de caminhar e de viajar suprem saídas, idas e vindas, garantidos outrora por um legendário que agora falta aos lugares. A circulação física tem a função itinerante das "superstições" de ontem ou de hoje. A viagem (como a caminhada) substitui as legendas que abriam o espaço para o outro. O que é que produz, finalmente, senão, por uma espécie de inversão, "uma exploração dos desertos de minha memória", a volta a um exotismo próximo pelas andanças ao longe, e "a invenção" de relíquias e lendas ("visões fugidias do campo francês", "fragmentos de música e de poesia")[44], em suma, algo como um "desenraizamento nas suas origens" (Heidegger)? O que produz esse exílio caminhante é muito precisamente o legendário que falta hoje no lugar próximo. É uma ficção que tem, aliás, a dupla característica, como o sonho ou a retórica pedestre, ser o efeito de deslocamentos e de condensações[45]. Num corolário, pode-se medir a importância dessas práticas significantes (contar lendas) como práticas inventoras de espaços.

Vendo as coisas desse ponto de vista, os seus conteúdos são bastante reveladores, e mais ainda o princípio que as organiza. Os relatos de lugares são bricolagens. São feitos com resíduos ou detritos de mundo. Mesmo que a forma literária e o esquema actancial das "superstições" respondam a modelos estáveis, cujas estruturas e combinações de uns trinta anos para cá já foram bem estudadas, o material (todo o detalhe retórico da "manifestação") é-lhe fornecido pelos restos de denominações, de taxinomias, de predicados heroicos ou cômicos etc., ou seja, por fragmentos de lugares semânticos dispersos. Esses elementos heterogêneos, ou até contrários às vezes, preenchem a forma homogênea do relato. Algo do *mais* e do *outro* (detalhes e acréscimos provenientes de outro lugar) se insinua no quadro recebido, ordem imposta. Tem-se assim a própria relação das práticas do espaço com a ordem construída. Em sua superfície, esta ordem se apresenta por toda a parte furada e cavada por elipses, variações e fugas de sentido: é uma ordem-coador. As relíquias verbais de que se compõe o relato, ligadas a histórias perdidas e a gestos opacos, são justapostas numa colagem em que suas relações não são pensadas e formam, por esse fato, um conjunto simbólico[46]. Elas se articulam por lacunas. Produzem portanto, no espaço estruturado do texto, antitextos, efeitos de dissimulação e de fuga, possibilidades de passagem a outras paisagens, como subterrâneos e arbustos: "ó maciços, ó plurais!"[47] Pelos processos de disseminação que abrem, os relatos se opõem ao *boato*, porque o boato é sempre injuntivo, instaurador e consequência de um nivelamento do espaço, criador de movimentos comuns que reforçam uma ordem acrescentando um fazer-crer ao fazer-fazer. Os relatos diversificam, os boatos totalizam. Se há sempre oscilação de uns para os outros, parece que há sobretudo estratificação, hoje: os relatos se privatizam e se escondem nos cantos dos bairros, das famílias ou dos indivíduos, ao passo que a boataria dos meios cobre tudo e, sob a figura da *Cidade*, palavra-chave de uma lei anônima, substituto de todos os nomes próprios, apaga ou combate as superstições culpadas de ainda lhe resistir.

A dispersão dos relatos indica já a do memorável. De fato, a memória é o antimuseu: ela não é localizável. Dela saem clarões nas lendas. Os objetos também, e as palavras, são ocos. Aí dorme um passado, como nos gestos cotidianos de caminhar, comer, deitar-se, onde dormitam revoluções antigas. A lembrança é somente um príncipe encantado de passagem, que desperta, um momento, a Bela-A-dormecida-no-Bosque de nossas histórias sem palavras. "*Aqui, aqui era* uma padaria"; "*ali* morava a mere Dupuis". O que impressiona mais, aqui, é o fato de os lugares vividos serem como presenças de ausências. O que se mostra designa aquilo que não é mais: "aqui vocês *veem*, aqui *havia...*", mas isto não se vê mais. Os demonstrativos dizem do visível suas invisíveis identidades: constitui a própria definição do lugar, com efeito, ser esta série de deslocamentos e de efeitos entre os estratos partilhados que o compõem e jogar com essas espessuras em movimento.

"Estamos ligados a este lugar pelas lembranças... É pessoal, isto não interessaria a ninguém, mas enfim é isso que faz o espírito de um bairro"[48]. Só há lugar quando frequentado por espíritos múltiplos, ali escondidos em silêncio, e que se pode "evocar" ou não. Só se pode morar num lugar assim povoado de lembranças – esquema inverso daquele do *Panopticon*. Mas assim como as esculturas reais góticas de Notre-Dame, guardadas há dois séculos no subsolo de um imóvel da

Rua de la Chaussée-d'Antin[49], esses "espíritos", também quebrados, não falam nem tampouco veem. É um saber que se cala. Daquilo que se sabe, mas se cala, só circulam "entre nós" meias-palavras.

Os lugares são histórias fragmentárias e isoladas em si, dos passados roubados à legibilidade por outro, tempos empilhados que podem se desdobrar mas que estão ali antes como histórias à espera e permanecem no estado de quebra-cabeças, enigmas, enfim simbolizações enquistadas na dor ou no prazer do corpo. "Gosto muito de estar aqui!"[50] é uma prática do espaço este bem-estar tranquilo sobre a linguagem onde se traça, um instante, como um clarão.

Infâncias e metáforas de lugares

> "A metáfora é a transposição para uma coisa
> do nome que designa uma outra diferente."
>
> Aristóteles
> *Poética*, 1457b

O memorável é aquilo que se pode sonhar a respeito do lugar. Já nesse lugar palimpsesto, a subjetividade se articula sobre a ausência que a estrutura como existência e a faz "ser-aí" (*Dasein*). Mas, como já se viu, este ser-aí só se exerce em práticas do espaço, ou seja, em *maneiras de passar ao outro*. Aí se deve enfim reconhecer a repetição, em metáforas diversas, de uma experiência decisiva e originária, a diferenciação que ocorre quando a criança percebe ser outro corpo que o da mãe. Aí se inaugura a possibilidade do espaço e de uma localização (um "não tudo") do sujeito. Sem voltar à famosa análise de Freud, estudando essa experiência matricial na brincadeira de seu netinho, com um ano e meio, que jogava para longe uma bobina com um o-o-o-o de contentamento (*fort*, para "lá", "foi embora" ou "não pôde") e a trazia de volta puxando o fio com um alegre *da* (para "aqui", "de volta")[51], basta conservar esse ato de arrancar-se (perigoso e satisfeito) à indiferenciação no corpo materno que tem na bobina um substituto: essa saída da mãe (que sucessivamente a criança faz desaparecer e aparecer) constitui a localização e a exterioridade sobre um fundo de ausência. A manipulação jubilatória que permite ao objeto materno "partir" e *se* esconder (enquanto idêntico a esse objeto), de estar *aí* (porque) *sem* o outro mas numa relação necessária com o objeto desaparecido, é uma "estrutura espacial original".

Sem dúvida, pode-se fazer essa diferenciação remontar ainda mais acima, até a nomeação que já separa da mãe o feto identificado como masculino (mas como fica a menina, introduzida desde esse momento em uma outra relação com o espaço?). O que importa neste jogo de iniciação como na "pressa jubilatória" da criança que, diante do espelho, se reconhece *um* (é *ele*, totalizável), mas não é senão o *outro* (*isto*, uma imagem com a qual se identifica)[52], é o processo dessa "captação espacial" que inscreve a passagem ao outro como a lei do ser e a do lugar. Praticar o espaço é portanto repetir a experiência jubilatória e silenciosa da infância. É, no lugar, *ser outro* e *passar ao outro*.

Assim começa a caminhada que Freud compara ao ato de pisar o solo da terra-mãe[53]. Essa relação de uma pessoa consigo mesma comanda as alterações internas do lugar (os jogos entre suas camadas) ou os desdobramentos caminheiros das histórias empilhadas num lugar (das circulações e viagens). A infância que determina as práticas do espaço desenvolve a seguir os seus efeitos, prolifera, inunda os espaços privados e públicos, desfaz as suas superfícies legíveis e cria na cidade planejada uma cidade "metafórica" ou em deslocamento, tal como a sonhava Kandinsky: "uma enorme cidade construída segundo todas as regras da arquitetura e de repente sacudida por uma força que desafia os cálculos"[54].

CAPÍTULO VIII

NAVAL E CARCERÁRIO

Um viajante isolado na cabina. Imóvel, no vagão, vendo deslizar coisas imóveis. Que acontece? Nada se mexe nem dentro nem fora do trem.

Imutável, o viajante está alojado no compartimento, numerado e controlado no tabuleiro do vagão, esta realização perfeita da utopia racional. A vigilância e o alimento ali circulam de casa em casa: "Bilhete, faz favor!"... "Sanduíche? Cerveja? Café?..." Somente os WC abrem uma porta para a fuga no sistema fechado. É o fantasma dos amantes, a saída dos doentes, a escapatória das crianças ("xixi!" – um cantinho de irracional, como o eram os amores e esgotos nas *Utopias* antigas. Mas pondo de lado esse lapso abandonado aos excessos, tudo é bem minuciosamente mapeado. Só viaja uma célula racionalizada. Uma bolha do poder panóptico e classificador, um módulo do isolamento que torna possível a produção de uma ordem, uma insularidade fechada e autônoma, eis o que pode atravessar o espaço e se tornar independente das raízes locais. Dentro, a imobilidade de uma ordem. Aqui reinam o repouso e o sonho. Não há nada a fazer, a pessoa se acha no *estado* de razão. Aí cada coisa está no seu lugar como na *Filosofia do Direito* de Hegel. Cada ser é colocado ali como um caráter tipográfico em uma página militarmente alinhada. Esta ordem, sistema organizacional, quietude de uma razão, é para o vagão como para o texto a condição de sua circulação.

Fora, uma outra imobilidade, a das coisas, montanhas solenes, extensões verdes, aldeias sossegadas, colunatas de prédios, negras silhuetas urbanas contra a rosa do entardecer, brilhos e luzes noturnas em um mar de antes ou depois de nossas histórias. O trem generaliza a *Melancolia* de Durer, experiência especulativa do mundo: estar fora dessas coisas que aí estão, destacadas, absolutas, e que nos deixam sem se importar conosco; ser privado delas, surpreendido com sua efêmera e tranquila estranheza. Encantamento no abandono. E no entanto elas não se mexem. Elas não têm movimento a não ser aquele provocado entre suas massas pelas modificações de perspectiva, momento após momento; mutações que dão a impressão de realidade. Como eu, elas não mudam de lugar, mas apenas a vista desfaz e refaz continuamente as relações que entre si mantêm estes dois fixos.

Entre a imobilidade de dentro e de fora, introduz-se um quiproquó, fina lâmina que inverte as suas estabilidades. O quiasma é efetuado graças à vidraça e aos trilhos. Dois temas de Júlio Verne, este Victor Hugo da viagem: a escotilha do *Nautilus*, cesura transparente entre os sentimentos flutuantes do observador e os movimentos de uma realidade oceânica; a ferrovia que, numa linha reta, corta o espaço e transforma em velocidade de sua fuga as serenas identidades do terreno. A vidraça permite *ver*, e os trilhos permitem *atravessar* (o terreno). São dois modos complementares de separação. Um modo cria a distância do espectador: não tocarás. Quanto mais vês, menos agarras – despojamento da mão para ampliar o percurso da vista. O outro traça, indefinidamente, a injunção de passar: como na ordem escrita, de uma só linha, mas sem fim: vai, segue em frente, este não é teu país, nem aquele tampouco – imperativo do desapego que obriga a pagar o preço de um abstrato domínio ocular do espaço deixando todo lugar próprio, perdendo o pé. A vidraça e a linha férrea repartem de um lado a interioridade do viajante, narrador putativo e, do outro, a força de sê-lo, constituído em objeto sem discursos, poder de um silêncio exterior. Mas, paradoxo, é o silêncio dessas coisas colocadas à distância, por trás da vidraça que, de longe, faz as nossas memórias falarem ou tira da sombra os sonhos de nossos segredos. O isolador produz pensamentos com separações. A vidraça e o aço criam especulativos ou gnósticos. É necessário esse corte, para que nasçam, fora dessas coisas mas não sem elas, as paisagens desconhecidas e as estranhas fábulas de nossas histórias interiores.

A divisão é a única que faz barulho. À medida que vai avançando e criando dois silêncios invertidos, o corte escande, assobia ou geme. Os trilhos batem, há vibratos de vidraças – atrito de espaços nos pontos evanescentes de suas fronteiras. Essas junções não têm lugar. São marcadas em gritos de passagens, em ruídos de instantes. Ilegíveis, as fronteiras não podem senão ouvir-se, finalmente confundidas, tão contínuo é o rasgão que aniquila os pontos por onde vai passando.

Esses ruídos assinalam no entanto, também, como seus efeitos, o Princípio que assume toda a ação arrebatada ao mesmo tempo aos viajantes e à natureza: a máquina. Invisível como toda maquinaria teatral, a locomotiva organiza de longe todos os ecos de seu trabalho. Mesmo discreto, indireto, a sua orquestra indica o que faz a história, e garante, à maneira de um boato, que existe ainda uma história. Existe igualmente o acidental. Desse motor do sistema provêm abalos, freadas e surpresas. Esse resto de acontecimentos depende do invisível e único ator, apenas reconhecível graças à regularidade de seu murmúrio ou a bruscos milagres que perturbam a ordem. A máquina, primeiro motor, é o deus solitário de onde sai toda a ação. Operador da divisão entre os espectadores e os seres, o motor os articula também, móvel símbolo entre eles, incansável *shifter*, produtor das mudanças de relações entre os imóveis. Carcerário e naval, análogo aos barcos e submarinos de Júlio Verne, o vagão alia o sonho e a técnica. O "especulativo" regressa ao coração da máquina. Os contrários coincidem durante o tempo de uma viagem. Momento estranho em que uma sociedade fabrica espectadores e transgressores de espaços, santos e bem-aventurados colocados nas auréolas-alvéolos dos seus vagões. Nesses lugares de preguiça e de pensamento, naves paradisíacas entre dois encontros sociais (negócios e famílias, violências cor de barro), realizam-se liturgias atópicas, parêntesis de orações sem destinatário (a quem se dirigem portanto tantos sonhos viajores?). As assembleias não obedecem mais às hierarquias de ordens dogmáticas: são organizadas pelo minucioso traçado da disciplina tecnocrática, racionalização muda do atomismo liberal.

Como sempre acontece, foi preciso pagar para entrar. Limiar histórico da beatitude: só existe história onde há um preço a pagar. O repouso só se alcança mediante esse tributo. E os bem-aventurados do trem ainda são modestos comparados com os do avião que, tendo mais dinheiro, podem ocupar uma posição mais abstrata (embranquecimento da paisagem e simulacros filmados do mundo) e mais perfeita (a de estátuas imóveis num museu aéreo), mas a que se atribui um excesso cujo castigo é uma diminuição do prazer ("melancólico") de ver aquilo de que se está separado.

E como sempre também acontece, é preciso sair: só existem paraísos perdidos. O termo da viagem seria o fim de uma ilusão? Outro limiar, feito de momentâneos extravios no hall das gares. A história recomeça, febril, envolvendo com suas ondas a armadura parada do vagão: o visitante distingue o barulho das fendas das rodas, o carregador leva as bagagens, os controladores andam de lá para cá. Bonés e uniformes restauram na multidão a rede de uma ordem profissional, enquanto a onda dos viajantes-sonhadores se lança na rede composta de rostos maravilhosamente expectativos ou preventivamente justiceiros. Gritos de cólera. Vozes que chamam. Alegrias. No mundo móvel da estação, a máquina, agora parada, parece de repente monumental e quase incongruente por sua inércia de ídolo mudo. Deus desmanchado.

Cada um retorna ao serviço, para o lugar que lhe é fixado, para o escritório ou para a fábrica. Acabou o isolamento do passeio. À bela abstração do carcerário sucedem os compromissos, as opacidades e as dependências de um local de trabalho. Recomeça o corpo a corpo com um real que desaloja o espectador, privado de trilhos e vidraças. Terminou a robinsonada da *belle âme* viajante, que podia julgar-se *intacta*, por estar toda cercada de vidro e aço.

CAPÍTULO IX

RELATOS DE ESPAÇO

"O que criou a humanidade foi a narração."
Pierre Janet
L'évolution de la mémoire et la
notion du temps, 1928, p. 261

Na Atenas contemporânea, os transportes coletivos se chamam *metaphorai*. Para ir para o trabalho ou voltar para casa, toma-se uma "metáfora" – um ônibus ou um trem. Os relatos poderiam igualmente ter esse belo nome: todo dia, eles atravessam e organizam lugares; eles os selecionam e os reúnem num só conjunto; deles fazem frases e itinerários. São percursos de espaços.

Vendo as coisas assim, as estruturas narrativas têm valor de sintaxes espaciais. Com toda uma panóplia de códigos, de comportamentos ordenados e controles, elas regulam as mudanças de espaço (ou circulações) efetuadas pelos relatos sob a forma de lugares postos em séries lineares ou entrelaçadas: daqui (Paris) a gente vai para lá (Montargis); este lugar (um quarto) inclui outro (um sonho ou uma lembrança); etc. Além disso, representados em descrições ou figurados por atores (um estrangeiro, um citadino, um fantasma), esses lugares estão ligados entre si de maneira mais ou menos firme ou fácil por "modalidades" que precisam o tipo de passagem que conduz de um lugar a outro: pode-se atribuir ao trânsito uma modalidade "epistêmica", referente ao conhecimento (por exemplo: "não é certo que seja aqui a Place de la République") ou "alética", referente à existência (por exemplo: "a terra do Eldorado é um termo improvável"); ou "deôntica", referente aos deveres (por exemplo: "deste ponto, você tem que passar para aquele")... Entre muitas outras, essas observações apenas esboçam com que sutil complexidade os relatos, cotidianos ou literários, são nossos transportes coletivos, nossas *metaphorai*.

Todo relato é um relato de viagem – uma prática do espaço. A este título, tem a ver com as táticas cotidianas, faz parte delas, desde o abecedário da indicação espacial ("dobre à direita", "siga à esquerda"), esboço de um relato cuja sequência é escrita pelos passos, até ao "noticiário" de cada dia ("Adivinhe quem eu encontrei na padaria?"), ao "jornal" televisionado ("Teherã: Khomeiny sempre mais isolado..."), aos contos lendários (as Gatas Borralheiras nas choupanas) e às histórias contadas (lembranças e romances de países estrangeiros ou de passados mais ou menos remotos). Essas aventuras narradas, que ao mesmo tempo produzem geografias de ações e derivam para os lugares comuns de uma ordem, não constituem somente um "suplemento" aos enunciados pedestres e às retóricas caminhatórias. Não se contentam em deslocá-los e transpô-los para o campo da linguagem. De fato, organizam as caminhadas. Fazem a viagem, antes ou enquanto os pés a executam.

Esse pulular de metáforas – ditos e relatos organizadores de lugares pelos deslocamentos que "descrevem" (como se "descreve" uma curva) – como é que pode ser analisado? Para ater-se apenas aos estudos relativos às *operações* especializantes (e não aos sistemas espaciais), inúmeros trabalhos fornecem métodos e categorias. Entre os mais recentes, podem-se apontar em particular aqueles que se referem a uma semântica do espaço (assim John Lyons sobre os "Locative Subjects" e as "Spatial Expressions")[1] a uma psicolinguística da percepção (assim Miller e Johnson-Laird sobre "a hipótese de localização")[2], a uma sociolinguística das descrições de lugares (por ex. William Labov)[3], a uma fenomenologia dos comportamentos organizadores de "territórios" (por ex. Albert E. Scheflen e Norman Aschcraft)[4], a uma "etnometodologia" dos índices de localização na conversa (por ex. Emanuel A. Schegloff)[5], ou a uma semiótica que estuda a cultura como uma metalinguagem espacial (por ex. a Escola de Tartu, sobretudo Y.M. Lotman, B.A. Ouspenski)[6] etc. Como outrora as práticas significantes, que se referem às efetuações da língua, foram tomadas em consideração depois dos sistemas linguísticos, hoje as práticas espacializantes prendem a atenção depois que se examinaram os códigos e as taxinomias da ordem espacial. Nossa pesquisa pertence a este tempo "segundo" da análise, que passa das estruturas às ações. Mas neste conjunto muito amplo vou considerar apenas *ações narrativas*. Elas permitirão precisar algumas formas elementares das práticas organizadoras de espaço: a bipolaridade "mapa" e "percurso", os processos de delimitação ou de "limitação" e as "focalizações enunciativas" (ou seja, o índice do corpo no discurso).

"Espaços" e "lugares"

Inicialmente, entre espaço e lugar, coloco uma distinção que delimitará um campo. Um *lugar* é a ordem (seja qual for) segundo a qual se distribuem elementos nas relações de coexistência. Aí se acha portanto excluída a possibilidade, para duas coisas, de ocuparem o mesmo lugar. Aí impera a lei do "próprio": os elementos considerados se acham uns *ao lado* dos outros, cada um situado num lugar "próprio" e distinto que define. Um lugar é portanto uma configuração instantânea de posições. Implica uma indicação de estabilidade.

Existe *espaço* sempre que se tomam em conta vetores de direção, quantidades de velocidade e a variável tempo. O espaço é um cruzamento de móveis. É de certo modo animado pelo conjunto dos movimentos que aí se desdobram. Espaço é o efeito produzido pelas operações que o orientam, o circunstanciam, o temporalizam e o levam a funcionar em unidade polivalente de programas conflituais ou de proximidades contratuais. O espaço estaria para o lugar como a palavra quando falada, isto é, quando é percebida na ambiguidade de uma efetuação, mudada em um termo que depende de múltiplas convenções, colocada como o ato de um presente (ou de um tempo), e modificado pelas transformações devidas a proximidades sucessivas. Diversamente do lugar, não tem portanto nem a univocidade nem a estabilidade de um "próprio".

Em suma, *o espaço é um lugar praticado*. Assim a rua geometricamente definida por um urbanismo é transformada em espaço pelos pedestres. Do mesmo modo, a leitura é o espaço produzido pela prática do lugar constituído por um sistema de signos – um escrito.

Merleau-Ponty já distinguia de um espaço "geométrico" ("espacialidade homogênea e isótropa", análoga do nosso "lugar") uma outra "espacialidade" que denominava "espaço antropológico". Essa distinção tinha a ver com uma problemática diferente, que visava separar da univocidade "geométrica" a experiência de um "fora" dado sob a forma do espaço e para o qual "o espaço é existencial" e "a existência é espacial". Essa experiência é relação com o mundo; no sonho e na percepção, e por assim dizer anterior à sua diferenciação, ela exprime "a mesma estrutura essencial do nosso ser como ser situado em relação com um meio" – um ser situado por um desejo, indissociável de uma "direção da existência" e plantado no espaço de uma paisagem. Deste ponto de vista, "existem tantos espaços quantas experiências espaciais distintas"[7]. A perspectiva é determinada por uma "fenomenologia" do existir no mundo.

Num exame das práticas do dia a dia que articulam essa experiência, a oposição entre "lugar" e "espaço" há de remeter sobretudo, nos relatos, a duas espécies de determinações: uma, por objetos que seriam no fim das contas reduzíveis ao *estar-aí* de um morto, lei de um "lugar" (da pedra ao cadáver, um corpo inerte parece sempre, no Ocidente, fundar um lugar e dele fazer a figura de um túmulo); a outra, por *operações* que, atribuídas a uma pedra, a uma árvore ou a um ser humano, especificam "espaços" pelas ações de *sujeitos* históricos (parece que um movimento sempre condiciona a produção de um espaço e o associa a uma história). Entre essas duas determinações, existem passagens, como o assassinato (ou a transformação em paisagem) dos heróis transgressores de fronteiras e que, culpados de terem atentado contra a lei do lugar, restauram-no por seu túmulo; ou então, ao contrário, o despertar dos objetos inertes (uma mesa, uma floresta, uma personagem do ambiente) que, saindo de sua estabilidade, mudam o lugar onde jaziam na estranheza do seu próprio espaço.

Os relatos efetuam portanto um trabalho que, incessantemente, transforma lugares em espaços ou espaços em lugares. Organizam também os jogos das relações mutáveis que uns mantêm com os outros. São inúmeros esses jogos, num leque que se estende desde a implantação de uma ordem imóvel e quase mineralógica (aí nada se mexe, salvo o próprio discurso que, numa espécie de *travelling*, percorre o panorama) até a sucessividade acelerada das ações multiplicadoras de espaços (como no romance policial ou em certos contos populares, mas esse frenesi espacializante nem por isso deixa de ser menos circunscrito pelo lugar textual). Seria possível uma tipologia de todos esses relatos, em termos de identificação de lugares e de efetuações de espaços. Mas, para aí encontrar os modos segundo os quais se combinam essas distintas operações, precisa-se ter critérios e categorias de análise – necessidade que reduz aos relatos de viagem os mais elementares.

Percursos e mapas

As descrições orais de lugares, narrados de um apartamento, relatos de rua, representam um primeiro e imenso *corpus*. Numa análise muito precisa das descrições de apartamentos em Nova York pelos ocupantes, C. Linde e W. Labov reconhecem dois tipos distintos que designam, um como "mapa" (*map*) e o outro como "percurso" (*tour*). O primeiro segue o modelo: "Ao lado da cozinha fica o quarto das meninas". O segundo: "Você dobra à direita e entra na sala de estar". Ora, no *corpus* nova-iorquino, somente três por cento dos descritores pertencem ao tipo "mapa". O resto, portanto quase a totalidade, pertence ao tipo "percurso": "Você entra por uma portinha" etc.

Essas descrições na grande maioria se fazem em termos de *operações* e mostram "como entrar em cada cômodo". A propósito desse segundo tipo, os autores precisam que um circuito ou um "percurso" é um *speech act* (um ato de enunciação) que "fornece uma série mínima de caminhos pelos quais se pode entrar em cada cômodo"; e que o "caminho" (*path*) é uma série de unidades que têm a forma de vetores seja "estáticos" ("à direita", "à sua frente" etc.) seja "móveis" ("se você dobrar à esquerda" etc.)[8].

Noutras palavras, a descrição oscila entre os termos de uma alternativa: ou *ver* (é um conhecimento da ordem dos lugares), ou *ir* (são ações espacializantes). Ou então apresentará um *quadro* ("existe"...), ou organizará *movimentos* ("você entra", "você atravessa", "você retorna"...). Entre essas duas hipóteses, as escolhas feitas pelos narradores nova-iorquinos privilegiam maciçamente a segunda.

Pondo agora de lado o estudo de Linde e Labov (pois visa sobretudo as regras das interações e convenções sociais às quais obedece a "linguagem natural", problema com o qual toparemos depois), eu gostaria, através desses relatos nova-iorquinos – e de outros semelhantes[9] – de precisar melhor as relações entre indicadores de "percursos" e indicadores de "mapas" onde coexistem numa mesma descrição. Qual é a coordenação entre um *fazer* e um *ver*, nesta linguagem ordinária onde o primeiro domina de maneira tão evidente? A questão toca finalmente, na base dessas narrações cotidianas, a relação entre o itinerário (uma série discursiva de operações) e o mapa (uma descrição redutora totalizante das observações), isto é, entre duas linguagens simbólicas e antropológicas do espaço. Dois polos da experiência. Parece que, da cultura "ordinária" ao discurso científico, se passa de um para o outro.

Nos relatos de apartamento ou de rua, as manipulações de espaço ou "percursos" levam a melhor. Na maioria das vezes, essa forma de descritores determina o estilo inteiro da narração. Quando intervém a outra forma, ela tem como valor ou ser *condicionada* ou *suposta* pela primeira. Exemplos de percursos condicionadores de um mapa: "Se você dobra à direita, então existe..." ou, fórmula semelhante: "se você segue sempre em frente, vai ver..." Nos dois casos, um fazer permite um ver. Mas há também casos em que um percurso supõe uma indicação de lugar: "Ali, onde há uma porta, você toma a seguinte" – um elemento de mapa é o postulado de um itinerário. O tecido narrativo onde predominam os descritores de itinerários é portanto pontuado de descritores do tipo mapa, que têm como função indicar ou um *efeito* obtido pelo percurso ("você vê..."), ou um *dado* que postula como seu limite ("há uma parede"), sua possibilidade ("há uma porta") ou uma obrigação ("há um sentido único") etc. A cadeia das operações espacializantes parece toda pontilhada de referências ao que produz (uma representação de lugares) ou ao que implica (uma ordem local). Tem-se assim a estrutura do relato de viagem: histórias de caminhadas e gestas são marcadas pela "citação" dos lugares que daí resultam ou que as autorizam. Segundo essa maneira de ver, pode-se comparar a combinação dos "percursos" e dos "mapas" nos relatos cotidianos com a maneira como são, há quinhentos anos, imbricados, e depois lentamente dissociados nas representações literárias e científicas do espaço. Em particular, tomando-se o "mapa" sob a sua forma geográfica atual, parece que no decurso do período marcado pelo nascimento do discurso científico moderno (séculos XV-XVII), ele se foi aos poucos separando dos itinerários que constituíam a sua condição de possibilidade. Os primeiros mapas medievais comportavam só os traçados retilíneos de percursos (indicações performativas que visavam aliás sobretudo as peregrinações), com a menção de etapas a efetuar (cidades onde passar, parar, alojar-se, rezar etc.) e distâncias computadas em horas ou em dias, ou seja, em tempos de marcha[10]. Cada mapa desses é um memorando que prescreve ações. Aí domina o percurso a fazer. Engloba os elementos do mapa, bem como a descrição de um caminho a efetuar é acompanhada hoje de um desenho apressado que traça já no papel, em citações de lugares, uma dança de passos através da cidade: "vinte passos bem em frente, depois dobre à esquerda, e depois ainda quarenta passos..." O desenho articula práticas espacializantes, como os planos de itinerários urbanos, artes de gestos e relatos de passos, que servem para os japoneses como "caderninhos de endereços"[11], ou como o admirável mapa asteca (século XV) que descreve o êxodo dos Totomihuacas em um traçado que não segue o relevo de uma "estrada" (ainda não havia), mas um "diário de marcha" – traçado escalonado por marcas de passos com distâncias regulares entre eles e pelas figuras de acontecimentos sucessivos no decorrer da viagem (refeições, combates, travessias de rios ou montanhas etc): não "mapa geográfico", mas "livro de história"[12].

Entre os séculos XV e XVII, o mapa ganha autonomia. Sem dúvida, a proliferação das figuras "narrativas" que o povoam durante muito tempo (navios, animais e personagens de todo o tipo) tem ainda por função indicar as operações – de viagem, guerreiras, construtoras, políticas ou comerciais – que possibilitam a fabricação de um plano geográfico[13]. Bem longe de serem "ilustrações", glosas icônicas do texto, essas figurações, como fragmentos de relatos, assinalam no mapa as operações históricas de que resulta. Assim a caravela pintada no mar fala da expedição marítima que permitiu a representação das costas. Equivale a um descritor de tipo "percurso". Mas o mapa ganha progressivamente dessas figuras: coloniza o espaço delas, elimina aos poucos as figurações pictóricas das práticas que o produzem. Transformado pela geometria euclidiana e mais tarde descritiva, constituído em conjunto formal de lugares abstratos, é um "teatro" (este era antigamente o nome dos atlas) onde o mesmo sistema de projeção justapõe no entanto dois elementos bem diversos: os dados fornecidos por uma tradição (a *Geografia* de Ptolomeu, por exemplo) e aqueles que provinham de navegadores (os portulanos, por exemplo). No mesmo plano o mapa junta lugares heterogêneos, alguns *recebidos* de uma tradição e outros *produzidos* por uma observação. Mas o essencial aqui é que se apagam os itinerários que, supondo os primeiros e condicionando os segundos, asseguram de fato a passagem de uns aos outros. O palco, cena totalizante onde elementos de origem vária são reunidos para formarem o quadro de um "estado" do saber geográfico, afasta para a sua frente ou para trás, como nos bastidores, as operações de que é efeito ou possibilidade. O mapa fica só. As descrições de percursos desapareceram.

A organização reconhecível nos relatos de espaço da cultura cotidiana se acha portanto invertida pelo trabalho que isolou um sistema de lugares geográficos. A diferença entre essas duas descrições não se deve evidentemente à presença ou à ausência das práticas (elas estão sempre atuando), mas no fato de os mapas, constituídos em lugares próprios para *expor os produtos* do saber, formarem os quadros de resultados *legíveis*. Os relatos de espaço exibem ao contrário as operações que permitem, num lugar obrigatório e não "próprio", "triturá-lo" apesar de tudo, como o diz uma moradora a propósito dos cômodos do seu apartamento: "A gente pode triturá-los"[14]. Do conto popular às descrições de um apartamento, uma exacerbação do "fazer" (e portanto da enunciação) anima os relatos narrando percursos em lugares que têm como característica, do cosmo antigo ao BNH contemporâneo, ser as formas diversas de uma ordem imposta.

De uma geografia preestabelecida, que se estende (se a gente se limita apenas a casa) desde os quartinhos, tão pequenos "que não se pode fazer nada neles" até ao legendário celeiro, desaparecido, "que serve para tudo"[15], os relatos cotidianos contam aquilo que, apesar de tudo, se pode aí fabricar e fazer. São feituras de espaço.

Demarcações

Operações sobre os lugares, os relatos exercem também o papel cotidiano de uma instância móvel e magisterial em matéria de demarcação. Como sempre, este papel aparece mais no segundo grau, quando é explicitado e repetido no discurso jurídico. Segundo a bela língua tradicional usada nos autos de processos, os magistrados antigamente "se transportavam aos locais" (transportes e metáforas jurídicas), a fim de "ouvir", a propósito de fronteiras "litigiosas", as *falas* contraditórias das partes. O seu "juízo interlocutório", como se dizia, era uma "operação de demarcação". Escritos em bela caligrafia pelos amanuenses em pergaminhos cuja escritura por vezes se prolonga (ou se inaugura?) em desenhos traçando fronteiras, esses juízos interlocutórios eram em suma apenas metarrelatos. Combinavam num todo único (trabalho de escriba que coteja variantes) as histórias contrárias que cada parte lhe relatava: "O senhor Mulatier nos declara que seu avô plantou este pomar à margem do seu campo... João Pedro nos recorda que o senhor Bouvet tem uma esterqueira num terreno que ficaria indiviso entre ele e o seu irmão André..." Genealogias de lugares, legendas de territórios. Análoga a uma edição crítica, a narração do magistrado concilia essas diversas versões. Ela é "estabelecida" a partir de relatos "primeiros" (o do senhor Mulatier, o de João Pedro, e muitos outros), que têm já a função de *legislações espaciais*, fixando e dividindo terrenos por "gestos" ou discursos de ações (plantar um pomar, ter uma esterqueira etc.).

As "operações de demarcação", contratos narrativos e compilações de relatos, são compostas com fragmentos tirados de histórias anteriores e "bricolados" num todo único. Neste sentido, esclarecem a formação dos mitos, como têm também a função de fundar e articular espaços. Constituem, conservada nos fundos dos cartórios, uma imensa literatura de viagens, isto é, de ações organizadoras de áreas sociais e culturais mais ou menos extensas. Mas essa literatura representa apenas uma parte ínfima (aquela que se escreve em pontos litigiosos) da narração oral que não cessa, trabalho interminável, de compor espaços, verificar, confrontar e deslocar suas fronteiras.

Esses "comportamentos" de relato, como dizia Pierre Janet[16], oferecem portanto um campo muito rico à análise da espacialidade.

Entre as questões assim suscitadas, devem-se distinguir aquelas que dizem respeito à dimensão (extensionalidade), orientação (vetorialidade), afinidade (homografias) etc. Vou me prender somente a alguns aspectos relativos à delimitação como tal, questão primeira e literalmente "fundamental": a distribuição do espaço que o estrutura. Tudo remete com efeito a essa diferenciação que permite os jogos de espaços. Desde a distinção que separa de sua exterioridade um sujeito até aos cortes que localizam objetos, desde o habitat (que se constitui a partir da parede) até a viagem (que se constrói em cima do estabelecimento de um "alhures" geográfico ou de um "além" cosmológico), e no funcionamento da rede urbana como no da paisagem rural, não existe espacialidade que não organize a determinação de fronteiras.

Nessa organização, o relato tem papel decisivo. Sem dúvida, "descreve". Mas "toda descrição é mais que uma fixação", é "um ato culturalmente criador"[17]. Ela tem até poder distributivo e força performativa (ela realiza o que diz) quando se tem um certo conjunto de circunstâncias. Ela é então fundadora de espaços. Reciprocamente: onde os relatos desaparecem (ou se degradam em objetos museográficos), existe perda de espaço: privado de narrações (como se constata ora na cidade, ora na região rural), o grupo ou o indivíduo regride para a experiência, inquietante, fatalista, de uma totalidade informe, indistinta, noturna. Considerando o papel do relato na delimitação, pode-se aí reconhecer logo de início a função primeira de *autorizar* o estabelecimento, o deslocamento e a superação de limites e, por via de consequência, funcionando no campo fechado do discurso, a oposição de dois movimentos que se cruzam (estabelecer e ultrapassar o limite) de maneira que se faça do relato uma espécie de quadrinho de "palavras cruzadas" (um mapeamento dinâmico do espaço) e do qual a *fronteira* e a *ponte* parecem as figuras narrativas essenciais.

1. *Criar um teatro de ações.* O relato tem inicialmente uma função de autorização ou, mais exatamente, de *fundação.* Propriamente falando, essa função não é jurídica, isto é, relativa a leis ou a juízos. Depende antes daquilo que Georges Dumézil analisa, na raiz indo-europeia *dhe*, "pôr, colocar", através dos seus derivados sânscrito (*dhatu*) e latim (*fas*). "*Fas*", escreve ele, é propriamente a base mística, no mundo invisível, sem a qual todas as condutas ordenadas ou autorizadas pelo

ius (direito humano) e de maneira ainda mais geral todos os comportamentos humanos, são incertos, perigosos ou até fatais. O *fas* não é suscetível de análise, de casuística, como o *ius*. Não se detalha, como tampouco não é um substantivo declinável. Há ou não há *base: fas est* ou *fas non est.* "Diz-se que um tempo ou um lugar são *fasti* ou *nefasti* (fastos ou nefastos), conforme derem ou não derem às ações humanas esta necessária base"[18].

Diversamente do que aconteceu na Índia Antiga (onde diversos papéis são sucessivamente representados pelos mesmos personagens), esta função foi objeto de um corte institucional particular nas partes ocidentais do mundo indo-europeu. "Criação do Ocidente", um ritual próprio corresponde ao *fas*, realizado em Roma por sacerdotes especializados, os *fetiales.* Esse rito ocorre "no limiar de toda ação de Roma para com algum povo estrangeiro", declaração de guerra, expedição militar, aliança com outra nação. É uma marcha em três etapas centrífugas, uma dentro, mas perto da fronteira, a segunda na fronteira, a terceira no estrangeiro. A ação ritual se efetua antes de toda ação civil ou militar porque se destina a *criar o campo* necessário para as atividades políticas ou bélicas. É portanto também uma *repetitio rerum*: ao mesmo tempo *retomada* e repetição de atos fundantes originários, uma *recitação* e citação das genealogias capazes de legitimar a nova iniciativa, e uma *predição* e promessa de sucesso no começo de combates, contratos ou conquistas. Com uma repetição geral antes da representação efetiva, o rito, narração gestual, precede a efetuação histórica. A volta ou a "marcha" dos *fetiales* abre um espaço e assegura uma base às operações dos militares, diplomatas ou comerciantes que se arriscam fora das fronteiras. Assim, no Veda, Vishnu, "por seus passos, abre à ação guerreira de Indra a zona do espaço onde se desenrolará". É uma fundação. Ela "dá espaço" às ações que se vão empreender; ela "cria um campo" que lhes serve de "base" e de "teatro"[19].

Eis aí precisamente o primeiro papel do relato. Abre um *teatro* de legitimidade a *ações* efetivas. Cria um campo que autoriza práticas sociais arriscadas e contingentes. Mas, tríplice diferença em relação à função tão cuidadosamente isolada pelo dispositivo romano, ele assegura o *fas* sob uma forma disseminada (e não mais única), miniaturizada (e não mais nacional) e polivalente (e não mais especializada).

Disseminada, não só por causa da diversificação dos meios sociais, mas sobretudo por causa de uma crescente heterogeneidade (ou de uma heterogeneidade sempre mais desvelada) entre as "referências autorizantes": a excomunhão das "divindades" territoriais, o desapreço pelos lugares habitados pelo espírito dos relatos e a extensão de áreas neutras, privadas de legitimidade, marcaram a fuga e a fragmentação das narrações organizadoras de fronteiras e de apropriação (uma historiografia oficial – livros de história, atualidades televisionadas etc. – procura no entanto impor a todos a credibilidade de um espaço nacional). *Miniaturizada,* porque a tecnocratização socioeconômica reduz à unidade familial ou individual o jogo do *fas* ou do *nefas*, com a multiplicação das "histórias de família", das "biografias" ou de todas as narrações psicanalíticas (pouco a pouco desancoradas dessas histórias particulares, justificações públicas transformadas em boatos cegos se mantêm no entanto ou ressurgem, selvagens, nos confrontos de classes ou nos conflitos raciais). *Polivalente,* enfim, porque a mistura de tantos microrrelatos lhes atribui funções que variam ao sabor dos grupos onde circulam. Essa polivalência não toca entretanto as origens relacionais da narratividade: o antigo ritual criador de campos de ações pode ser reconhecido em "cacos" de relatos plantados em torno dos limiares obscuros de nossas existências; esses fragmentos escondidos articulam inconscientemente a história "biográfica" cujo espaço fundamentam.

Uma atividade narrativa, mesmo que seja multiforme e não mais unitária, continua portanto se desenvolvendo onde se trata de fronteiras e de relações com o estrangeiro. Fragmentada e disseminada, ela não cessa de efetuar operações de demarcação. Continua pondo em jogo o *fas* que "autoriza" certas iniciativas e as precede. Assim como os *fetiales* romanos, existem relatos que "marcham" à frente das práticas sociais para lhes abrir um campo. As próprias decisões e combinações jurídicas só vêm após, bem como os ditos e os atos do direito romano (*ius*) conciliando as áreas de ação reconhecidas a cada um[20], faziam parte dos comportamentos que tinham seu "fundamento" no *fas*. Segundo as regras que lhes são próprias, "os juízos interlocutórios" dos magistrados trabalham na massa dos espaços heterogêneos já criados e fundamentados por uma inumerável narratividade oral feita de histórias familiares ou locais, de "gestos" costumeiros ou profissionais, de "recitações" de caminhos e paisagens. Esses teatros de operações, eles não os criam; articulam-nos e manipulam-nos. Supõe as autoridades narrativas que os magistrados "ouvem", confrontam e hierarquizam. Antes do juízo regulador vem o relato fundante.

2. *Fronteiras e pontes.* Os relatos são animados por uma contradição que neles representa a relação entre a fronteira e a ponte, isto é, entre um espaço (legítimo) e sua exterioridade (estranha). Para compreendê-lo melhor, convém voltar às unidades elementares. Pondo de lado a morfologia (que não é nosso tema aqui), que se deve situar na perspectiva de uma pragmática e, mais exatamente, de uma sintaxe determinante dos "programas" ou séries de práticas pelas quais a gente se apropria do espaço, pode-se tomar como ponto de partida a definição de Miller e Johnson-Laird para a unidade de base que eles denominam a "região": trata-se, dizem eles, de um encontro entre programas de ação. A "região" vem a ser portanto o espaço criado por uma interação[21]. Daí se segue que, num mesmo lugar, há tantas "regiões" quantas interações ou encontros entre programas. E também que a determinação de um espaço é dual e operacional, portanto, numa problemática de enunciação, relativa a um processo "interlocutório".

Deste modo, se introduz uma contradição dinâmica entre cada delimitação e sua mobilidade. De um lado, o relato não se cansa de colocar fronteiras. Multiplica-as, mas em termos de interações entre personagens – coisas, animais, seres humanos: os actantes repartem lugares entre si ao mesmo tempo que predicados (bom, astucioso, ambicioso, simplório etc.) e movimentos (adiantar-se, subtrair-se, exilar-se, voltar-se etc.). Os limites são traçados pelos pontos de encontro entre as apropriações progressivas (a aquisição de predicados no curso do relato) e os deslocamentos sucessivos (movimentos internos ou externos) dos actantes. Devem-se esses limites a uma distribuição dinâmica dos bens e das funções possíveis, para constituir, sempre mais complexificada, uma rede de diferenciações, uma combinatória de espaços. Resultam de um trabalho da distinção a partir de encontros. Assim, na noite de sua ilimitação, corpos só se distinguem onde os "toques" de sua luta amorosa ou guerreira se inscrevem sobre eles. Paradoxo da fronteira: criados por contatos, os pontos de diferenciação entre dois corpos são também pontos comuns. A junção e a disjunção são aí indissociáveis. Dos corpos em contato, qual deles possui a fronteira que os distingue? Nem um nem o outro. Então, ninguém?

Problema teórico e prático da fronteira: a quem pertence a fronteira? O rio, a parede ou a árvore *faz* fronteira. Não tem o caráter de não lugar que o traçado cartográfico supõe no limite. Tem um papel mediador. Também a narração o faz falar: "Para!" – diz a floresta de onde sai o lobo. "Stop!" – diz o rio mostrando o seu jacaré. Mas este ator, pelo simples fato de ser a palavra do limite, cria a comunicação assim como a separação: e muito mais, só põe uma margem dizendo aquilo que o atravessa, vindo da outra margem. Articula. É *também* uma passagem. No relato, a fronteira funciona como um terceiro. Ela é um "entre dois" – "um espaço entre dois", *Zwischenraum*, diz um maravilhoso e irônico poema de Morgenstern sobre a "clausura" ou "recinto cercado" (*Zaun*), que rima com "espaço" (*Raum*) e "ver através de" (*hindurchzuschaun*). É a história de uma paliçada (recinto fechado por estacas, *Lattenzaun*):

> *Es war einmal ein Lattenzaun*
> *mit Zwischenraum, hindurchzuschaun**

Lugar terceiro, jogo de interações e de entrevistas, a fronteira é como um vácuo, sím-bolo narrativo de intercâmbios e encontros. Passando por ali, um arquiteto se apressou a tomar esse "espaço entre dois" para construir ali um casarão:

> *Ein Architekt, der dieses sah,*
> *stand eines Abends plötzlich da –*
> *und nahm den Zwischenraum heraus*
> *und baute draus ein grosses Haus.*

Mutação do vazio em cheio e do entre-dois em lugar estabelecido. O resto nem se precisa contar. O Senado "endossou" o monumento – instala-se a Lei – e o arquiteto foge para a África ou para a América:

---

* "Era uma vez um recinto fechado, com claraboia/com espaços para se ver através./ Um arquiteto, que viu aquilo, veio certa tarde até lá/e se apoderou dos espaços/para fazer uma moradia enorme. Então o Senado se apropriou dele/enquanto o arquiteto fugiu/para a Áfri-ou-América" (L.G.).

Drum zog ihn der Senat auch ein.
Der Architekt jedoch entfloh
nach Afri-od-Ameriko[22].

Concretar a paliçada, encher e construir "o espaço entre dois", eis a pulsão do arquiteto; mas, ao mesmo tempo, a sua ilusão, pois, sem o saber, trabalha para o congelamento político dos lugares e só lhe resta, quando percebe o que fizera, fugir para longe dos laços da lei. O relato, ao contrário, privilegia, por suas histórias de interação, uma "lógica da ambiguidade. "Muda" a fronteira em ponto de passagem, e o rio em ponte. Narra com efeito inversões e deslocamentos: a porta para fechar é justamente aquilo que se abre; o rio aquilo que dá passagem; a árvore serve de marco para os passos de uma avançada; a paliçada, um conjunto de interstícios por onde escoam os olhares.

Há por toda parte a ambiguidade da *ponte*, que ora solda ora contrasta insularidades. Distingue-as e as ameaça. Livra do fechamento e destrói a autonomia. Assim, por exemplo, intervém como personagem central e ambivalente nos relatos dos Noirmoutrins, antes, durante e após a construção, em 1972, de uma ponte entre La Fosse e Fromentine[23].

Dá prosseguimento a uma vida dupla em inumeráveis memórias de lugares e legendas cotidianas, resumidas muitas vezes em nomes próprios, paradoxos escondidos, elipses de histórias, enigmas pedindo decifração: Pont-à-Mousson, Pont-Audemer, Pontcharra, Pontchâteau, Pont-Croix, Pont-de-Beauvoisin, Pont-de-l'Arche, Pont-de-Roide, Pont-du-Diable, Ponthieu etc.

Com razão, ele indexa por toda a parte o diabólico nas pinturas onde Hyeronimus Bosch inventa suas modificações de espaços[24]. Transgressão do limite, desobediência à lei do lugar, ele representa a partida, a lesão de um estado, a ambição de um poder conquistador, ou a fuga de um exílio, de qualquer maneira a "traição" de uma ordem. Mas ao mesmo tempo ergue um alhures que extravia, deixa ou faz ressurgir, fora das fronteiras, a estranheza que era controlada no interior, dá objetividade (ou seja, expressão e re-presentação) à alteridade que se escondia do lado de cá dos limites, de sorte que, cruzando a ponte para lá e para cá e voltando ao recinto fechado, o viajante aí encontra agora o outro lugar que tinha a princípio procurado partindo e fugido depois voltando. No interior das fronteiras já está o estrangeiro, exotismo ou *sabbat* da memória, inquietante familiaridade. Tudo ocorre como se a própria delimitação fosse a ponte que abre o dentro para seu outro.

Delinquências?

Onde o mapa demarca, o relato faz uma travessia. O relato é "diégese", como diz o grego para designar a narração: instaura uma caminhada ("guia") e passa através ("transgride"). O espaço de operações que ele pisa é feito de movimentos: é *topológico*, relativo às deformações de figuras, e não *tópico*, definidor de lugares. O limite aí só circunscreve a modo de ambivalência. Ele mesmo, um jogo duplo. Faz o contrário daquilo que diz. Entrega o lugar ao estranho que na aparência lança fora. Ou então, quando marca uma parada, não é estável, segue antes as variações dos encontros entre programas. As demarcações são limites transportáveis e transportes de limites, eles também "*metaphorai*".

Nas narrações organizadoras de espaços, as demarcações parecem desempenhar o papel dos *xoana* gregos, estatuetas cuja invenção se atribui ao astuto Dédalo: astuciosas como ele, elas não punham limites a não ser se (e os) deslocando. Esses indicadores apontavam em caracteres retos as curvaturas e os movimentos do espaço. O seu trabalho divisório diferia portanto inteiramente das divisões estabelecidas pelos mourões, piquetes ou colunas estáveis que, enraizadas no solo, recortavam e compunham uma ordem dos lugares[25]. Eram também limites transportáveis. As operações narrativas de demarcação substituem hoje os enigmáticos descritores de antigamente, quando insinuam a mobilidade pelo próprio gesto de fixar, a título da delimitação. Michelet já o dissera: desmoronando, no fim da Antiguidade, a aristocracia dos grandes deuses do Olimpo de modo algum arrastou em sua queda "a multidão dos deuses indígenas, o populacho dos deuses ainda de posse da imensidão dos campos, dos bosques, dos montes, das fontes, confundidos intimamente com a vida rural. Esses deuses que habitam no coração dos carvalhos, nas águas fugidias e profundas, não podiam ser expulsos dali... Onde estão? No deserto, na lande, na floresta? Sim, mas sobretudo dentro de casa. Mantêm-se no mais íntimo dos hábitos domésticos"[26]. Mas também em nossas ruas e em nossos apartamentos. Talvez fossem apenas, no final das contas, as ágeis testemunhas da narratividade e de sua forma *delinquente*. O fato de mudarem de nomes (todo poder é toponímico e instaura a sua ordem de lugares dando nomes) nada tira a essa força múltipla, insidiosa, móvel. Ela sobrevive aos avatares da grande história que os desbatiza e rebatiza.

Se o delinquente só existe deslocando-se, se tem por especificidade viver não à margem, mas nos interstícios dos códigos que desmancha e desloca, se ele se caracteriza pelo privilégio do *percurso* sobre o *estado*, o relato é delinquente. A delinquência social consistiria em tomar o relato ao pé da letra, tomá-lo como o princípio da existência física onde uma sociedade não oferece mais saídas simbólicas e expectativas de espaços a pessoas ou grupos, onde não há mais outra alternativa a não ser o alinhamento disciplinar e o desvio ilegal, ou seja, uma forma ou outra de prisão e a errância do lado de fora. Reciprocamente, o relato é uma delinquência em reserva, mantida, ela mesma, deslocada no entanto e compatível, nas sociedades tradicionais (antigas, medievais etc.), com uma ordem firmemente estabelecida mas suficientemente flexível para deixar proliferar essa mobilidade contestadora, desrespeitosa dos lugares, sucessivamente obediente e ameaçadora, que se estende das formas microbianas da narração cotidiana até as antigas manifestações carnavalescas[27].

Resta saber, naturalmente, que mudanças efetivas produz em uma sociedade essa narratividade delinquente. Em todo o caso, pode-se de antemão dizer que, em matéria de espaço, essa delinquência começa com a inscrição do corpo no texto da ordem. A opacidade do corpo em movimento, gesticulando, andando, gozando, é que organiza indefinidamente um *aqui* em relação a um *alhures*, uma "familiaridade" em confronto com uma "estranheza". O relato de espaço é em seu grau mínimo uma língua *falada*, isto é, um sistema linguístico distributivo de lugares sendo ao mesmo tempo *articulado* por uma "focalização enunciadora", por um ato que o pratica. Este é o objeto da "proxêmica"[28]. Basta aqui, antes de ir buscar as suas indicações na organização da memória, lembrar que com essa enunciação focalizante o espaço surge de novo como lugar *praticado*.

QUARTA PARTE

Usos da língua

CAPÍTULO X

A ECONOMIA ESCRITURÍSTICA

> "Somente palavras que andam, passando de boca
> em boca, lendas e cantos, no âmbito de um país,
> mantêm vivo o povo."
>
> N.F.S. Grundtvig[1]

A epígrafe de Grundtvig, poeta e profeta dinamarquês, cujos caminhos vão todos na direção da "palavra viva" (*det levende ord*), Graal da oralidade, autoriza hoje, como o faziam antigamente as Musas, a busca de vozes perdidas e que voltam hoje a nossas sociedades "escriturísticas". Procuro ouvir esses frágeis efeitos de corpo na língua, vozes múltiplas, afastadas pela triunfal *conquista* da economia que, a partir da "modernidade" (séculos XVII e XVIII), se titularizou sob o nome de escritura. Meu tema é a oralidade, mas modificada por três ou quatro séculos de trabalho ocidental. Nós não acreditamos, como Grundtvig (ou Michelet), que, por trás das portas de nossas cidades, no próximo distante dos campos, existam vastas pastagens poéticas e "pagãs" onde falem ainda os cantos, os mitos e o proliferante sussurro da *folkelighed*[2] (termo intraduzível porque o seu equivalente em nossa língua, "popularidade", foi também desvalorizado pelo uso que dele fizemos, enquanto ele é para "povo" o análogo de "nacionalidade" para "nação"). Essas vozes não se fazem mais ouvir, a não ser dentro dos sistemas escriturísticos onde reaparecem. Elas circulam, bailando e passando, no campo do outro.

A instituição dos aparelhos escriturísticos da "disciplina" moderna indissociável da "reprodução" possibilitada pela imprensa foi acompanhada pelo duplo isolamento do "Povo" (em relação à "burguesia") e da "voz" (em relação à escrita). Daí a convicção que, longe, bem longe dos poderes econômicos e administrativos, "o Povo fala".

Palavra ora sedutora ora perigosa, única, perdida (malgrado violentas e breves irrupções), constituída em "Voz do povo" por sua própria repressão, objeto de nostalgias, controles e sobretudo imensas campanhas que a rearticularam sobre a escritura por meio da escola. Hoje, "registrada" de todas as maneiras, normalizada, audível em toda a parte, mas uma vez "gravada", mediatizada pelo rádio, pela televisão ou pelo disco, e "depurada" pelas técnicas de sua difusão. Onde ela mesma se infiltra, ruído do corpo, torna-se muitas vezes a imitação daquilo que a mídia produz e reproduz dela – a cópia de seu artefato.

Inútil portanto sair em busca dessa voz simultaneamente colonizada e mitificada por uma história ocidental recente. Não existe aliás voz "pura", porque ela é sempre determinada por um sistema (familial, social etc.) e codificada por uma recepção. Mesmo que as vozes de cada grupo componham uma paisagem sonora – um sítio sonoro – facilmente reconhecível, um dialeto – um sotaque – se destaca por seu traçado numa língua, como um perfume; mesmo que uma voz particular se distinga entre mil por acariciar ou irritar o corpo que ouve, instrumento de música tocado por essa mão invisível, não há tampouco unicidade entre os ruídos da presença, cujo ato enunciador influencia uma língua quando a fala. Deve-se por isso renunciar à ficção que reúne todos esses ruídos sob o sino de uma "Voz", de "uma cultura própria" – ou do grande Outro. A oralidade se insinua sobretudo como um desses fios de que se faz, na trama – interminável tapeçaria – de uma economia escriturística.

É pela análise dessa economia, de sua implantação histórica, de suas regras e instrumentos do seu êxito – enorme programa que vou substituir por uma história em quadrinhos! – que convém começar para detectar insinuações vocais no grande livro de nossa lei. Eu gostaria de simplesmente desenhar a configuração histórica criada entre nós pela disjunção entre escritura e oralidade, para indicar alguns de seus efeitos e para destacar aí alguns deslocamentos atuais que assumem a forma de tarefas.

Referir-se à escritura e à oralidade, quero precisar logo de saída, não postula dois termos opostos, cuja contrariedade poderia ser superada por um terceiro, ou cuja hierarquização se pudesse inverter.

Não se trata aqui de voltar a uma dessas "oposições metafísicas" (escritura x oralidade, língua x palavra etc.), sobre as quais Jacques Derrida dizia com razão que "têm como última referência [...] a presença de um valor ou de um sentido que seria anterior à diferença"[3]. No pensamento que as instaura, essas antinomias postulam o princípio de uma origem única (uma arqueologia fundadora) ou de uma conciliação final (um conceito teleológico), e portanto um discurso baseado nessa unidade referencial. Pelo contrário, sem que seja aqui o lugar para explicá-lo, suponho o plural como algo originário; que a diferença é constituinte de seus termos; e que a língua está fadada a esconder indefinidamente por uma simbólica o trabalho estruturante da divisão. Na perspectiva de uma antropologia cultural, não se poderia aliás esquecer:

1) que essas "unidades" (por exemplo, escritura e oralidade) são o efeito de distinções recíprocas dentro de configurações históricas sucessivas e imbricadas.

Sendo assim, não são isoláveis dessas determinações históricas e não podem ser erigidas em categorias gerais;

2) que essas distinções, uma vez que se apresentam como a relação entre o estabelecimento de um campo (por exemplo, a língua) ou de um sistema (por exemplo, a escritura) e de outra parte aquilo que constitui como sua exterioridade ou seu resto (a palavra ou a oralidade), esses dois termos não são iguais ou comparáveis nem no que diz respeito à sua coerência (a definição de um põe o outro como indefinido) nem no que diz respeito à sua operatividade (um produtivo, dominante e articulado, institui o outro numa posição de inércia, de dominado e de opaca resistência). Portanto é impossível supor que tenham funcionamentos homólogos mediante uma inversão de sinais. A diferença entre eles é quantitativa, sem escala comum.

Escrever: prática mítica "moderna"

A prática escriturística assumiu valor mítico nos últimos quatro séculos reorganizando aos poucos todos os domínios por onde se estendia a ambição ocidental de fazer sua história e, assim, fazer história.

Entendo por mito um discurso fragmentado que se articula sobre as práticas heterogêneas de uma sociedade e que as articula simbolicamente. No Ocidente moderno não há mais um discurso recebido que desempenhe esse papel, mas um movimento que é uma prática: escrever. A origem não é mais aquilo que se narra, mas a atividade multiforme e murmurante de produtos do texto e de produzir a sociedade como texto. O "progresso" é de tipo escriturístico. De modos os mais diversos, define-se portanto pela oralidade (ou como oralidade) aquilo de que uma prática "legítima" – científica, política, escolar etc. – deve distinguir-se. "Oral" é aquilo que não contribui para o progresso; e, reciprocamente, "escriturístico" aquilo que se aparta do mundo mágico das vozes e da tradição. Com tal separação se esboça uma fronteira (e uma frente) da cultura ocidental. Da mesma forma, também se poderiam ler, nos frontões da modernidade, inscrições como: "Aqui, trabalhar é escrever" ou "Aqui só se compreende aquilo que se escreve". Esta a lei interna daquilo que se constituiu como "ocidental".

Mas então, o que é escrever? Designo por escritura a atividade concreta que consiste, sobre um espaço próprio, a página, em construir um texto que tem poder sobre a exterioridade da qual foi previamente isolado. Neste nível elementar há três elementos decisivos.

Primeiro, *a página em branco*: um espaço "próprio" circunscreve um lugar de produção para o sujeito. Trata-se de um lugar desenfeitiçado das ambiguidades do mundo. Estabelece o afastamento e a distância de um sujeito em relação a uma área de atividades. Oferece-se a uma operação parcial mas controlável. Efetua-se um corte no cosmos tradicional, onde o sujeito era possuído pelas vozes do mundo. Coloca-se uma superfície autônoma sob o olhar do sujeito que assim dá a si mesmo o campo de um fazer próprio. Gesto cartesiano de um corte instaurador, com um *lugar* de escritura, do domínio (e isolamento) de um sujeito diante de um *objeto*. Diante de sua página em branco cada criança já se acha posta na posição do industrial ou do urbanista, ou do filósofo cartesiano – aquela de ter que gerir o espaço, próprio e distinto, onde executar um querer próprio.

Em segundo lugar, aí se constrói *um texto*. Fragmentos ou materiais linguísticos são tratados (usinados, poder-se-ia dizer) neste espaço, segundo métodos explicitáveis e de modo a produzir uma ordem.

Uma série de operações articuladas (gestuais e mentais) – literalmente é isto, escrever – vai traçando na página as trajetórias que desenham palavras, frases e, enfim, um sistema. Noutras palavras, na página em branco, uma prática itinerante, progressiva e regulamentada – uma caminhada – compõe o artefato de um outro "mundo", agora não recebido, mas fabricado. O modelo de uma razão produtora escreve-se sobre o não lugar da folha de papel. Sob formas múltiplas, este texto construído num espaço próprio é a utopia fundamental e generalizada do Ocidente moderno.

Um terceiro elemento: esta construção não é apenas um jogo. Sem dúvida, em toda sociedade, o jogo é um teatro onde se representa a formalidade das práticas, mas tem como condição de possibilidade o fato de ser distinto das práticas sociais efetivas. Pelo contrário, o jogo escriturístico, produção de um sistema, espaço de formalização, tem como "sentido" remeter à realidade de que se distinguiu *em vista de mudá-la*. Tem como alvo uma eficácia social. Atua sobre a sua exterioridade. O laboratório da escritura tem como função "estratégica": ou fazer que uma informação recebida da tradição ou de fora se encontre aí coligida, classificada, imbricada num sistema e, assim, transformada; ou fazer que as regras e os modelos elaborados neste lugar excepcional permitam agir sobre o meio e transformá-lo. A ilha da página é um local de passagem onde se opera uma inversão industrial: o que entra nela é um "recebido", e o que sai dela é um "produto". As coisas que entram na página são sinais de uma "passividade" do sujeito em face de uma tradição; aquelas que saem dela são as marcas do seu poder de fabricar objetos. No final das contas, a empresa escriturística transforma ou conserva dentro de si aquilo que recebe do seu meio circunstancial e cria dentro de si os instrumentos de uma apropriação do espaço exterior.

Ela estoca aquilo que vai selecionando e se dá os meios de uma expansão. Combinando o poder de *acumular* o passado e o de *conformar* a seus modelos a alteridade do universo, é capitalista e conquistadora. O laboratório científico e a indústria (que é, com razão, definida por Marx como "o livro" da "ciência")[4] obedecem ao mesmo esquema. A cidade moderna também: é um espaço circunscrito onde se realizam a vontade de coligir-estocar uma população exterior e a de conformar o campo a modelos urbanos.

A própria revolução, esta ideia "moderna", representa o projeto escriturístico no nível de uma sociedade inteira que tem a ambição de *se constituir* em página em branco com relação ao passado, de se escrever a si mesma (isto é, produzir-se como sistema próprio) e de *refazer a história* pelo modelo daquilo que fabrica (será o "progresso"). Será apenas necessário que esta ambição multiplique a operação escriturística nos campos econômicos, administrativos ou políticos, para que se realize o projeto. Hoje, por uma inversão que indica a ultrapassagem de um limiar nesse desenvolvimento, o sistema escriturístico anda automovelmente; ele se torna auto-móvel e tecnocrático; muda os sujeitos que tinham o seu domínio em executores da máquina de escrever que os comanda e utiliza. Sociedade informática.

Portanto, com toda a razão, nos últimos três séculos aprender a escrever define a iniciação por excelência em uma sociedade capitalista e conquistadora. É a sua *prática* iniciática fundamental. Foi preciso sentir os efeitos inquietantes de um tão prodigioso avanço para que suspeitássemos ser a formação da criança moderna uma prática escriturística.

Dessa prática escriturante vou levar em conta apenas um exemplo, por seu valor mítico. É um dos raros mitos que a sociedade ocidental moderna foi capaz de inventar (com efeito, ela substituiu por práticas os mitos das sociedades tradicionais): o *Robinson Crusoé* de Daniel Defoe. O romance combina os três elementos que eu distinguia: a ilha que demarca um lugar próprio, a produção de um sistema de objetos por um sujeito senhor, e a transformação de um mundo "natural". É o romance da escritura. Aliás, em Defoe, o despertar de Robinson para o trabalho capitalista e conquistador de escrever a sua ilha se inaugura com a decisão de escrever o diário, de garantir-se assim um espaço de domínio sobre o tempo e sobre as coisas, e de constituir-se assim, com a página em branco, uma primeira ilha para aí produzir o seu querer. Não é de se admirar então que desde Rousseau, que queria apenas este livro para seu Emílio, Robinson tenha sido ao mesmo tempo a personagem recomendada aos educadores "modernos" de futuros técnicos sem voz e o sonho das crianças que desejam criar um mundo sem pai.

Analisando esse *escrever*, prática mítica moderna, não quero negar em absoluto aquilo que todos nós lhe devemos, particularmente nós, mais ou menos funcionários, portanto, crianças, profissionais e beneficiários da escritura numa sociedade que nela vai haurir sua força. Gostaria até de destacar ainda dois dos seus aspectos que precisarão o alcance dessa força. Relacionam-se com o meu tema, pois dizem respeito à relação que a escritura tem com a perda de uma Palavra identificadora e, de outro lado, a um novo tratamento da língua pelo sujeito locutor.

Não se poderia superestimar a relação fundamental do Ocidente com aquela que foi durante muitos séculos a Escritura por excelência, a Bíblia. Simplificando a história (vou construir um artefato, sabendo que um modelo não se avalia por suas provas, mas pelos efeitos que produz na interpretação), pode-se dizer que antes do período "moderno", portanto até os séculos XVI-XVII, essa Escritura fala. O texto sagrado é uma voz, ensina (primeiro sentido de *documentum*), é a chegada de um "*querer dizer*" do Deus que espera do leitor (de fato, o ouvinte) um "querer-ouvir" do qual depende o acesso à verdade. Ora, por razões analisadas em outra instância, a "modernidade" se forma descobrindo aos poucos que essa Palavra não se ouve mais, que ela foi alterada nas corrupções do texto e nos avatares da história. Não se pode ouvi-la. A "verdade" não depende mais da atenção de um destinatário que se assimila com uma grandiosa mensagem identificatória. Será o resultado de um trabalho – histórico, crítico, econômico. Depende de um *querer-fazer*. A voz hoje alterada ou extinta é em primeiro lugar esta grandiosa Palavra cosmológica, que se percebe não vir mais: ela não atravessa a distância das eras. Desapareceram os lugares fundados por uma palavra, perderam-se as identidades que se julgava que elas recebiam de uma palavra. É preciso guardar o luto. Agora, a identidade depende de uma produção, de uma iniciativa interminável (ou do desapego e do corte) que essa perda torna necessárias. Mede-se o ser pelo fazer.

A escritura, com isso, fica progressivamente abalada. Outra escritura vai aos poucos se impondo sob formas científicas, eruditas ou políticas: ela não é mais o que fala, mas o que se fabrica. Ligada ainda àquilo que desaparece, endividada em face daquilo que se afasta como um passado, mas é sempre uma origem, esta nova escritura deve ser uma prática, a produção indefinida de uma identidade mantida apenas por um fazer, uma empreitada sempre relativa ao que de outro se oferece a seu avanço, na medida em que a voz própria de uma cultura cristã se lhe torna o outro e onde a presença que lhe era dada no significante (é a própria definição da voz) se muda em passado. A conquista capitalista escriturística se articula nesta perda e no gigantesco esforço das sociedades "modernas" para se redefinirem sem essa voz. A tarefa revolucionária é apenas um dos seus efeitos principais. Ela é indissociável da mensagem que, até então, significara sempre para as outras civilizações o seu fim (nenhuma delas sobrevivera à morte dos seus deuses): "Nossos deuses não falam mais – Deus está morto!"

Ao mesmo tempo em que a escritura se modificava, transformou-se também a relação com a linguagem. Uma não vai sem a outra, mas deve-se sublinhar igualmente este segundo aspecto, para perceber depois a forma sob a qual a palavra, hoje, retorna. Outro apanhado histórico pode sugeri-lo. A virada da modernidade se caracteriza em primeiro lugar, no século XVII, pela desvalorização do enunciado e pela concentração sobre o ato de enunciar, a enunciação. Quando se tinha certeza quanto ao locutor ("Deus fala no mundo"), a atenção se voltava para o ato de decodificar os seus enunciados, os "mistérios" do mundo. Mas quando essa certeza fica perturbada com as instituições políticas e religiosas que lhe davam garantia, pergunta-se pela possibilidade de achar substitutos para o único locutor: Quem falará? E a quem? Com o desaparecimento do Primeiro Locutor surge o problema da comunicação, ou seja, de uma linguagem que se deve *fazer* e não mais somente *ouvir*. No oceano da linguagem progressivamente disseminado, mundo sem margens e sem âncoras (é duvidoso, e logo improvável, que um Único sujeito se aproprie dele para fazê-lo falar), cada discurso particular atesta a ausência do lugar que, no passado, era atribuído ao indivíduo pela organização de um cosmos e, portanto, a necessidade de cortar para si um lugar por uma maneira própria de tratar um departamento da língua. Noutros termos, pelo fato de perder seu lugar, o indivíduo nasce como *sujeito*. O lugar que lhe era outrora fixado por uma língua cosmológica, ouvida como "vocação" e colocação numa ordem do mundo, torna-se agora um "nada", uma espécie de vácuo, que obriga o sujeito a apoderar-se de um espaço, colocar-se a si mesmo como um produtor de escritura.

Devido a esse isolamento do sujeito, a linguagem se objetiva, tornando-se um campo que se deve lavrar e não mais decifrar, uma natureza desordenada que se há de cultivar. A ideologia dominante se muda em técnica, tendo por programa essencial *fazer* uma linguagem e não mais *lê-la*. A própria linguagem deve ser agora fabricada, "escrita". Construir uma ciência e construir uma língua é, para Condillac, o mesmo trabalho, bem como estabelecer a revolução é, para os homens de 1790, forjar e impor um francês nacional[5]. Isso implica um afastamento do corpo vivido (tradicional e individual) e, portanto, também de tudo aquilo que, no povo, continua ligado à terra, ao lugar, à oralidade ou às tarefas não verbais. O domínio da linguagem garante e isola um novo poder, "burguês", o poder de fazer a história fabricando linguagens. Este poder, essencialmente escriturístico, não contesta apenas o privilégio do "nascimento", ou seja, da nobreza: ele define o código da promoção socioeconômica e domina, controla ou seleciona segundo suas normas todos aqueles que não possuem esse domínio da linguagem. A escritura se torna um princípio de hierarquização social que privilegia, ontem o burguês, hoje o tecnocrata. Ela funciona como a lei de uma educação organizada pela classe dominante que pode fazer da linguagem (retórica ou matemática) o seu instrumento de produção. Ainda aqui Robinson esclarece uma situação: o sujeito da escritura é o senhor, e o trabalhador que usa outra ferramenta, além da linguagem: será Sexta-Feira.

Inscrições da lei no corpo

Esta mutação histórica não transforma toda a organização que estrutura uma sociedade pela escritura. Inaugura um outro modo de usá-la. Um novo modo de usar a linguagem. Um funcionamento diferente. Deve-se pois relacionar a sua instauração com o trabalho, quase imemorial, que se esforça por colocar o corpo (social e/ou individual) sob a lei de uma escritura. Esse trabalho precedeu a figura histórica assumida pela escritura na modernidade. E lhe sobreviverá. Ele se imbrica nela e a determina como uma arqueologia contínua à qual não sabemos mais que nome nem que estatuto dar. Aquilo que aí se joga diz respeito à relação do direito com o corpo – corpo, ele mesmo, definido, circunscrito, articulado pelo que o escreve.

Não há direito que não se escreva sobre corpos. Ele domina o corpo. A própria ideia de um indivíduo isolável do grupo se instaurou com a necessidade, sentida pela justiça penal, de corpos que devem ser marcados por um castigo e, pelo direito matrimonial, de corpos que se devem marcar com um preço nas transações entre coletividades. Do nascimento ao luto, o direito se "apodera" dos corpos para fazê-los seu texto. Mediante toda sorte de iniciações (ritual, escolar etc.), ele os transforma em tábuas da lei, em quadros vivos das regras e dos costumes, em atores do teatro organizado por uma ordem social. E até para Kant e Hegel, não há direito sem pena de morte, ou seja, sem que, em casos extremos, o corpo assinale por sua destruição o absoluto da letra e da norma. Afirmação discutível. Seja como for, sempre é verdade que a lei se escreve sobre os corpos. Ela se grava nos pergaminhos feitos com a pele dos seus súditos. Ela os articula em um corpo jurídico. Com eles faz o seu livro. Essas escrituras efetuam duas operações complementares: graças a elas, os seres vivos são "postos num texto", transformados em significantes das regras (é uma contextualização) e, por outro lado, a razão ou o *Logos* de uma sociedade "se faz carne" (trata-se de uma encarnação).

Há toda uma tradição para contá-lo: a pele do empregado é o pergaminho onde a mão do patrão escreve. Assim fala Dromio, o escravo, a seu senhor Antífolo de Éfeso em *The Comedy of Errors*: "*If the skin were parchment and the blows you gave were ink...*"[6] Shakespeare indicava deste modo o lugar primordial da escritura e a relação de domínio que a lei mantém com o seu súdito pelo gesto de "lhe fazer a pele". Todo poder, inclusive o do direito, se traça primeiramente em cima das costas de seus sujeitos. O saber faz o mesmo. Assim a ciência etnológica ocidental se escreve no espaço que o corpo do outro lhe oferece. Poder-se-ia, portanto, supor que os pergaminhos e os papéis são colocados no lugar de nossa pele e que, substituindo-a durante os períodos felizes, formam em torno dela uma vala protetora. Os livros são apenas as metáforas do corpo. Mas, nos tempos de crise, o papel não basta para a lei, e ela se escreve de novo nos corpos. O texto impresso remete a tudo aquilo que se imprime sobre o nosso corpo, marca-o (com ferro em brasa) com o Nome e com a Lei, altera-o, enfim, com dor e/ou prazer para fazer dele um símbolo do Outro, um *dito*, um *chamado*, um *nomeado*. A cena livresca representa a experiência, tanto social como amorosa, de ser o escrito daquilo que não se pode identificar: "Meu corpo será apenas o texto que tu escreves sobre ele, significante indecifrável para qualquer outro que não tu. Mas o que és tu, Lei, que mudas o corpo em teu sinal?" O sofrimento de ser escrito pela lei do grupo vem estranhamente acompanhado por um prazer, o de ser reconhecido (mas não se sabe por quem), de se tornar uma palavra identificável e legível numa língua social, de ser mudado em fragmento de um texto anônimo, de ser inscrito numa simbólica sem dono e sem autor. Cada impresso repete essa ambivalente experiência do corpo escrito pela lei do outro. Conforme os casos, ele é a sua metáfora longínqua e gasta que não atua mais na escritura encarnada, ou então é a sua memória viva quando a leitura toca no corpo as cicatrizes do texto desconhecido que aí se acha impresso há muito tempo[7].

Para que a lei se escreva sobre os corpos, deve haver um aparelho que mediatize a relação de uma com os outros. Desde os instrumentos de escarificação, de tatuagem e da iniciação primitiva até aos instrumentos da justiça, existem instrumentos para trabalhar o corpo. Ontem, o punhal de sílex ou a agulha. Hoje, a aparelhagem que vai desde o cassetete do policial até às algemas e ao box do acusado. Esses instrumentos compõem uma série de objetos destinados a gravar a força da lei sobre o seu súdito, tatuá-lo para fazer dele uma demonstração da regra, produzir uma "cópia" que torne a norma legível. Essa série forma um ponto intermediário: ela debrua o direito (ela o arma) e visa a carne (para marcá-la). Fronteira ofensiva, ela organiza o espaço social: separa o texto e o corpo, mas também os articula, permitindo os gestos que farão da "ficção" textual o modelo reproduzido e realizado pelo corpo.

Essa panóplia de instrumentos para escrever pode ser isolada. É posta em reserva nos depósitos ou nos museus. Pode ser colecionada, antes ou depois do uso. Fica lá, à espera ou como resíduo. Essas coisas duras são utilizáveis em corpos que estão ainda longe, desconhecidos, e podem ser usadas novamente a serviço de outras leis, diferentes daquelas que permitiram a sua "aplicação". Esses objetos feitos para apertar, endireitar, cortar, abrir ou encerrar corpos se expõem em vitrinas fantásticas: ferros ou aços brilhantes, madeiras compactas, cifras sólidas e abstratas alinhadas como caracteres de imprensa, instrumentos curvos ou direitos, envolventes ou contundentes, que esboçam os movimentos de uma justiça suspensa e moldam já partes de corpos que se hão de marcar, mas ainda estão ausentes. Entre as leis que mudam e seres vivos que vão passando, as galerias desses instrumentos estáveis pontuam o espaço, formam redes de nervuras, remetendo de um lado ao corpo simbólico e, do outro, aos seres de carne e osso. Por mais disseminada que seja (como os ossos de um esqueleto), essa panóplia desenha em pontos fixos as relações entre regras e corpos igualmente móveis. Em peças destacadas, eis a máquina de escrever da Lei – o sistema mecânico de uma articulação social.

De um corpo ao outro

Essa maquinaria transforma os corpos individuais em corpo social. Ela faz esses corpos produzirem o texto de uma lei. Uma outra maquinaria vem somar-se a esta: paralela à primeira, mas de tipo médico ou cirúrgico, e não mais jurídico. Ela serve uma "terapêutica" individual e não coletiva. O corpo que ela trata se distingue do grupo. Depois de ter sido durante muito tempo apenas um "membro" – braço, perna ou cabeça – da unidade social, ou lugar de cruzamento de forças ou "espíritos" cósmicos, foi lentamente se destacando como uma totalidade com suas enfermidades, seus equilíbrios, desvios e anormalidades *próprios*. Foi necessária uma longa história, dos séculos XV ao XVIII, para que esse corpo individual fosse "isolado", da mesma maneira como se "isola" um corpo em química ou em microfísica: para que então se tornasse a unidade básica de uma sociedade, após um tempo de transição onde aparecia como uma miniaturização da ordem política ou celeste – um "microcosmo"[8]. Ocorre uma mudança dos postulados socioculturais, quando a unidade de referência progressivamente deixa de ser o corpo social para tornar-se o corpo individual, e quando o reino de uma política *jurídica* começa a ser sucedido pelo reino de uma política *médica*, da representação, da gestão e do bem-estar dos indivíduos.

O corte individualista e médico circunscreve um espaço "corporal" *próprio* onde se deve poder analisar uma combinatória de elementos e as leis de seus intercâmbios. Dos séculos XVII ao XVIII, a ideia de uma física dos corpos em movimento neste corpo habita a medicina[9], antes que esse modelo científico seja substituído, no século XIX, pela referência termodinâmica e química. Sonho de uma mecânica de elementos distintos, cuja força é transmitida por pulsões, pressões, modificações de equilíbrios e manobras de todo o tipo. O trabalho do corpo: uma complexa maquinaria de bombas, de tubos, de filtros, de alavancas, onde circulam licores e há órgãos que se correspondem[10]. A identificação das peças e de seus jogos permite que sejam substituídos por elementos artificiais aqueles que se deterioram ou apresentam algum defeito, e até construir corpos autômatos. O corpo se repara. Educa-se. Até mesmo se fabrica. A panóplia dos instrumentos ortopédicos e dos instrumentos para intervenção prolifera, portanto, à medida que, daqui em diante, o homem se torna capaz de decompor e reparar, cortar, substituir, tirar, acrescentar, corrigir ou endireitar. A rede desses instrumentos se complexifica e se estende. Até hoje está funcionando, apesar da passagem para uma medicina química e para modelos cibernéticos. Milhares de lâminas afiadas e sutis se ajustam às infinitas possibilidades que lhes oferece a mecanização do corpo.

Mas a sua proliferação por acaso modificou o seu funcionamento? Mudando de serviço, passando da "aplicação" do direito à de uma medicina cirúrgica e ortopédica, o aparelho dos instrumentos mantém a função de marcar ou conformar os corpos em nome de uma lei. Se o *corpus textual* (científico, ideológico e mitológico) se transforma, se os corpos se tornam sempre mais autônomos em face do cosmos e assumem a figura de montagens mecânicas, a tarefa de articular o primeiro com os outros continua de pé, sem dúvida exorbitada pela multiplicação das intervenções possíveis, mas sempre definida pela escritura de um texto sobre os corpos pela encarnação de um saber. Estabilidade da instrumentação. Estranha inércia funcional desses instrumentos, no entanto sempre ativos para cortar, apertar, modelar as carnes interminavelmente oferecidas a uma criação destinada a fazê-los corpos em uma sociedade.

Uma necessidade (destino?) parece indicada por esses objetos de aço e níquel: aquela que introduz a lei na carne pelo aço e que não autoriza ou não reconhece como corpos, numa cultura, a não ser as carnes escritas pelo instrumento. Mesmo quando a ideologia médica se inverte lentamente, no início do século XIX, quando, de modo geral, uma terapêutica de extrações (o mal é um excesso – algo a mais ou algo demasiado – que se deve arrancar do corpo pela sangria, a purga etc.) é substituída por uma terapêutica de acréscimos (o mal é uma falta, um déficit, que se deve suprir por drogas, apoios etc.), a aparelhagem da *utensilidade* continua exercendo o seu papel de escrever sobre o novo texto do saber social em vez do antigo, assim como a grade de ferro da *Colônia penal* é sempre idêntica, mesmo que se possa trocar o papel normativo que ela grava sobre o corpo do supliciado.

Sem dúvida, a máquina mítica de Kafka assume, no decorrer dos tempos, formas menos violentas – e talvez menos capazes de provocar o último clarão de prazer que a testemunha da *Colônia* percebia no olhar dos moribundos feridos pela escritura do Outro. Ao menos a análise do sistema permite detectar as variantes e os regimes da máquina que faz dos corpos a gravura de um texto, e interrogar-se sobre o olho ao qual se destina esta escritura ilegível em seus suportes.

Aparelhos de encarnação

Do movimento que, no século XVII, deportou os Reformadores puritanos, bem como os juristas, para o saber de médicos justamente denominados *Physicians*[11] depreende-se uma grande ambição: consiste em refazer a história a partir de um texto. Que as Escrituras forneçam, no seio de uma sociedade corrompida e de uma Igreja em decadência, o modelo para se re-formar tanto uma como a outra, eis o mito da Reforma. Volta às origens, não apenas às origens do Ocidente cristão, mas à do universo, para uma gênese que dá corpo ao *Logos* e o encarna de maneira que de novo, mas diferentemente, ele "se faça carne". As variantes desse mito se encontram por toda a parte, nesse tempo de Renascença, com a convicção, ora utópica, ora filosófica ou científica, política ou religiosa, que existe uma Razão capaz de instaurar ou restaurar um mundo, e que não se trata mais de ler os segredos de uma ordem ou de um autor escondido, mas de *produzir* uma ordem para *escrevê-la* no corpo de uma sociedade selvagem ou depravada. A escritura adquire um direito sobre a história, em vista de corrigi-la, domesticá-la ou educá-la[12]. Ela se torna poder nas mãos de uma "burguesia" que coloca a instrumentalidade da letra no lugar do privilégio do nascimento, ligado à hipótese de que o mundo dado é razão. Faz-se ciência e política, com a certeza, logo transformada em postulado "esclarecido" ou revolucionário, de que a teoria deve transformar a natureza inscrevendo-se nela. Ela se faz violência, cortando e arrancando na irracionalidade de povos supersticiosos ou de regiões enfeitiçadas.

A imprensa representa essa articulação do texto no corpo mediante a escritura. A ordem pensada – o texto concebido – se produz em corpos – os livros – que a repetem, formando calçamentos e caminhos, redes de racionalidade através da incoerência do universo. O processo vai se multiplicar. Ele é ainda apenas a metáfora das técnicas, melhor taylorizadas, que transformarão os próprios seres vivos em impressos da ordem. Mas a ideia fundamental já se acha presente neste logos que se faz livros e nesses livros que, como imagina o Século das Luzes, irão refazer a história. E essa ideia poderia ter também como símbolo as "constituições" que se vão multiplicando, do século XVIII ao XIX: dão ao texto o estatuto de ser "aplicável" sobre os corpos públicos ou privados, de defini-los e encontrar assim a sua efetividade.

Essa grande paixão mítica e reformadora funciona a partir de três termos que a caracterizam: de uma parte, um modelo ou "ficção", isto é, um *texto*; de outra parte, os instrumentos de sua aplicação ou de sua escritura, isto é, *instrumentos*; enfim, o material que é ao mesmo tempo suporte e encarnação do modelo, isto é, uma natureza, essencialmente uma *carne* que a escritura transforma em *corpo*. Por meio de instrumentos, conformar um corpo àquilo que lhe define um discurso social, tal é o movimento. Parte de uma ideia normativa veiculada por um código de intercâmbios econômicos ou pelas variantes dela, apresentadas nos relatos do legendário comum e nas criações do saber. No começo, há uma ficção determinada por um sistema "simbólico" que tem força de lei, portanto uma representação (um teatro) ou uma fábula (ou um "dito") do corpo. Isto é, um corpo colocado como o significante (o termo) de um *contrato*. Essa imagem discursiva deve informar um "real" *desconhecido*, outrora designado como "carne". Da ficção ao desconhecido que lhe dará corpo, a passagem se efetua por instrumentos que se multiplicam e diversificam pelas resistências imprevisíveis do corpo a (con)formar. Torna-se necessária uma fragmentação indefinida da aparelhagem para ajustar e aplicar cada um desses ditos e/ou saberes do corpo, modelos unificadores, à opaca realidade carnal cuja complexa organização se revela no decorrer das intervenções resistindo-lhe. Entre o instrumento e a carne, existe portanto um jogo que se traduz de um lado por uma mudança na ficção (uma correção do saber) e, do outro, pelo grito, dor inarticulável, impensado da diferença corporal.

Produtos de um artesanato, e mais tarde de uma indústria, os instrumentos se propagam em torno das imagens que servem e que são os centros vazios, os puros significantes da comunicação social, "nadas" – e representam, em bruto, os saberes astuciosos, as sinuosidades cortantes, as astúcias perfuradoras, os giros incisores que são necessários e produzidos para a penetração no corpo labiríntico. Deste modo, tornam-se o vocabulário metálico dos conhecimentos que trazem dessas viagens. São os números de um saber experimental conquistado pela dor dos corpos que se vão transformando em gravuras e mapas dessas conquistas. De todos esses instrumentos, heróis imputrescíveis, as carnes dilaceradas ou aumentadas, decompostas ou recompostas, narram as façanhas. Para o tempo de uma vida ou de uma moda, elas ilustram as ações do instrumento. São os seus relatos humanos, ambulantes e passageiros.

Mas os aparelhos têm valor instrumental se, e somente se, uma "natureza" supostamente exterior ao modelo, se uma "matéria" se distingue das operações informadoras e reformadoras. Torna-se necessário um exterior a essa escritura. Não se dando uma separação entre o texto a gravar e o corpo que o historiciza, o sistema deixa de funcionar. Ora, são os instrumentos que colocam essa diferença. Marcam a cesura sem a qual tudo se torna escritura dispersa, combinatória indefinida de ficções e simulacros ou então, ao contrário, um *continuum* de forças naturais, de pulsões libidinais e de fluxos instintuais. Operadores da escritura, os instrumentos são igualmente seus defensores. Protegem o privilégio que a circunscreve e a distingue do corpo a educar. As suas redes mantêm, face à instância textual de que são os executantes, um referencial ontológico – ou um "real" – que informam. Mas essa barreira se esboroa aos pouquinhos. Os instrumentos cedem aos poucos, perdendo importância e espaço, tornando-se quase anacrônicos na ordem contemporânea onde a escritura e a maquinaria, finalmente confundidas, se tornam, elas mesmas, as modalizações aleatórias das matrizes programáticas demarcadas por um código genético[13], e onde, de realidade "carnal", ontem submetida à escritura, não resta quem sabe senão o grito – de dor ou de prazer – voz incongruente na indefinida combinatória de simulações.

De fato, ao perder a sua capacidade (mítica) de organizar o pensável, o sistema ternário do texto, do instrumento e do corpo fica na clandestinidade. Sobrevive, embora ilícito ao olhar de uma cientificidade cibernética. Parcelar e fragmentário, ele se empilha sobre muitos outros. Configurações epistemológicas jamais são substituídas pelo aparecimento de ordens novas; elas se estratificam para formar o tufo de um presente. Do sistema do instrumento sempre se encontram relíquias e bolsas, assim como esses meios-soldos que, depois de terem simbolizado um regime e uma *conquista* imperial, ainda continuam constituindo redes e núcleos através da França da Restauração. Os instrumentos assumem ares *folk*. Nem por isso deixam de compor os meios-soldos deixados pelo falecido império da mecânica. Essas populações de instrumentos oscilam entre o estatuto de ruínas memoráveis e uma intensa atividade cotidiana. Formam uma classe intermediária de objetos já aposentados (é o museu) e ainda trabalhando (sua operatividade em uma grande multiplicidade de empregos secundários)[14]. Desse trabalho de formigueiro, existem mil terrenos, desde os banheiros até os laboratórios mais ricos, desde os salões de beleza até as salas de operação. Filhos de uma outra época, eles pululam no entanto no seio da nossa, *gadgets* ou bisturis informadores de corpos.

A maquinaria da representação

Duas operações principais caracterizam as suas intervenções. Uma visa em primeiro lugar *tirar* do corpo um elemento demais, enfermo ou inestético, ou então *acrescentar* ao corpo o que lhe falta. Os instrumentos se distinguem assim conforme a ação que efetuam: cortar, arrancar, extrair, tirar etc. ou inserir, colocar, colar, cobrir, reunir, coser, articular etc. – sem falar daqueles que substituem órgãos que faltam ou se deterioraram válvulas e reguladores cardíacos, próteses de articulações, pinos implantados no fêmur, íris artificiais, substitutos de ossos etc.

Do lado de fora ou de dentro, corrigem um excesso ou um déficit, mas em relação a quê? Como acontece no caso de depilar uma perna ou pintar cílios, de cortar ou implantar cabelos, essa atividade de extração ou de acréscimo remete a um *código*. Mantém os corpos submetidos a uma norma. Deste ponto de vista, até as roupas podem passar por instrumentos, graças aos quais uma lei social se assegura dos corpos e de seus membros, regula-os e os exerce por mudanças de moda como em manobras militares. O automóvel, como um espartilho, também os molda e os conforma a um modelo postural. É um instrumento ortopédico e ortopráxico. Os alimentos selecionados por tradições e vendidos nos mercados de uma sociedade modelam igualmente os corpos mediante a nutrição; impõem-lhes uma forma e um tônus que têm valor de uma carteira de identidade. Os óculos, o cigarro, os sapatos etc. refazem, à sua maneira, o "retrato" físico... Onde se acha o limite da maquinaria pela qual uma sociedade se representa por gente viva e dela faz as suas representações? Onde é que para o aparelho disciplinar[15] que desloca e corrige, acrescenta ou tira nesses corpos, maleáveis sob a instrumentação de um sem-número de leis? Na verdade, eles só se tornam corpos graças à sua conformação a esses códigos. Pois onde é que há, e quando, algo do corpo que não seja escrito, refeito, cultivado, identificado pelos instrumentos de uma simbólica social? Talvez, na fronteira extrema dessas escrituras incansáveis, ou furando-as com lapsos, exista somente o grito: ele escapa, escapa-lhes. Do primeiro grito até o último, alguma coisa de outro irrompe com ele, que seria sua diferença em face do corpo, uma diferença ora *in-fans* e mal-educada, intolerável na criança, a pessoa possessa, o louco ou o doente – uma falta de "compostura", como os berros do bebê em *Jeanne Dielman* ou o grito do vice-cônsul na *India Song*.*

Esta primeira operação de retirar ou acrescentar algo não é senão o corolário de outra, mais geral, que consiste em *fazer os corpos dizerem o código*. Como se viu, esse trabalho "realiza" uma língua social (no sentido inglês do termo), dá-lhe efetividade. Tarefa imensa de "maquinar" os corpos para que soletrem uma ordem[16]. A economia liberal não é menos eficaz que o totalitarismo para efetuar essa articulação da lei pelos corpos. Ela procede apenas segundo outros métodos. Em vez de esmagar os grupos para marcá-los com o ferro único de um só poder, atomiza-os inicialmente e depois multiplica as redes estreitas dos intercâmbios que conformam unidades individuais às regras (ou às "modas") dos contratos socioeconômicos e culturais. Tanto neste como naquele caso, pode-se perguntar por que isso funciona. Que desejo ou que necessidade nos leva assim a fazer de nossos corpos os emblemas de uma lei identificadora? As hipóteses que tentam responder a essa pergunta mostram de outro modo a força dos laços que os instrumentos estabelecem entre nossas "naturezas" infantis e as discursividades sociais.

Uma *credibilidade* do discurso é em primeiro lugar aquilo que faz os crentes se moverem. Ela produz praticantes. Fazer crer é fazer fazer. Mas por curiosa circularidade a capacidade de fazer se mover – de escrever e maquinar os corpos – é precisamente o que faz crer. Como a lei é já aplicada com e sobre corpos, "encarnados" em práticas físicas, ela pode com isso ganhar credibilidade e fazer crer que está falando em nome do "real". Ela ganha fiabilidade ao dizer: "Este texto vos é ditado pela própria Realidade". Acredita-se então naquilo que se supõe real, mas este "real" é atribuído ao discurso por uma crença que lhe dá um corpo sobre o qual recai o peso da lei. A lei deve sem cessar "avançar" sobre o corpo, um capital de encarnação, para assim se fazer crer e praticar. Ela se inscreve, portanto, graças ao que dela já se acha inscrito: são as testemunhas, os mártires ou exemplos que a tornam digna de crédito para outros. Assim se impõe ao súdito da lei: "Os antigos a praticaram", ou "outros assim acreditaram e fizeram", ou ainda: "Tu mesmo, tu levas já no teu corpo a minha assinatura".

Noutras palavras, o *discurso* normativo só "anda" se já se houver tornado um *relato*, um texto articulado em cima do real e falando em seu nome, isto é, uma lei historiada e historicizada, narrada por corpos. Sua fixação em um relato é o dado pressuposto para que produza ainda relato fazendo-se acreditar. E o instrumento assegura precisamente a passagem do discurso ao relato por intervenções que encarnam a lei em lhe conformando corpos, e lhe valem assim o crédito de ser relatada pelo próprio real. Da iniciação à tortura, toda ortodoxia social se utiliza de instrumentos para atribuir-se a forma de uma história e produzir a credibilidade ligada a um discurso articulado por corpos. Uma outra dinâmica completa a primeira e nela se imbrica, aquela que leva os vivos a tornar-se sinais, a encontrar num discurso o meio de transformar-se em uma unidade de sentido, em uma identidade. Desta carne opaca e dispersa, desta vida exorbitante e confusa, passar enfim à limpidez de uma *palavra*, tornar-se um fragmento da linguagem, um só nome, legível por outros, citável: esta paixão habita o asceta armado de instrumentos para combater a própria carne, ou o filósofo que faz a mesma coisa com a linguagem, "até perder o corpo", como dizia Hegel. Mas seja lá quem for a sua testemunha, com fome de ter ou ser enfim um nome, de ser chamado, de se metamorfosear em um *dito*, ao preço até da vida. Esta intextuação do corpo responde à encarnação da lei; serve-lhe de apoio, parece até que a fundamenta, em todo o caso lhe serve. Pois a lei joga com o corpo: "Dá-me o teu corpo e eu te darei sentido, dou-te um nome e te faço uma palavra de meu discurso". As duas problemáticas se apoiam, e talvez a lei não tivesse poder algum se não se apoiasse no obscuro desejo de trocar a carne por um corpo glorioso, de ser escrito, ainda que mortalmente, e mudado em uma palavra reconhecida. Aqui ainda, a esta paixão de ser um sinal somente se opõe ao grito, o desvio ou êxtase, revolta ou fuga daquilo que do corpo escapa à lei do nomeado.

Talvez toda experiência, que não é grito de prazer ou de dor, seja coligida pela instituição. Toda experiência que não é deslocada ou desfeita por esse êxtase é captada pelo "amor do censor"[17], coligida e utilizada pelo discurso da lei. Ela é canalizada e instrumentada. É escrita pelo sistema social. Por isso, seria necessário procurar, do lado dos gritos, aquilo que não é "refeito" pela ordem da instrumentalidade escriturística.

As "máquinas celibatárias"

À inauguração de uma nova prática escriturística, marcada no céu do século XVIII pela insularidade laboriosa de Robinson Crusoé, pode-se então comparar a sua generalização assim como é representada pelas máquinas fantásticas cujas figuras vão aparecer, por volta dos anos de 1910-1914, nas obras de Alfred Jarry (*O supermacho*, 1902; *O Doutor Faustroll*, 1911), Raymond Roussel (*Impressões da África*, 1910; *Locus Solus*, 1914), Marcel Duchamp (*Le Grand Verre: A noiva despida por seus celibatários, mesmo*, 1911-1925), Franz Kafka (*A Colônia Penal*, 1914) etc.:[18] mitos que falam do encerramento nas operações de uma escritura que se maquina indefinidamente e não encontra nunca a não ser a si mesma. Só há saídas em ficções, janelas pintadas, espelhos de vidro. Só há brechas e rompimentos escritos. São comédias de desnudamentos e torturas, relatos "autômatos" de desfolhamentos de sentidos, estragos teatrais de rostos decompostos. Essas produções têm um ar fantástico, não pela indecisão de um real que mostrariam nas fronteiras da linguagem, *mas pela relação entre os dispositivos produtores de simulacros e a ausência de outra coisa*. Essas ficções romanescas ou icônicas narram que não existe, para a escritura, nem entrada nem saída, mas somente o interminável jogo de suas fabricações. O mito diz o não lugar do acontecimento ou um acontecimento que não tem lugar – se todo acontecimento é uma entrada ou uma saída. A máquina produtora de linguagem é lavada

---

* Filmes da autoria, respectivamente, de Chantal Akerman e Marguerite Duras (L.G.).

da história, limpa das obscenidades de um real, absoluta e sem relação com o outro "celibatário".

É uma "ficção teórica", tomando o termo de empréstimo de Freud que, já em 1900, esboçava uma espécie de máquina celibatária, fabricadora de sonhos – avançando de dia e, de noite, recuando[19]. Ela se escreve numa língua sem terra e sem corpo, com todo o repertório de um exílio fatal ou de um êxodo impossível. A máquina solitária faz funcionar o Eros do morto, mas esse ritual de luto (não há outro) é uma comédia no túmulo do(a) ausente. Não existe morte no campo das operações gráficas e linguísticas. O "suplício" da separação ou do assassínio do corpo continua sendo literário. Ferindo, torturando, matando, desenrola-se no interior da página. O celibato é escriturístico. As personagens transformadas em cilindros, tímpanos, devastações e molas reunidos e pintados no "vidro" onde a sua representação em perspectiva se mistura com os objetos situados por trás (o vidro é uma janela) e à frente (o vidro é um espelho) não representam somente, no *painting-glass-mirror* que é *A noiva despida* de Duchamp instalada na biblioteca da casa de campo de Miss Dreier[20], a disseminação do tema da pintura, mas o logro da comunicação que é prometida pela transparência do vidro. Tragicomédia da linguagem: ser uma mistura de efeitos óticos, pois esses elementos não são coerentes nem unidos. O olhar casual dos espectadores os associa, mas não os articula. "*Despida*" por uma defecção mecanicamente organizada, *a noiva* jamais se casa com um real ou com um sentido.

Certamente, apenas uma erótica, desejo do outro ausente, é capaz de fazer andar o aparelho produtor, mas ela visa a algo que jamais estará *lá* e que torna obsessivo o olhar do espectador apreendido por seu Duplo que se agita no meio das coisas oferecidas/recusadas no espelho de vidro. O espectador aí se vê disperso no meio do inapreensível. A figura pintada no vidro de Marcel Duchamp é a ilusão de ótica desnudada para e por *voyeurs* que serão sempre celibatários. A visão indexa e engana a comunicação ausente. Outras máquinas celibatárias funcionam do mesmo modo, identificando o sexo com sua imagem mecânica, e a sexualidade com uma ilusão de ótica. Assim, em *Os dias e as noites*, de Alfred Jarry, há uma inscrição no alto da muralha de vidro que circula a ilha da nereida, mulher cercada de vidro no meio de um cenário militar; ela fala "daquele que beija com paixão o seu Duplo através do vidro": "O vidro se anima num ponto e se torna sexo, e o ser e a imagem se amam através da muralha"[21]. Nessa "ilha de vidro lúbrica", uma maquinaria fabrica em cada ponto beijado um sexo que não passa de um *ersatz*. Assim, em *As dez mil milhas*, há uma vidraça separando a mulher fechada no vagão dos homens de bicicleta, que apostam corrida com o trem.

Essas tragicomédias, fragmentos de mitos, reconhecem que é impossível a comunicação se a língua é ao mesmo tempo a promessa e o fantasma. Uma poética, mais uma vez, veio antes da teoria. Mais tarde, a reflexão avançou nessa direção. Em Lacan, a categoria da "lalíngua" relaciona efetivamente o falar à impossibilidade de se unir sexualmente ("Não há relação sexual"), e a própria possibilidade da linguagem à impossibilidade da comunicação que se supõe produzir. O linguista acrescenta: "Assim como a linguagem do filósofo é o lugar do impossível do conhecimento mútuo, também lalíngua é o lugar do impossível da relação sexual"[22]. Entre desejantes, só resta a possibilidade de amar a língua que substitui sua comunicação. E é justamente um modelo de língua que é fornecido pela máquina, feita de peças diferenciadas e combinadas (como todo enunciado) e desenvolvendo, pelo jogo dos mecanismos, a lógica de um narcisismo celibatário.

"Trata-se de *esgotar* o sentido das palavras, de jogar com elas até violentá-las em seus atributos mais secretos, pronunciar enfim o divórcio total entre o termo e o conteúdo expressivo que estamos habituados a lhe reconhecer"[23]. Agora, o importante não é mais o *dito* (um conteúdo) nem o *dizer* (um *ato*), mas a *transformação*, e a invenção de dispositivos, ainda insuspeitos, que permitem multiplicar as transformações[24].

Acabou-se portanto o tempo em que o "real" parecia vir até o texto para ser aí manufaturado e exportado. Acabou-se o tempo em que a escritura parecia fazer amor com a violência das coisas e alojá-las na ordem de uma razão. O verismo lidava com o aparente, teatro de um verossímil. Depois de Zola, vêm Jarry, Roussel, Duchamp etc., ou seja, vêm as "ficções teóricas" do outro impossível e da escritura entregue a seus próprios mecanismos ou a suas ereções solitárias. O texto representa a sua própria morte e zomba dela. A essa escritura, cadáver de suma beleza, não se liga mais nenhum respeito. Ela é apenas o ilusório sacramento do real, espaço de risadas contra os postulados de ontem. Aí se desdobra o trabalho irônico e meticuloso do luto.

Acham-se agora comprometidas as peças-mestras da escritura conquistadora de Defoe: a página em branco é agora apenas um vidro onde a representação é atraída por aquilo que excluía; o texto escrito, fechado em si mesmo, perde o referente que o autorizava; a utilidade expansionista se inverte em "estéril gratuidade" do Don Juan celibatário ou do "viúvo", sem outra geração que não a simbolizante, sem mulher e sem natureza, sem o outro. A escritura é aqui "ilha-inscrição", *Locus Solus*, "colônia penal" – sonho laborioso, ocupado pelo impossível ao qual ou do qual acredita "falar".

Por esse desnudamento do mito moderno da escritura, a máquina celibatária se torna, mediante a derrisão, blasfema. Ela combate a ambição ocidental de articular no texto a realidade das coisas e reformá-la. Ela subtrai a *aparência* de ser (de conteúdo, de sentido) que era o segredo sagrado da Bíblia, mudada por quatro séculos de escritura burguesa em poder da letra e do número. Talvez este antimito ainda se ache à frente de nossa história, mesmo que já encontre muitas confirmações com a erosão das certezas científicas, com o "tédio" em massa dos escolarizados ou com a progressiva metaforização dos discursos administrativos. Talvez ele esteja simplesmente colocado "ao lado" de uma tecnocratização galopante, como um paradoxo indicativo, uma pedrinha branca.

CAPÍTULO XI

CITAÇÕES DE VOZES

Vox...
Nympha fugax*

G. Cossart
Orationes et Carmina,
1675[1]

Robinson Crusoé já indicava como é que uma falha **se** introduz em seu império escriturístico. Durante algum tempo, seu empreendimento é com efeito interrompido, e habitado, por um ausente que volta ao terreno da ilha. Trata-se da "impressão (*print*) de um pé descalço de homem na areia da praia". Instabilidade da demarcação: a fronteira cede ao estrangeiro. Nas margens da página, o rastro de um invisível fantasma (*an apparition*) perturba a ordem construída por um trabalho capitalizador e metódico. E provoca em Robinson "pensamentos loucos" (*fluttering thoughts*), "extravagâncias" (*shimsies*) e até um certo "terror" (*terror*)[2]. O conquistador burguês se transforma em homem "fora de si", ele mesmo agora selvagem por este sinal (selvagem) que não mostra nada. Fica como um louco. Sonha, tem pesadelos. Perde as suas certezas num mundo governado pelo grande relojoeiro. Sente-se abandonado por suas razões. Desalojado da ascese produtora que lhe garantia o sentido, conhece dias e dias diabólicos, possuído pelo desejo antropofágico de devorar o desconhecido ou pelo temor de ser ele mesmo devorado.

Na página escrita aparece então uma mancha – como as garatujas de uma *criança no livro* que é a autoridade do lugar. Insinua-se na

---

* "Voz... fugitiva ninfa".

linguagem um lapso. O território da apropriação se vê alterado pelo rastro de alguma coisa que não está lá e não ocupa lugar (como o mito)[3]. Robinson vai recuperar o poder de dominar, quando tiver a possibilidade de ver, isto é, quando substituir o sinal de uma falta por um ser palpável, um objeto visível: Sexta-Feira. Então estará de novo em ordem. Quanto à desordem, esta se deve ao indício de uma coisa passada e passageira, ao "quase nada" de uma passagem. A violência que oscila entre a pulsão de devorar e o terror de ser comido nasce daquilo que, segundo Hadewijch de Antuérpia, pode-se ainda denominar uma "presença de ausência". O outro, aqui, não constitui um sistema que se acharia escondido sob aquilo que Robinson escreve. A ilha não é um palimpsesto onde seria possível revelar, decodificar e decifrar um sistema coberto pela ordem que lhe é superimposta, mas do mesmo tipo que ela. Aquilo que se rastreia e passa não tem um texto próprio. Isso só se diz pelo discurso do proprietário, e só se instala no seu lugar. A diferença não tem por linguagem senão o delírio interpretativo – sonhos e "extravagâncias" – do próprio Robinson.

O romance de 1719 já está indicando o não lugar (um rastro, que morde pelas margens) e a modalidade fantástica (uma loucura interpretativa) do que vai intervir como voz no campo da escritura, embora Daniel Defoe considere somente uma demarcação silenciosa do texto por uma extremidade do corpo (um pé descalço) e não a própria voz, que é demarcação da língua pelo corpo. E já se dá também um nome a esta forma e a estas modalidades: dependem, diz Robinson, de algo "selvagem" (*wild*). O ato de nomear não é mais aqui (como alhures) a "pintura" de uma realidade; é um ato performativo que organiza o que enuncia. "Significa", como se significa a alguém sua despedida. Faz o que diz, e constitui a selvageria que declara. Tal como se excomunga alguém dizendo-lhe o nome, o nome do "selvagem" cria e define ao mesmo tempo aquilo que a economia escriturística situa fora de si. Ele é aliás logo apodado com seu atributo essencial: o selvagem é passageiro.

Ele se marca (por manchas, lapsos etc.), mas não se escreve. Altera um lugar (perturba-o), mas não funda nenhum.

A "ficção teórica" inventada por Daniel Defoe esboça assim uma *forma* de alteridade relativa à escritura, uma forma que vai também impor a sua identidade à voz, uma vez que mais tarde, aparecendo Sexta-Feira, será submetido a uma alternativa prometida a uma história muito longa: ou criar (ruptura "selvagem", que exige a interpretação e a correção de um "tratamento" pedagógico – ou psiquiátrico), ou então fazer de seu corpo a efetivação da língua dominante (tornando-se "a voz do seu patrão", corpo dócil que executa a ordem, encarna uma razão e recebe como estatuto ser um substituto de enunciação, não mais o ato, mas o *fazer* do "dito" do outro). Por seu turno, a voz se insinuará também à maneira de um rastro no texto, efeito ou metonímia de corpo, citação passageira como a "ninfa" de G. Cossart – *Nympha fugax*, fugitiva passageira, indiscreta aparição, reminiscência "pagã" ou "selvagem" na economia escriturística, barulho inquietante de uma outra tradição, e pretexto de intermináveis produções interpretativas.

É preciso ainda determinar algumas das formas históricas impostas à oralidade pelo fato de sua exclaustração. Por causa dessa exclusão por motivo de pureza e eficácia econômicas, a voz aparece essencialmente sob as figuras da *citação*, que é homóloga, no campo do escrito, ao rastro do pé descalço na ilha de Robinson. Na cultura escriturística, a citação conjuga efeitos de interpretação (ela permite produzir texto) com efeitos de alteração (ela inquieta o texto). Opera entre esses polos que caracterizam, cada um deles, suas duas figuras extremas: de um lado a *citação-pré-texto*, que serve para fabricar texto (suposto comentário ou análise) a partir de relíquias selecionadas numa tradição oral funcionando como autoridade; de outro lado, a *citação-reminiscência* que é traçada na linguagem pelo retorno insólito e fragmentário (como um fragmento de voz) de relações orais estruturantes, mas recalcadas pelo escrito. Casos-limite, parece, fora dos quais não se trata mais da voz. No primeiro caso, as citações se tornam para o discurso o meio de sua proliferação; no segundo, escapam-lhe e o cortam.

Conservando apenas essas duas variantes, vou designar uma como "a ciência da fábula" (do nome que lhe foi tantas vezes dado no século XVIII), e a outra "retornos e voltas de voz" (pois os seus retornos, como as andorinhas na primavera, são acompanhados de modalidades e processos sutis, à maneira dos torneios ou tropos da retórica, e se traduzem em percursos que invadem lugares desocupados, em "filmes para vozes", diz Marguerite Duras, em turnês efêmeras – "uma voltinha e depois vai embora"). O esboço dessas duas figuras pode servir de preliminar a um exame das práticas orais, precisando alguns aspectos do quadro que deixa ainda às vozes maneiras de falar.

A enunciação deslocada

Uma problemática geral atravessa e determina essas figuras, e deve ser lembrada para introduzi-las. Vou abordá-la pelo seu prisma linguístico. Desse ponto de vista, Robinson participa e se refere a um deslocamento histórico do problema da enunciação, isto é, do "ato de falar" ou *speech act*. A questão do locutor e de sua identidade se tornara aguda com a fragmentação do mundo supostamente falado e falante: quem é que fala quando não existe mais um Falante divino que funda toda enunciação particular? Ela fora aparentemente regulada pelo sistema que fornecia ao sujeito um lugar garantido e medido por sua produção escriturística[4]. Numa economia liberal, onde se supunham atividades insulares e competitivas concorrendo para uma racionalidade geral, o trabalho de escrever dá ao mesmo tempo à luz o produto e seu autor. Sendo assim, em princípio, não há mais necessidade de vozes nessas oficinas industriais. Assim, durante a era clássica, que tem como tarefa primeira formar "línguas" científicas e técnicas independentes da natureza e destinadas a transformá-la (gesto simbolizado por aquele de Robinson, que inaugura o seu empreendimento redigindo o seu diário, ou "livro de contas"), cada um desses sistemas de "escrituras" coloca fora da dúvida os seus produtores "burgueses" certos das conquistas que esse instrumento autônomo lhes permite sobre o corpo do mundo.

Cresce agora um novo rei: o sujeito individual, senhor inapreensível. Ao homem da cultura esclarecida se acha transferido o privilégio de ser, ele mesmo, o deus outrora "separado" de sua obra e definido por uma *gênese*. Sem dúvida, entre os atributos do Deus judeu-cristão, os seus herdeiros burgueses fazem uma triagem: o novo deus escreve, mas não fala; é autor, mas não se palpa nenhum corpo em uma interlocução. A inquietude da enunciação se encontra, portanto, *a priori* liquidada, antes de voltar hoje como problema da comunicação. A crescente fabricação de ordenamentos objetivos, colocada sob a bandeira do "progresso", pode também passar pelo relato autobiográfico de seus promotores: eles se contam em suas realizações. A história que se faz a história deles; por um duplo corte que, de um lado, isola as operações, subordinadas ao poder e ao saber e que, de outro lado, reduz a natureza a ser apenas o fundo inesgotável sobre o qual se destacam e de onde se arrancam os seus produtos. Isenção dos novos criadores em sua solidão e inércia da natureza oferecida a suas expedições: esses dois postulados históricos romperam as comunicações orais entre os mestres (que não falam) e o universo (que tampouco fala), e possibilitaram, durante três séculos, o trabalho exorbitado que mediatiza as suas relações e que, fabricante de homens-deuses, transformador do universo, torna-se a estratégia central e silenciosa de uma nova história. Volta, no entanto, a pergunta em princípio eliminada pelo trabalho: quem fala? A quem? Mas ela volta a aparecer fora dessa escritura transformada em meio e em efeito da produção. Ela renasce *ao lado*, vindo de um além das fronteiras atingidas pela expansão da empresa escriturística. "Uma *outra* coisa ainda fala, e ela se apresenta aos senhores sob as figuras diversas do não trabalho – o selvagem, o louco, a criança, até mesmo a mulher – depois, recapitulando muitas vezes as precedentes, sob a forma de uma voz ou dos gritos do Povo excluído da escrita; mais tarde ainda, sob os sinais de um inconsciente, esta língua que continuaria "falando" nos burgueses e nos "intelectuais", mas sem que estes o saibam. Eis então que um falar se depreende ou se mantém, mas como aquilo que "escapa" à dominação de uma economia sociocultural, à organização de uma razão, à escolarização obrigatória, ao poder de uma elite e, enfim, ao controle da consciência esclarecida.

A cada forma dessa enunciação estranha corresponde uma mobilização científica e social: a colonização civilizadora, a psiquiatria, a pedagogia, a educação popular, a psicanálise etc. – restauração de escrituras nessas regiões emancipadas. Mas o importante aqui é sobretudo o fato que serve de ponto de partida (e de ponto de fuga) para todas essas reconquistas: a excentração do *dizer* (falar) e do *fazer* (escrever). *O lugar de onde se fala é exterior ao empreendimento escriturístico.* A elocução sobrevém fora dos lugares onde se fabricam os sistemas de enunciados. De uma, já não se sabe de onde vem; de outra questão, quem articula o poder, sabe-se cada vez menos como poderia falar.

A primeira vítima dessa dicotomia foi sem dúvida a retórica: ela pretendia fazer da palavra um instrumento para influenciar o querer do outro, estabelecer adesões e contratos, coordenar ou modificar práticas sociais e, portanto, forjar a história. Ela foi aos poucos expulsa dos campos científicos. E não é por acaso que ela reaparece do lado onde prosperam os legendários, e se Freud a restaura nas regiões exiladas e improdutivas do sonho onde um "falar" inconsciente torna a aparecer. Essa divisão, já tão acentuada no século XVIII, na crescente oposição entre as técnicas (ou as ciências) e a ópera[5], ou, mais especificamente, na distinção linguística entre a consoante (que é razão escrita) e a vogal (que é sopro, efeito singular do corpo)[6], parece ter finalmente recebido o seu estatuto e a sua legitimidade científica com o corte que Saussure estabelece entre "língua" e "palavra" ("langue/parole"). Sob este modo, a "tese primordial" (Hjelmslev) do *Curso de Linguística Geral* separa o "social" do "individual", e o "essencial" d'"aquilo que é acessório e mais ou menos acidental"[7]. Ela supõe também que *"a língua só vive para governar a palavra"*[8]. Os corolários que especificam essa tese (ela mesma dependente do "primeiro princípio" saussuriano, a saber, que o signo é arbitrário), e que opõem o sincrônico ao diacrônico, indicam a tradição que Saussure generaliza, elevando-a à cientificidade e que, durante dois séculos, constituiu em postulado da tarefa escriturística a fratura entre o enunciado (objeto escrevível) e a enunciação (ato de dizer). E isso dito, deixando de lado uma outra tradição ideológica, também presente em Saussure, e que opõe a "criatividade" da palavra ao "sistema da língua"[9].

Mesmo deslocada, posta de lado – ou transformada em resto – a enunciação não pode ser dissociada do sistema dos enunciados. Mesmo que se retenham só duas formas sócio-históricas dessa rearticulação, pode-se distinguir de uma parte um trabalho da escritura para dominar a "voz" que ela não pode ser mas sem a qual no entanto ela também não pode ser e, de outra parte, as voltas ilegíveis de vozes que listram os enunciados e atravessam a casa da língua como estranhas, como se fossem "as loucas da casa".

A ciência da fábula

Quando se considera em primeiro lugar a *ciência da fábula*, toca-se em todas as hermenêuticas eruditas ou elitistas da palavra – palavra selvagem, religiosa, louca, infantil ou popular – assim como se elaboram há dois séculos através de discursos como a etnologia, as "ciências religiosas", a psiquiatria, a pedagogia e os procedimentos políticos ou historiográficos visando introduzir na linguagem autorizada a "voz do povo". Campo imenso, desde as "explicações" das "fábulas" antigas ou exóticas no século XVIII, até a obra pioneira de Oscar Lewis "dando a palavra" aos filhos da família Sanchez, e ponto de partida de um número enorme de "histórias de vidas"[10]. Essas diferentes "heterologias" (ou ciências do outro) têm como traço comum o projeto de *escrever a voz*. O que fala de longe deve encontrar um lugar no texto. Assim, a oralidade selvagem deverá ser escrita no discurso etnológico: o "gênio" das "mitologias" e das "fábulas" religiosas (como diz a *Enciclopédia*) no saber erudito; ou a "Voz do povo", na historiografia de Michelet. O que é audível, mas à distância, será transformado em textos afinados com o desejo ocidental de ler os seus produtos.

A operação heterológica parece repousar em duas condições: um objeto, definido como "fábula"; um instrumento, a tradução. Definir *pela fábula* a posição do outro (selvagem, religioso, louco, infantil ou popular) não é somente identificá-la com "o que fala" (*fari*), mas com uma palavra que "não sabe o que diz". Quando séria, a análise esclarecida ou sábia supõe certamente que algo essencial se anuncia no mito do selvagem, nos dogmas do crente, no balbuciar da criança, nas palavras do sonho ou nas conversas gnômicas do povo, mas postula também que essas palavras não conhecem o que dizem de essencial. A "fábula" é, portanto, uma palavra plena, mas que deve esperar a exegese erudita para que se torne "explícito" o que ela diz "implicitamente". Mediante essa astúcia, a pesquisa conquista para si, de antemão, em seu próprio objeto, uma necessidade e um lugar. Ela tem a certeza de poder sempre alojar a interpretação no não saber que mina o dizer da fábula. Sub-repticiamente, a distância de onde procede a voz estranha se transforma na brecha que separa a verdade oculta (inconsciente) da voz e o logro de sua manifestação. A dominação do trabalho escriturístico se acha assim de direito fundada por essa estrutura de "fábula" que é o seu produto histórico.

Para que essa dominação passe do direito ao fato, existe um instrumento: *a tradução*. Temos aqui uma maquinaria, aperfeiçoada no decorrer das gerações. Ela permite passar de uma língua para outra, eliminar a exterioridade transferindo-a para a interioridade e transformar em "mensagens" (escriturísticas, produzidas e "compreendidas") os "ruídos" insólitos ou sem sentido procedentes das vozes. Como se pode constatar ainda em Hjelmslev, supõe uma "traduzibilidade" de todas as línguas (icônicas, gestuais ou sonoras) para "a língua natural cotidiana". A partir desse postulado, a análise pode reduzir todas as expressões à forma que foi elaborada num campo particular, mas que se supõe "não específica" e dotada de um "caráter universal"[11]. E, deste modo, tornam-se legítimas operações sucessivas: a transcrição, que muda o oral em escrito; a construção de um modelo, que toma a fábula como um sistema linguístico; a produção de um sentido que resulta do funcionamento desse modelo sobre aquilo que foi mudado em texto etc. É impossível levar em conta cada uma das etapas do trabalho de usinagem que transforma assim em produtos culturais escritos e legíveis o material que lhe foi fornecido como "fábula". Vou sublinhar apenas a importância da transcrição, prática muito comum e dada por evidente, pois, substituindo em primeiro lugar um escrito pelo oral (como ao transcrever uma legenda popular), ela permite depois acreditar que o produto escrito da análise feita sobre esse documento escrito se refere à literatura oral.

Essas astúcias que garantem de antemão um sucesso para as operações escriturísticas têm no entanto como condição de possibilidade um fato estranho. Diversamente das ciências chamadas exatas, cujo desenvolvimento obedece à autonomia de um campo, as ciências "heterológicas" geram os seus produtos graças a uma passagem pelo outro. Progridem segundo um processo "sexual", que coloca a chegada do outro como o recurso necessário para o seu progresso. Na perspectiva pela qual estamos olhando aqui, isto se traduz pelo fato de a oralidade ser indefinidamente uma exterioridade sem a qual a escritura não funcionaria. *A voz faz escrever.* Esta a relação mantida pela historiografia de Michelet com "a voz do povo" que, no entanto, diz ele, jamais "conseguiu fazer falar" – ou a escritura psicanalítica de Freud com o prazer de Dora, sua cliente, que lhe "escapou" durante todo o intercâmbio oral da cura.

Da etnologia à pedagogia se constata que o sucesso garantido da escritura se articula num fracasso primeiro e numa falha, como se o discurso se construísse por ser o efeito e a ocultação de uma perda que é sua condição de possibilidade, como se todas as conquistas da escritura tivessem como sentido fazer proliferar produtos que vão substituir uma voz ausente, sem jamais conseguir captá-la, colocá-la no lugar do texto, suprimi-la como estranha. Noutras palavras, a escritura moderna não pode encontrar-se no lugar da presença. Já o vimos, a prática escriturística nasceu precisamente de um deslocamento entre a presença e o sistema. Ela se formou a partir de uma fratura na antiga unidade da Escritura que falava. Tem por condição uma não identidade de si consigo mesma.

Pode-se, portanto, considerar toda a literatura "heterológica" como o efeito dessa fratura. Ela conta ao mesmo tempo o que faz da oralidade (alterando-a) e como fica alterada da voz e por ela. Os textos dizem assim uma voz alterada na escritura que ela torna necessária por sua invencível diferença. Com essa literatura temos, portanto, uma primeira figura da voz simultaneamente "citada" (em juízo) e alterada – voz perdida, apagada no próprio objeto (a "fábula") cuja fabricação escrita permite. Mas esse funcionamento "sexual" da escritura heterológica, funcionamento sempre falho, transforma-a em erótica: é a inacessibilidade do seu "objeto" que a faz produzir.

Ruídos de corpos

Dessa formação, distingo uma outra figura moderna: as "vozes do corpo". Um exemplo dessa outra cena nos é dado pela ópera, que se foi progressivamente instituindo à medida que o modelo escriturístico organizava as técnicas e as práticas sociais no século XVIII. Espaço para as vozes, a ópera deixa falar uma enunciação que nos seus mais sublimes momentos se separa dos enunciados, perturba e parasita as sintaxes, e fere ou causa prazer, no público, aos lugares do corpo que não têm mais capacidade de falar. Assim, no *Macbeth* de Verdi, o final da ária da loucura de Lady Macbeth: a voz a princípio sustentada pela orquestra avança, logo sozinha quando se calou, depois por um momento segue ainda a curva da melodia, vacila, lentamente sai de órbita, desgarra-se e se perde enfim no silêncio. Voz entre outras que traspassam o discurso onde faz um parênteses e um extravio.

Na cena moderna as trajetórias orais são tão singulares como os corpos, opacas ao sentido que é sempre generalidade. Por esse motivo, não se pode "evocá-las" (como os "espíritos" e vozes de antanho) a não ser da maneira como Marguerite Duras apresentava "o filme das vozes": "vozes de mulheres... Vêm de um espaço noturno, como que elevado, de um balcão acima do vácuo, do todo. Estão ligadas pelo desejo. Rasgam-se... Ignoram-nos. Não podem ser ouvidas" *Destruir, diz ela:* "A escritura cessou"[12].

Para ouvir novamente essas vozes, para criar assim um espaço de audição, a própria filosofia se empenha obstinadamente, desde o *Anti-Édipo* de Deleuze até a *Economia libidinal* de Lyotard. É a inversão que leva a psicanálise a passar de uma "ciência dos sonhos" à experiência daquilo que as vozes falantes mudam na gruta noturna dos corpos ouvintes. O texto literário se modifica, tornando-se a espessura ambígua onde se movem sons irredutíveis a um sentido. Um corpo plural onde circulam, efêmeros, rumores orais, eis o que vem a ser essa escritura desfeita, "cena para vozes". Ela torna impossível a redução da pulsão ao signo. Tende a criar, como fazia Maurice Ohana, "gritos para doze vozes mistas". Então não se sabe mais o que é, senão vozes alteradas e alterantes.

De fato, na escritura erudita ocorre o retorno das vozes pelas quais o corpo social "fala" em citações, em fragmentos de frases, em tonalidades de "palavras", em ruídos de coisas. "Assim falam meus pais", diz Helias, "assim fala meu pai"[13]; encanto sonoro ligado a resíduos de enunciados. Essa glossolalia disseminada em estilhaços vocais comporta palavras que novamente se tornam sons: por exemplo, Marie-Jeanne "gostará de usar certas palavras pelo ruído que irão fazer em sua boca e em seus ouvidos"[14]. Ou sons que se tornam palavras, como por exemplo "o ruído" produzido pelo "cochon de pin", esse brinquedo em forma de pinha, quando salta[15]. Ou rimas, cantigas de roda, *jibidis* e *jabadaos*, escrínios sonoros de sentidos perdidos e memórias presentes:

> Dibedoup, dibedi
> Voilà le chien qui entre ici
> Dibedoup, dibedein
> Avec le chat sur les reins
> Dibedoup, dibedeu
> La souris entre les deux[16].

Através de legendas e fantasmas, que continuam povoando a vida cotidiana, por citações sonoras, mantém-se toda uma tradição do corpo. Pode-se ouvir, mas não ver.

São com efeito reminiscências de corpos plantados na linguagem ordinária e balizando-a, como pedrinhas brancas na floresta dos signos. Experiência morosa, finalmente. Marcados na prosa dos dias, sem comentário nem tradução possível, continuam sendo os sons poéticos de fragmentos citados. "Existem" em toda a parte essas ressonâncias de corpo tocado, como "gemidos" e ruídos de amor, gritos que vão quebrando o texto que farão proliferar em torno de si, lapsos enunciativos em uma organização sintagmática de enunciados. São os análogos linguísticos da ereção, ou de dores sem nome, ou das lágrimas: vozes sem língua, enunciações que fluem do corpo que se lembra, opaco, quando não dispõe mais do espaço oferecido pela voz do outro ao dizer amoroso ou endividado. Gritos e lágrimas: afásica enunciação daquilo que sobrevém sem que se saiba de onde (de que obscura dívida ou escritura do corpo), sem que se saiba como, sem a voz do outro, se poderia dizer isto.

Esses lapsos de vozes sem contexto, citações "obscenas" de corpos, ruídos à espera de uma linguagem, parecem certificar, por uma "desordem" secretamente referida a uma ordem desconhecida, que existe o outro. Mas ao mesmo tempo vão contando interminavelmente (é um murmúrio que jamais para) a expectativa de uma impossível presença que muda em seu próprio corpo os vestígios que deixou. Essas citações de vozes são marcadas numa prosa cotidiana que não pode, em enunciados e em comportamentos, senão produzir seus efeitos.

CAPÍTULO XII

LER: UMA OPERAÇÃO DE CAÇA

> "Eliminar de uma vez por todas o sentido das palavras, eis o objetivo do Terror!"
> Jean-François Lyotard
> *Rudiments païens*

Faz pouco tempo, Alvin Toffler anunciava o nascimento de uma "nova espécie" humana, gerada pelo consumo artístico de massa. Essa espécie em formação, transumante e voraz, movimentando-se entre as pastagens da mídia, teria como traço distintivo a sua "automobilidade"[1]. Voltaria ao antigo nomadismo, para caçar agora, porém, em pradarias e florestas artificiais.

Essa análise profética, no entanto, só dizia respeito à multidão que consome "arte". Ora, uma enquete do Secretariado de Estado para Assuntos Culturais (dezembro de 1974)[2] mostra até que ponto apenas uma elite se beneficia dessa produção. Desde 1967 (data de uma enquete anterior, promovida pelo Insee), os fundos públicos investidos na criação e no desenvolvimento de focos culturais reforçaram a desigualdade cultural entre os franceses. Multiplicam lugares de expressão e simbolização, mas, de fato, são as mesmas categorias que se beneficiam com isso: a cultura, como o dinheiro, "vai sempre para os ricos". A massa quase não circula pelos jardins da arte. Mas vê-se capturada e reunida nas redes da mídia, da televisão (que atraem 9 franceses em 10), da imprensa (8 franceses em 10), do livro (7 franceses em 10, dos quais 2 leem razoavelmente e, segundo uma enquete do outono de 1978, 5 leem muito)[3], etc. Em lugar de um nomadismo ter-se-ia então uma "redução" e um estacionamento: o consumo, organizado por esse mapeamento expansionista, assumiria a figura de uma atividade de arrebanhamento, progressivamente imobilizada e "tratada" graças à crescente mobilidade dos conquistadores do espaço que são os meios de massa. Fixação dos consumidores e circulação dos meios. Às massas só restaria a liberdade de pastar a ração de simulacros que o sistema distribui a cada indivíduo.

Eis precisamente a ideia contra a qual me levanto: não se pode admitir tal representação dos consumidores.

A ideologia da "informação" pelo livro

Em geral, esta imagem do "público" não se exibe às claras. Mas ela costuma estar implícita na pretensão dos "produtores" de *informar* uma população, isto é, "dar forma" às práticas sociais. Até os protestos contra a vulgarização/vulgaridade da mídia dependem geralmente de uma pretensão pedagógica análoga: levada a acreditar que seus próprios modelos culturais são necessários para o povo em vista de uma educação dos espíritos e de uma elevação dos corações, a elite impressionada com o "baixo nível" da imprensa marrom ou da televisão postulada sempre que o público é modelado pelos produtos que lhe são impostos. Mas isto não capta devidamente o ato de "consumir". Supõe-se que "assimilar" significa necessariamente "tornar-se semelhante" àquilo que se absorve, e não "torná-lo semelhante" ao que se é, fazê-lo próprio, apropriar-se ou reapropriar-se dele. Entre esses dois possíveis sentidos, impõe-se uma escolha, e em primeiro lugar a título de uma história cujo horizonte se deve esboçar. "Era uma vez..."

No século XVIII, a ideologia das Luzes queria que o livro fosse capaz de reformar a sociedade, que a vulgarização escolar transformasse os hábitos e costumes, que uma elite tivesse com seus produtos, se a sua difusão cobrisse todo o território, o poder de remodelar toda a nação. Este mito da Educação[4] inscreveu uma teoria do consumo nas estruturas da política cultural. Sem dúvida, pela lógica do desenvolvimento técnico e econômico que mobilizava, essa política foi levada até ao sistema atual que inverte a ideologia ontem preocupada em difundir as "luzes". Os meios de difusão agora ganham a primazia sobre as ideias veiculadas. O meio toma o lugar da mensagem. Os procedimentos "pedagógicos", com base na rede escolar, se desenvolveram a tal ponto de abandonar como inútil ou quebrar o "corpo" professoral que os aperfeiçoou durante dois séculos: hoje compõe o aparelho que, cumprindo o sonho antigo de enquadrar *todos* os cidadãos e *cada um* em particular, destrói aos poucos a finalidade, as convicções e as instituições escolares das Luzes. Em suma, tudo se passa na Educação como se a *forma* de implantá-la tecnicamente se houvesse realizado desmesuradamente, eliminando o *conteúdo* que lhe dava a possibilidade de ser e, desde então, perde a sua utilidade social. Mas no decorrer de toda essa evolução, a ideia de uma produção da sociedade por um sistema "escriturístico" não cessou de ter como corolário a convicção de que, com mais ou menos resistência, o público é moldado pelo escrito (verbal ou icônico), torna-se semelhante ao que recebe, enfim, deixa-se *imprimir* pelo texto e como o texto que lhe é imposto.

Ontem, esse texto era escolar. Hoje, o texto é a própria sociedade. Tem forma urbanística, industrial, comercial ou televisiva. Mas a mutação que provocou a passagem da arqueologia escolar para a tecnocracia dos meios não diminuiu a força do postulado de uma passividade própria do consumo – postulado que justamente é preciso discutir. Ao contrário, ainda o reforçou: a implantação massiva de ensinos normalizados tornou impossíveis ou invisíveis as relações intersubjetivas da aprendizagem tradicional; os técnicos "informadores" mudaram-se então, pela sistematização das empresas, em funcionários compartimentalizados em uma especialidade e sempre mais ignorantes dos usuários; a própria lógica produtivista, isolando os produtores, levou-os a supor que não exista criatividade nos consumidores; uma cegueira recíproca, gerada por este sistema, acabou por fazer que tanto uns como os outros acreditassem que a iniciativa habita apenas nos laboratórios técnicos. Mesmo a análise da repressão exercida pelos dispositivos desse sistema de enquadramento disciplinar postula ainda um público passivo, "informado", tratado, marcado e sem papel histórico.

A eficácia da produção implica a inércia do consumo. Produz a ideologia do consumo-receptáculo. Efeito de uma ideologia de classe e de uma cegueira técnica, esta lenda é necessária ao sistema que distingue e privilegia autores, pedagogos, revolucionários, numa palavra, "produtores" em face daqueles que não o são. Recusando o "consumo", tal como foi concebido e (naturalmente) confirmado por essas empresas de "autores", tem-se a chance de descobrir uma atividade criadora ali onde foi negada, e relativizar a exorbitante pretensão de *uma* produção (real, mas particular) de fazer a história "informando" o conjunto do país.

Uma atividade desconhecida: a leitura

A leitura é apenas um aspecto parcial do consumo, mas fundamental. Numa sociedade sempre mais escrita, organizada pelo poder de modificar as coisas e reformar as estruturas a partir de modelos escritos (científicos, econômicos, políticos), mudada aos poucos em "textos" combinados (administrativos, urbanos, industriais etc.), pode-se muitas vezes substituir o binômio produção-consumo por seu equivalente e revelador geral, o binômio escrita-leitura. O poder instaurado pela vontade (ora reformista, ora científica, revolucionária ou pedagógica) de refazer a história, graças a operações escriturísticas efetuadas em primeiro lugar num campo fechado, tem aliás por corolário uma intensa troca entre ler e escrever.

"A modernização, a modernidade é a escritura", diz François Furet. A generalização da escritura provocou com efeito a substituição do costume pela lei abstrata, das autoridades tradicionais pelo Estado e a desagregação do grupo em benefício do indivíduo. Ora, essa transformação se efetuou sob a figura de uma "mestiçagem" entre dois elementos distintos, o escrito e o oral. O estudo recente de F. Furet e J. Ozouf de fato mostrou que existe, na França menos escolarizada, "uma vasta semialfabetização, centrada na leitura, animada pela Igreja e pela família, destinada essencialmente às moças"[5]. A escola só fez unir, mas por uma costura que muitas vezes ficou frágil, as duas capacidades, a de ler e a de escrever. Com efeito, elas estiveram por muito tempo separadas no passado, até durante um bom trecho do século XIX; hoje, a vida adulta dos escolarizados dissocia aliás bem depressa, em muitos, o "ler apenas" e o escrever. Por isso, é também preciso interrogar-se sobre os caminhos próprios tomados pela leitura ali onde se casou com a escrita.

Por seu lado, as pesquisas consagradas a uma psicolinguística da compreensão[6] distinguem, na leitura, "o ato léxico" do "ato escriturístico".

Mostram que a criança escolarizada aprende a ler *paralelamente* à sua aprendizagem da decifração e não graças a ela: ler o sentido e decifrar as letras correspondem a duas atividades diversas, mesmo que se cruzem. Noutras palavras, somente uma memória cultural adquirida de ouvido, por tradição oral, permite e enriquece aos poucos as estratégias de interrogação semântica cujas expectativas a decifração de um escrito afina, precisa ou corrige. Desde a leitura da criança até a do cientista, ela é precedida e possibilitada pela comunicação oral, inumerável "autoridade" que os textos não citam quase nunca. Tudo se passa, portanto, como se a construção de significações, que tem por forma uma expectativa (esperar por algo) ou uma antecipação (fazer hipóteses) ligada a uma transmissão oral, fosse o bloco inicial que a decodificação dos materiais gráficos esculpia progressivamente, invalidava, verificava, detalhava para dar lugar a diversas leituras. O escrito apenas corta e cava na antecipação.

Malgrado os trabalhos que exumam uma autonomia da prática lente sob o imperialismo escriturístico, uma situação de fato acabou criada por mais de três séculos de história. O funcionamento social e técnico da cultura contemporânea hierarquiza essas duas atividades. Escrever é produzir o texto; ler e recebê-lo de outrem sem marcar aí o seu lugar, sem refazê-lo. Sob este aspecto, a leitura do catecismo ou da Sagrada Escritura que o clero recomendava antigamente às jovens e às mães, proibindo a escrita a essas Vestais de um texto sagrado intocável, se prolonga hoje com a "leitura" da televisão proposta a "consumidores" colocados na impossibilidade de traçar a sua própria escrita na telinha onde aparece a produção do Outro – da "cultura". "O nexo que existe entre a leitura e a Igreja"[7] se reproduz na relação que existe entre a leitura e a Igreja da mídia. Sob esse modo, à construção do texto social por funcionários parece corresponder ainda a sua "recepção" por fiéis que deveriam contentar-se em reproduzir os modelos elaborados pelos manipuladores da linguagem.

O que se deve pôr em causa não é, infelizmente, essa divisão do trabalho (é muito real), mas o fato de assimilar a leitura a uma passividade. Com efeito, ler é peregrinar por um sistema imposto (o do texto, análogo à ordem construída de uma cidade ou de um supermercado). Análises recentes mostram que "toda leitura modifica o seu objeto"[8], que (já dizia Borges) "uma literatura difere de outra menos pelo texto que pela maneira como é lida"[9], e que enfim um sistema de signos verbais ou icônicos é uma reserva de formas que esperam do leitor o seu sentido. Se, portanto, "o livro é um efeito (uma construção) do leitor"[10], deve-se considerar a operação deste último como uma espécie de *lectio*, produção própria do "leitor"[11]. Este não toma nem o lugar do autor nem um lugar de autor. Inventa nos textos outra coisa que não aquilo que era a "intenção" deles. Destaca-os de sua origem (perdida ou acessória). Combina os seus fragmentos e cria algo não sabido no espaço organizado por sua capacidade de permitir uma pluralidade indefinida de significações. Essa atividade "leitora" será reservada ao crítico literário (sempre privilegiado pelos estudos sobre a leitura), isto é, novamente a uma categoria de funcionários, ou pode se estender a todo o consumo cultural? Esta a pergunta à qual a história, a sociologia ou a pedagogia escolar deveriam trazer elementos de resposta.

Infelizmente, a abundante literatura consagrada à leitura só fornece precisões fragmentárias sobre este ponto ou destaca experiências letradas. As pesquisas se referem sobretudo ao ensino da leitura[12]. E se aventuram mais discretamente pelo lado da história e da etnologia, na ausência de traços deixados por uma prática que desliza através de todo o tipo de "escrituras" ainda mal observadas (por exemplo "lê-se" uma paisagem como se lê um texto)[13]. Mais numerosas em sociologia, elas são geralmente de tipo estatístico: calculam as correlações entre objetos lidos, lugares sociais e lugares de frequência ao invés de analisarem a própria operação do ler, suas modalidades e sua tipologia[14]. Resta o domínio literário, particularmente rico hoje (de Barthes a Riffaterre ou Jauss), privilegiado mais uma vez pela escritura, mas altamente especializado: os "escritores" deportam "a alegria de ler" para o lado onde se articula com uma arte de escrever e um prazer de reler. Aí, no entanto, antes ou depois de Barthes, se contam errâncias e inventividades que jogam com as expectativas, as astúcias e as normatividades da "obra lida"; aí já se elaboram os modelos teóricos, suscetíveis de explicá-la[15]. Apesar de tudo, a história das andanças do homem através de seus próprios textos está ainda em boa parte por descobrir.

O sentido "literal", produto de uma elite social

Das análises que acompanham a atividade leitora em seus rodeios, percursos através da página, metamorfoses e anamorfoses do texto pelo olho que viaja, voos imaginários ou meditativos a partir de algumas palavras, transposições de espaços sobre as superfícies militarmente dispostas do escrito, danças efêmeras, depreende-se ao menos em um primeiro enfoque que não se poderia conservar a rígida separação da leitura e do texto legível (livro, imagem etc.). Quer se trate do jornal ou de Proust, o texto só tem sentido graças a seus leitores; muda com eles; ordena-se conforme códigos de percepção que lhe escapam. Torna-se texto somente na relação à exterioridade do leitor, por um jogo de implicações e de astúcias entre duas espécies de "expectativa" combinadas: a que organiza um espaço *legível* (uma literalidade) e a que organiza uma *démarche* necessária para a *efetuação* da obra (uma leitura)[16].

Fato estranho, o princípio dessa atividade lente já fora colocado por Descartes há mais de três séculos, a propósito dos trabalhos contemporâneos sobre a análise combinatória e sobre o exemplo das "cifras" ou textos cifrados: "E se alguém, para adivinhar uma cifra escrita com letras comuns, acha por bem ler um B sempre que houver um A, e um C sempre que houver um B, substituindo assim no lugar de cada letra a seguinte na ordem alfabética, e lendo desta maneira, aí encontra palavras que façam sentido, não duvidará que este seja o verdadeiro sentido dessa cifra que terá achado deste modo embora pudesse ocorrer que aquele que a escreveu tenha posto aí outro sentido bem diferente, dando outro significado a cada letra..."[17]. A operação codificadora, articulada a partir dos significantes, *faz* o sentido que não é, portanto, definido por um depósito, por uma "intenção" ou por uma atividade autoral.

De onde nasce então a muralha da China que circunscreve um "próprio" do texto, que isola do resto a sua autonomia semântica, e que faz dela a ordem secreta de uma "obra"? Quem eleva essa barreira que constitui o texto em ilha sempre fora do alcance para o leitor? Essa ficção condena à sujeição os consumidores que agora se tornam sempre culpados de infidelidade ou de ignorância diante da "riqueza" muda do tesouro assim posto à parte. Essa ficção do "tesouro" escondido na obra, cofre-forte do sentido, não tem evidentemente como base a produtividade do leitor, mas a *instituição social* que sobredetermina a sua relação com o texto[18]. A leitura fica de certo modo obliterada por uma relação de forças (entre mestres e alunos, ou entre produtores e consumidores), das quais ela se torna o instrumento. A utilização do livro por pessoas privilegiadas o estabelece como um segredo do qual somente eles são os "verdadeiros" intérpretes. Levanta entre o texto e seus leitores uma fronteira que para ultrapassar somente eles entregam os passaportes, transformando a sua leitura (legítima, ela *também*) em uma "literalidade" ortodoxa que reduz as outras leituras (também legítimas) a ser apenas heréticas (não "conformes" ao sentido do texto) ou destituídas de sentido (entregues ao ouvido). Deste ponto de vista, o sentido "literal" é o sinal e o efeito de um poder social, o de uma elite. Oferecendo-se a uma leitura plural, o texto se torna uma arma cultural, uma reserva de caça, o pretexto de uma lei que legitima, como "literal", a interpretação de profissionais e de clérigos *socialmente* autorizados.

Aliás, se a manifestação das liberdades do leitor através do texto é tolerada entre funcionários autorizados (é preciso ser Barthes para se atrever a fazê-lo), ela é, ao contrário, proibida aos alunos (simples ou habilmente reduzidos à escuderia do sentido "recebido" pelos mestres) ou ao público (cuidadosamente advertido sobre "o que se deve pensar e cujas invenções são consideradas desprezíveis, e assim reduzidas ao silêncio").

Na hierarquização social, por conseguinte, esconde-se a realidade da prática da leitura ou se torna irreconhecível. Ontem, a Igreja, instituindo uma ruptura social entre clérigos e "fiéis", mantinha a Escritura no estatuto de uma "Letra" supostamente independente de seus leitores e, de fato, de posse dos seus exegetas: a autonomia do texto era a reprodução das relações socioculturais no seio da instituição cujos pressupostos fixavam o que se deveria ler na Escritura. Com o enfraquecimento da instituição, aparece entre o texto e seus leitores a reciprocidade que ela escondia, como se, em se retirando, ela permitisse ver a pluralidade indefinida das "escrituras" produzidas por diversas leituras. A criatividade do leitor vai crescendo à medida que vai decrescendo a instituição que a controlava. Este processo, visível desde a Reforma, começa a inquietar os pastores já no século XVII. Hoje há os dispositivos sociopolíticos da escola, da imprensa ou da TV que isolam de seus leitores o texto que fica de posse do mestre ou do produtor. Mas por trás do cenário teatral dessa nova ortodoxia se esconde (como já acontecia ontem)[19], a atividade silenciosa, transgressora, irônica ou poética, de leitores (ou telespectadores) que sabem manter sua distância da privacidade e longe dos "mestres".

A leitura ficaria então situada na conjunção de uma estratificação *social* (das relações de classe) e de operações *poéticas* (construção do texto por seu praticante): uma hierarquização social atua para conformar o leitor à "informação" distribuída por uma elite (ou semielite): as operações de leitura trapaceiam com a primeira, insinuando sua inventividade nas brechas de uma ortodoxia cultural. Destas duas histórias, uma esconde aquilo que não é conforme aos "mestres" e lho torna invisível; a outra o dissemina nas redes do privado. Ambas, pois, colaboram para fazer da leitura uma incógnita de onde emerge, de um lado, teatralizada e dominante, a única experiência *letrada* e, do outro, raros e parcelados, à maneira de bolhas que sobem do fundo d'água, os índices de uma poética *comum.*

Um "exercício de ubiquidade", esta "impertinente ausência"

A autonomia do leitor depende de uma transformação das relações sociais que sobredeterminam a sua relação com os textos. Tarefa necessária. Mas esta revolução seria de novo o totalitarismo de uma elite com a pretensão de criar, ela mesma, condutas diferentes e capazes de substituir uma Educação anterior por outra normativa também, se não pudesse contar com o *fato* de *já* existir, multiforme embora sub-reptícia ou reprimida, uma outra experiência que não é a da passividade. Uma política da leitura deve, portanto, articular-se a partir de uma análise que, descrevendo práticas há muito tempo efetivas, as torne politizáveis. Destacar alguns aspectos da operação leitora indica já como é que ela escapa à lei da informação.

"Leio e me ponho a pensar... Minha leitura seria então a minha impertinente ausência. Seria a leitura um exercício de ubiquidade?"[20]

Experiência inicial, até iniciática: ler é estar alhures, onde não se está, em outro mundo[21]; é constituir uma cena secreta, lugar onde se entra e de onde se sai à vontade; é criar cantos de sombra e de noite numa existência submetida à transparência tecnocrática e àquela luz implacável que, em Genet, materializa o inferno da alienação social. Já o observava Marguerite Duras: "Talvez se leia sempre no escuro... A leitura depende da escuridão da noite. Mesmo que se leia em pleno dia, fora, faz-se noite em redor do livro"[22].

O leitor é o produtor de jardins que miniaturizam e congregam um mundo. Robinson de uma ilha a descobrir, mas "possuído" também por seu próprio carnaval que introduz o múltiplo e a diferença no sistema escrito de uma sociedade e de um texto. Autor romanesco, portanto. Ele se desterritorializa, oscilando em um não lugar entre o que inventa e o que modifica. Ora efetivamente, como o caçador na floresta, ele tem o escrito à vista, descobre uma pista, ri, faz "golpes", ou então, como jogador, deixa-se prender aí. Ora perde aí as seguranças fictícias da realidade: suas fugas o exilam das certezas que colocam o eu no tabuleiro social. *Quem* lê com efeito? Sou eu ou o quê de mim? "Não sou *eu* como uma verdade, mas eu como a incerteza do eu, lendo esses textos da perdição. Quanto mais os leio, tanto menos os compreendo, tanto mais ele deixa de ser evidente"[23].

Experiência comum, a dar crédito a testemunhos não quantificáveis nem citáveis, e não somente literários. Vale também para os leitores e as leitoras de *Nous Deux*, de *La France Agricole* ou de *L'ami ou du boucher*, seja qual for o grau de vulgarização ou de tecnicidade dos espaços percorridos pelas Amazonas ou pelos Ulisses da vida cotidiana.

Longe de serem escritores, fundadores de um lugar próprio, herdeiros dos servos de antigamente, mas agora trabalhando no solo da linguagem, cavadores de poços e construtores de casas, os leitores são viajantes; circulam nas terras alheias, nômades caçando por conta própria através dos campos que não escreveram, arrebatando os bens do Egito para usufruí-los. A escritura acumula, estoca, resiste ao tempo pelo estabelecimento de um lugar e multiplica sua produção pelo expansionismo da reprodução. A leitura não tem garantias contra o desgaste do tempo (a gente se esquece e esquece), ela não conserva ou conserva mal a sua posse, e cada um dos lugares por onde ela passa é repetição do paraíso perdido.

Com efeito, a leitura não tem lugar: Barthes lê Proust no texto de Stendhal[24]; o telespectador lê a paisagem de sua infância na reportagem da atualidade. A telespectadora que diz da emissão vista na véspera: "Era uma coisa idiota, mas eu não desligava", qual era o lugar que a prendia, que era e no entanto não era o da imagem vista? O mesmo se dá com o leitor: seu lugar não é *aqui* ou *lá*, um ou outro, mas nem um nem outro, simultaneamente dentro e fora, perdendo tanto um como o outro misturando-os, associando textos adormecidos, mas que ele desperta e habita, não sendo nunca o seu proprietário. Assim, escapa também à lei de cada texto em particular, como à do meio social.

Espaços de jogos e astúcias

Para caracterizar esta atividade, pode-se recorrer a diversos modelos. Pode ela ser considerada uma espécie de "bricolagem" que Lévi-Strauss analise em "o pensamento selvagem", ou seja, um arranjo feito com "meios marginais", uma produção "sem relação com um projeto", que reajusta "os resíduos de construções e destruições anteriores"[25]. Mas contrariamente aos "universos mitológicos" de Lévi-Strauss, se esta produção organiza também acontecimentos, não forma um conjunto: é uma "mitologia" dispersa na duração, o desfiar de um tempo não reunido, mas disseminado em repetições e em diferenças de gozos, em memórias e em conhecimentos sucessivos.

Outro modelo: a arte sutil cuja teoria foi elaborada por poetas e romanceiros medievais: insinuam a inovação no próprio texto e nos termos de uma tradição. Procedimentos refinados infiltram mil diferenças na escritura autorizada que lhes serve de quadro, mas sem que o seu jogo obedeça à coerção de sua lei. Essas astúcias poéticas, não ligadas à criação de um lugar próprio (escrito), mantiveram-se através dos séculos até na leitura contemporânea, igualmente ágil na prática dos desvios e metaforizações que, às vezes, é mal e mal sinalizada por um "bof". Os estudos realizados em Bochum, tendo em vista uma *Rezeptionsästhetik* (Estética da recepção) e uma *Handlungstheorie* (teoria da ação), fornecem também diversos modelos sobre as relações das táticas textuais com as "expectativas" e hipóteses sucessivas do receptor que considera o drama (ou romance) uma ação premeditada[26]. Este jogo de produções textuais relativas àquilo que as expectativas do leitor lhe fazem produzir no decorrer do seu progresso no relato é apresentado, certamente, com um pesado aparelho conceptual: onde, teatro desolador, uma doutrina ortodoxa tinha plantado a estátua da "obra", cercada de consumidores conformados ou ignorantes.

Através dessas pesquisas e muitas outras, busca-se uma orientação na leitura que não se caracteriza mais somente por uma "impertinente ausência", mas pelos avanços e recuos, pelas táticas e pelos jogos com o texto. Vai e vem, ora captada (mas por que, então, que desperta ao mesmo tempo no leitor e no texto?), jogando, protestando, fugindo. Seria necessário reencontrar os seus movimentos no próprio corpo, aparentemente dócil e silencioso, imitando-a à sua maneira: os retiros em toda espécie de "gabinetes" de leitura liberam gestos desconhecidos, resmungos, tics, exposições ou rotações, ruídos insólitos, enfim uma orquestração selvagem do corpo[27]. Por outro lado, porém, em seu nível mais elementar, a leitura se tornou há três séculos uma obra da vista. Ela não é mais acompanhada, como antigamente, pelo ruído de uma articulação vocal nem pelo movimento de uma mastigação muscular. Ler sem pronunciar em voz alta ou a meia-voz é uma experiência "moderna", desconhecida durante milênios. Antigamente, o leitor interiorizava o texto: fazia da própria voz o corpo do outro, era o seu ator. Hoje o texto não impõe mais o seu ritmo ao assunto, não se manifesta mais pela voz do leitor. Esse recuo do corpo, condição de sua autonomia, é um distanciar-se do texto. É para o leitor o seu *habeas corpus* *.

Como o corpo se retira do texto para se comprometer com ele apenas pela mobilidade dos olhos[28], a configuração geográfica do texto organiza cada vez menos a atividade do leitor. A leitura se liberta do solo que a determinava. Afasta-se dele. A autonomia do

---

* Noção central do direito inglês (século XVII), que garante a liberdade do indivíduo e o protege de uma prisão arbitrária (L.G.).

olho suspende as cumplicidades do corpo com o texto; ela o desvincula do lugar escrito; faz do escrito um objeto e aumenta as possibilidades que o sujeito tem de circular. Um sintoma: os métodos de leitura dinâmica[29]. Assim como o avião permite independência crescente em face das coerções exercidas pela organização do solo, as técnicas de leitura dinâmica obtêm, diminuindo as paradas da vista, uma aceleração das travessias, uma autonomia maior em relação às determinações do texto e uma multiplicação dos espaços percorridos. Emancipado dos lugares, o corpo que lê se acha mais livre em seus movimentos. Exerce em gestos a capacidade que cada sujeito tem para converter o texto pela leitura e "queimá-lo", assim como se queimam as etapas.

Fazendo a apologia da impertinência do leitor, estou negligenciando muitos aspectos. Barthes distinguia já três tipos de leitura: aquela que se apraz em deter-se em certas palavras, e a que vai correndo até o fim e "não consegue esperar", a que cultiva o desejo de escrever[30]. Leituras erótica, venatória ou iniciática. Existem outras, no sonho, no combate, no autodidatismo etc., que não é o caso de abordar aqui. Seja como for, sua maior autonomia não preserva o leitor, pois é sobre o seu imaginário que se estende o poder dos meios, ou seja, sobre tudo aquilo que deixa vir de si mesmo nas redes do texto – seus medos, seus sonhos, suas autoridades fantasmadas e ausentes. Aí em cima jogam os poderes que fazem das cifras e dos "fatos" uma retórica que tem por alvo esta intimidade liberta.

Mas onde o aparelho científico (o nosso) é levado a partilhar a ilusão dos poderes de que é necessariamente solidário, isto é, a supor as multidões transformadas pelas conquistas e as vitórias de uma produção expansionista, é sempre bom recordar que não se devem tomar os outros por idiotas.

QUINTA PARTE

Maneiras de crer

CAPÍTULO XIII

CREDIBILIDADES POLÍTICAS

"Gosto da palavra *crer*. Em geral, quando alguém diz 'sei', não sabe, mas crê."
Marcel Duchamp
Duchamp du signe
(*Flammarion*, 1975, p. 185)

Os judeus, disse uma vez Léon Poliakov, são franceses que, ao invés de não irem mais à igreja, não vão mais à sinagoga. Na tradução humorística de *Hagadah*, essa piada designava crenças no passado que deixaram de organizar práticas. As convicções políticas parecem, hoje, seguir o mesmo caminho. Alguém seria socialista porque *foi*, sem ir às manifestações, sem reunião, sem contribuição financeira, em suma sem pagar. Mas reverencial que identificatória, a "pertença" só se marcaria por aquilo que se chama uma *voz*, este resto de palavra, um voto por ano. Vivendo com base numa aparente "confiança", o partido reúne cuidadosamente as relíquias de convicções antigas e, mediante esta ficção de legitimidade, vai mais ou menos gerindo seus negócios. Precisa somente, por sondagens e estatísticas, multiplicar a citação dessas testemunhas-fantasmas, recitando-lhes a ladainha.

Uma técnica bastante simples manteria o teatro desse crédito. Basta que as sondagens abordem um outro ponto que não aquilo que liga diretamente os "adeptos" ao partido, mas aquilo que não os engaja alhures – não a energia das convicções, mas a sua inércia. "Se é falso que você acredita em outra coisa, é portanto verdade que você ainda é dos nossos". Os resultados da operação contam então com restos de adesão. Fazem cálculos até mesmo com o *desgaste* de toda convicção, pois esses restos indicam ao mesmo tempo o *refluxo* daquilo em que os interrogados creram e a *ausência* de uma credibilidade mais forte que os leva para outro lugar: as "vozes" não se exilam, ficam ali; jazem onde estavam, dando lugar no entanto ao mesmo total. A conta se torna um conto. Essa ficção poderia muito bem ser um apêndice ao *Esse est percipi* de Borges[1]. É o apólogo de um declínio que os números não registram e que atinge as crenças.

A título de primeira aproximação, entendo por "crença" não o objeto do crer (um dogma, um programa etc.), mas o investimento das pessoas em uma proposição, *o ato* de enunciá-la considerando-a verdadeira[2] – noutros termos, uma "modalidade" da afirmação e não o seu conteúdo[3]. Ora, a capacidade de crer parece estar em recessão em todo o campo político. E era ela que sustentava o funcionamento da "autoridade". A partir de Hobbes, a filosofia política, sobretudo na sua tradição inglesa, considerou essa articulação fundamental[4]. Por esse vínculo a política explicitava a sua relação de diferença e de continuidade com a religião. Mas a vontade de "*fazer crer*", de que vive a instituição, fornecia nos dois casos um fiador a uma busca de amor e/ou de identidade[5]. Importa então interrogar-se sobre os avatares do crer em nossas sociedades e sobre as práticas originadas a partir desses deslocamentos.

Queda de cotação das crenças

Durante séculos, supunha-se que fossem indefinidas as reservas de crença. Bastava apenas, no imenso oceano da credulidade, criar ilhas de racionalidade, destacar e garantir as frágeis conquistas de uma crítica. O resto, considerado inesgotável, supunha-se que podia ser transportado para outros objetos e outras metas, como a água de uma cachoeira pode ser veiculada e usada para produzir eletricidade. Procurava-se "captar" essa energia deslocando-a de um lugar para outro: das sociedades assim chamadas pagãs, onde residia, era transportada para o cristianismo que ela devia apoiar; depois, das Igrejas, a energia era canalizada para uma política monárquica; e enfim, de uma religiosidade tradicionalista para as instituições da República, da Educação pública ou dos socialismos. Essas "conversões" consistiam em captar a energia crente transportando-a. Aquilo que não era transportável, ou ainda não fora transportado, para as novas regiões do progresso era visto como "superstição"; o que era utilizável pela ordem vigente ganhava o valor de "convicção". O reservatório era tão rico que, explorando-o, esquecia-se da necessidade de analisá-lo. Campanhas e cruzadas consistiam em "colocar" a energia do crer num lugar bom e em objetos bons (de crer).

Aos poucos a crença se poluiu, como o ar e a água. Essa força motriz, sempre resistente, mas tratável, começa a faltar. Percebe-se ao mesmo tempo não se saber o que ela é. Estranho paradoxo: tantas polêmicas e reflexões sobre os conteúdos ideológicos e os enquadramentos institucionais para lhe fornecer não foram (salvo na filosofia inglesa, de Hume a Wittgenstein, H.H. Price, Hintikka ou Quine) acompanhadas de uma elucidação acerca da natureza do ato de crer. Hoje não basta mais manipular, transportar e refinar a crença. É preciso analisar-lhe a composição, pois há a pretensão de fabricá-la artificialmente. Ainda parcialmente o marketing comercial ou político está se empenhando nisso[6]. Existem agora demasiados objetos para crer e muito escassa credibilidade.

Dá-se uma inversão. Os poderes antigos geriam habilmente a sua "autoridade" e supriam assim a insuficiência do seu aparato técnico ou administrativo: eram sistemas de clientelas, de cooptações, de "legitimidades" etc. Procuravam no entanto se tornar mais independentes dos jogos dessas fidelidades por uma racionalização, pelo controle e a organização do espaço. Fruto desse trabalho, os poderes de nossas sociedades desenvolvidas dispõem de procedimentos bastante finos e firmes para vigiar todas as redes sociais: são os sistemas administrativos e "panópticos" da polícia, da escola, da saúde, da seguridade social etc.[7] Mas vão lentamente perdendo toda a credibilidade. Dispõem agora de mais força e menos autoridade.

Muitas vezes os técnicos não se preocupam muito com isso, ocupados como estão em estender e complexificar os dispositivos de persistência e de vigilância. Enganadora segurança. A sofisticação da disciplina não é capaz de compensar o desengajamento das pessoas. Nas empresas, a desmobilização dos trabalhadores cresce mais depressa que o controle policial de que é alvo, pretexto e efeito. Desperdício dos produtos, perda de tempo, "sucata", rotatividade ou absenteísmo dos empregados etc. solapam a partir de dentro um sistema que, como nas fábricas Toyota[8], tende a se tornar carcerário para evitar qualquer fuga. Nas administrações, nos escritórios e até nas formações políticas ou religiosas, uma cancerização do aparelho responde ao desvanecimento das convicções. Ela o gera também. O interesse não toma o lugar da crença[9].

Esgota-se o crer. Ou se refugia no lado dos *mass media* ou do lazer. Sai de férias; e aí também se torna um objeto captado e tratado pela publicidade, o comércio e a moda. Para recuperar essas crenças que vão embora e se perdem, as empresas procuram, por sua vez, fabricar simulacros de credibilidade. A Shell produz o Credo dos "valores" que "inspiram" a direção e que os quadros e os empregados devem adotar. Assim também centenas de outras indústrias, mesmo que demorem para se mexer e ainda estejam contando com o capital fictício de um antigo "espírito" de família, de casa ou região.

Onde achar material para injetar credibilidade nos aparelhos? Existem duas minas tradicionais, uma política, a outra religiosa; numa, um superdesenvolvimento de suas instâncias administrativas e de seu enquadramento compensa a mobilidade ou o refluxo das convicções nos militantes; na outra, pelo contrário, instituições que estão caindo em ruínas ou fechando-se em si mesmas deixam disseminar-se por toda a parte as crenças que elas durante longo tempo fomentaram, mantiveram e controlaram.

Uma arqueologia. O tráfico do crer

Desses dois "depósitos", as relações são ao mesmo tempo estranhas e antigas.

1. A religiosidade parece mais fácil de explorar. As agências de marketing reutilizam avidamente esses resíduos de crenças ontem violentamente combatidas como superstições. A publicidade passa a ser evangélica. Numerosos são os gerenciadores de uma ordem econômica e social que se mostra inquieta com o lento naufrágio de Igrejas onde jazem os restos de "valores" que pretendem recuperar a seu próprio serviço batizando-os como "atuais". Antes que essas crenças se afundem com os navios que as transportam, são apressadamente desembarcadas nas empresas e nas administrações. Mas os

usuários dessas relíquias não creem mais nelas. Nem por isso deixam de formar, com todo o tipo de "integristas", associações ideológicas e financeiras em vista de reparar essas náufragas da história e fazer das Igrejas os museus de crenças sem crentes, ali guardadas para serem exploradas pelo capitalismo liberal.

Essa recuperação funciona com base em duas hipóteses táticas provavelmente errôneas. Uma postula que a crença se mantém ligada a seus objetos e que, preservando estes, aquela se preserva. De fato (mostram-no tanto a história como a semiótica), o investimento do crer passa de mito em mito, de ideologia em ideologia, ou de enunciado em enunciado[10]. Assim a crença se retira de um mito e o deixa quase intacto, mas com destino diferente, transformado em documento[11]. Durante esse tráfico, a convicção ainda ligada aos terrenos que ela aos poucos vai abandonando não seria capaz de combater os movimentos que a deslocam para outros lugares. Não existe equivalência entre os objetos que ainda a conservam e aqueles que a mobilizam para outra parte.

A outra tática não supõe que a crença permaneça ligada a seus primeiros objetos, mas, ao contrário, que ela poderia desligar-se deles de modo artificial; que a sua fuga para os relatos da mídia, para os "paraísos" do lazer, para os retiros íntimos ou turísticos etc. poderia ser detida ou desviada; que se poderia, portanto, trazê-la de volta para o redil, para a ordem disciplinar que ela abandonou. Mas a convicção não regressa tão facilmente para os campos que desertou. Não se consegue mandá-la de volta tão facilmente para administrações ou empresas que se tornaram "inacreditáveis". As liturgias que pretendem "animar" e "revalorizar" os lugares de trabalho não conseguem transformar o seu funcionamento. Também não produzem crentes. O público não é mais tão crédulo. Diverte-se com essas festas e com esses simulacros. Mas não "se engaja".

2. As organizações políticas foram tomando o lugar das Igrejas como lugares de práticas crentes, mas, assim, parece que passaram a ser habitadas pela volta de uma antiquíssima (pré-cristã) e muito "pagã" aliança entre o poder e o religioso. Tudo se passou como se, tendo o religioso cessado de ser um poder autônomo (o "poder espiritual", como se dizia), o político se tornasse de novo religioso.

O cristianismo tinha efetuado uma ruptura no entrelaçamento dos objetos visíveis da crença (as autoridades políticas) e de seus objetos invisíveis (os deuses, os espíritos etc.). Mas só conseguiu manter essa distinção constituindo um poder clerical, dogmático e sacramental no lugar deixado livre pela deterioração momentânea do político no fim da Antiguidade. Nos séculos XI e XII, sob o signo da "paz de Deus", o poder eclesiástico impõe a sua "ordem" aos poderes civis conflitantes[12]. Os séculos seguintes vão mostrar a deterioração dessa ordem em benefício dos príncipes. No século XVII as Igrejas ganham das monarquias os seus modelos e os seus direitos, ainda que deem testemunho de uma "religiosidade" que legitima o poder e aumenta o seu crédito. Com o desgaste desse poder eclesiástico, nos últimos três séculos, as crenças refluíram para o político, mas sem lhe restituir os valores divinos ou celestes que as Igrejas tinham posto de lado, controlado e assumido.

Esse vaivém complexo, que fez passar do político para o religioso cristão, e deste religioso para um novo político[13], teve como efeitos uma individualização das crenças (os quadros de referência comuns se fragmentando em "opiniões" sociais ou em "convicções" singulares) e a sua mobilidade numa rede sempre mais diversificada de objetos possíveis. A ideia de democracia correspondia à vontade de gerenciar essa multiplicação de convicções que tomaram o lugar da fé que fundara uma ordem. Impressionante é que, quebrando o sistema antigo, isto é, a credibilidade religiosa do político, o cristianismo afinal de contas comprometeu a fiabilidade desse religioso que ele separou do político, contribuiu para a desvalorização daquilo de que se apropriara e a que dera autonomia e, assim, possibilitou o refluxo das crenças para autoridades políticas agora privadas (ou libertadas?) dessas autoridades espirituais que eram outrora um princípio de relativização e ao mesmo tempo de legitimação. O regresso de um recalcado "pagão" foi portanto afetado por esse declínio do "espiritual". A erosão do cristianismo deixou um traço indelével na modernidade: a "encarnação" ou a historicização que já no século XVIII Rousseau denomina uma "religião civil"[14]. Ao Estado pagão que "não distinguia seus deuses e suas leis", Rousseau opõe uma "religião" do cidadão, "onde pertence ao soberano fixar os seus artigos". "Se alguém, depois de ter publicamente reconhecido esses mesmos dogmas, se comporta como não acreditando neles, seja punido de morte". Desta religião civil do *cidadão* se distinguia uma religião espiritual do *homem*, individual, a-social e universal, de *La Profession de foi du vicaire savoyard.* Essa visão profética, muito menos incoerente do que se dizia, já articula o desenvolvimento de uma dogmática "civil" e política sobre a radicalização de uma consciência individual *desligada* de todo dogma e privada de poderes. Mais tarde, a análise sociológica verificou estar correta essa previsão[15].

Desde então, a crença se reinveste no sistema político apenas, à medida que vão saindo de órbita, disseminando-se ou miniaturizando-se os "poderes espirituais" que tinham garantido os poderes civis na Antiguidade e tinham entrado em competição com eles no Ocidente cristão.

Do poder "espiritual" à oposição de esquerda

A distinção, hoje arqueológica, entre o temporal e o espiritual como duas jurisdições diversas, continua ainda estruturalmente inscrita na sociedade francesa, mas agora *dentro do* sistema político. O lugar antigamente ocupado pela Igreja ou pelas Igrejas em face dos poderes estabelecidos é ainda reconhecível, há uns dois séculos, no funcionamento de uma oposição assim chamada de esquerda. Também na vida política, uma mutação dos conteúdos ideológicos pode deixar intacta uma "forma" social[16]. Um indício dessas transições que deslocam as crenças, mantendo porém o mesmo esquema estrutural, seria a história do jansenismo: uma oposição profética (o Port-Royal do século XVII) transforma-se ali na oposição política de um ambiente "esclarecido" e parlamentar no século XVIII. Já se esboça a troca que uma *intelligentsia* de clérigos ou notáveis garante à oposição sustentada por um poder "espiritual" contra (ou à margem) das autoridades políticas ou "civis".

Seja lá como for o passado, e caso se deixem de lado as comparações demasiadamente fáceis (e a-políticas) entre os traços psicossociológicos caraterísticos de toda militância[17], existe *funcionalmente*, em face da ordem estabelecida, uma relação entre as Igrejas que defendiam um *outro mundo* e os partidos de esquerda que, desde o século XIX, promovem um *futuro diferente*. Tanto numa parte como na outra se percebem características funcionais semelhantes: a ideologia e a doutrina desempenham aí um papel importante que não lhes é dado pelos detentores do poder; o projeto de uma outra sociedade tem aí como efeito o papel prioritário do discurso (reformista, revolucionário, socialista etc.) contra a fatalidade ou a normalidade dos fatos; a legitimação por valores éticos, por uma verdade teórica ou por um martirológio deve compensar aí a legitimidade com a qual pode se fazer acreditar todo poder pelo mero fato de sua existência; as técnicas do "fazer crer" desempenham um papel mais decisivo onde se trata daquilo que ainda não é[18]; as intransigências e os exclusivismos doutrinais são portanto mais fortes que nos lugares onde o poder adquirido permite e muitas vezes exige os compromissos; enfim, por uma lógica aparentemente contraditória, todo poder reformista sofre a tentação de adquirir vantagens políticas, mudar-se em administração eclesiástica para apoiar seu projeto, perder assim sua "pureza" primitiva ou mudá-la em mero elemento decorativo do aparelho e transformar os seus militantes em funcionários ou em conquistadores.

Esta analogia tem razões estruturais: elas não remetem diretamente a uma psicologia da militância ou a uma sociologia crítica das ideologias, mas antes de tudo à lógica de um "lugar" que produz e reproduz, como seus efeitos, as mobilizações militantes, as táticas do "fazer crer" e das instituições eclesiais em uma relação de distância, de competição e de transformação futura em relação aos poderes estabelecidos. As passagens dos cristianismos para os socialismos pela mediação das "heresias" ou das seitas constituíram o objeto de inúmeros trabalhos[19], eles mesmos operadores das passagens que analisavam. Mas se esse tráfico transporta relíquias de crenças religiosas para novas formações políticas, daí não se poderia concluir que esses restos de crenças abandonadas autorizam a reconhecer algo *de* religioso nesses movimentos. Só se é obrigado a isso por uma identificação, indevida, dos objetos *cridos* ao ato de *crer*, e por seu corolário que supõe algo *de* religioso em todo grupo onde funcionam ainda elementos que *foram* religiosos. Há outro modelo de análise, que parece mais conforme aos dados da história e da antropologia: as Igrejas, ou mesmo as religiões, seriam não unidades referenciais, mas variantes sociais nas relações possíveis entre o *crer* e o *crido*; elas teriam sido configurações (e manipulações) históricas particulares das relações que podem ser mantidas pelas modalidades (formais) do *crer* e do saber com as séries (quase léxicas) dos *conteúdos* disponíveis. Hoje, o crer e o saber se distribuem de outro modo que nas religiões de outrora; o crer não modaliza mais o crido segundo as mesmas regras; enfim os objetos do crer ou do saber, o seu modo de definição, o seu estatuto e seu estoque em boa parte se renovaram. Também não se pode isolar e inscrever numa continuidade duas constelações de "crenças" mantendo apenas, de uma e de outra, o fato comum de um *Belief*, elemento supostamente invariável. Para analisar as relações do discurso e do crer na variante nova, política e militante, apresentada pelos partidos de esquerda em um lugar ainda historicamente determinado pelo papel das Igrejas antigas, deve-se portanto abandonar o exame em perspectiva arqueológica, precisar bem os modos segundo os quais, hoje, o crer, o saber e seus conteúdos se definem reciprocamente, e deste modo tentar captar alguns funcionamentos do crer e do fazer, crer nas formações políticas onde se desdobram, no interior desse sistema, as táticas permitidas pelas exigências de uma posição e pelas pressões históricas. Esse enfoque da atualidade pode distinguir aí os dois dispositivos pelos quais uma dogmática sempre se impôs à crença: de um lado, a pretensão de *falar em nome de um real* que, supostamente inacessível, é ao mesmo tempo o princípio daquilo que é crido (uma totalização) e o princípio do ato de crer (uma coisa sempre subtraída, inverificável, ausente); de outro lado, a capacidade do discurso, autorizado por um "real" para se distribuir em *elementos organizadores de práticas*, isto é, em "artigos de fé". Essas duas forças tradicionais se acham hoje no sistema que combina com a narratividade da mídia – uma instituição do real – o discurso dos produtos de consumo – uma distribuição deste real em "artigos" que se devem crer e comprar. Importa insistir sobre o primeiro, dado que o segundo é bastante conhecido.

A instituição do real

O grande silêncio das coisas muda-se no seu contrário através da mídia. Ontem constituído em segredo, agora o real tagarela. Só se veem por todo o lado notícias, informações, estatísticas e sondagens.

Jamais houve uma história que tivesse falado ou mostrado tanto. Jamais, com efeito, os ministros dos deuses os *fizeram falar* de uma maneira tão contínua, tão pormenorizada e tão injuntiva como o fazem hoje os produtores de revelações e regras *em nome* da atualidade. Os relatos do-que-está-acontecendo constituem a nossa ortodoxia. Os debates de números são as nossas guerras teológicas. Os combatentes não carregam mais as armas de ideias ofensivas ou defensivas. Avançam camuflados em fatos, em dados e acontecimentos. Apresentam-se como os mensageiros de um "real". Sua atitude assume a cor do terreno econômico e social. Quando avançam, o próprio terreno parece que também avança. Mas, de fato, eles o fabricam, simulam-no, usam-no como máscara, atribuem a si o crédito dele, criam assim a cena da sua lei.

Malville, Kalkar, Croissant, o Polisário, o nuclear, Khomeiny, Carter etc.: esses fragmentos de história se organizam em artigos de doutrina. "Calem-se!" – diz o locutor ou o responsável político: "Aí estão os fatos. Eis os dados, as circunstâncias etc. Portanto, vocês devem..." O real contado dita interminavelmente aquilo que se deve crer e aquilo que se deve fazer. E o que se pode contrapor aos fatos? A pessoa tem que se inclinar, e obedecer àquilo que "significam", como o oráculo de Delfos[20]. A fabricação de simulacros fornece assim o meio de produzir crentes e portanto praticantes. Esta instituição do real é a forma mais visível de nossa dogmática contemporânea. É também a mais disputada entre partidos.

Ela não comporta mais um lugar próprio, nem cátedra ou magistério. Código anônimo, a informação inerva e satura o corpo social. Desde a manhã até a noite, sem pausa, histórias povoam as ruas e os prédios. Articulam nossas existências ensinando-nos o que elas devem ser. "Cobrem o acontecimento", ou seja, *fazem* deles as nossas legendas (*legenda*: aquilo que se deve ler e dizer). Apanhado desde o momento em que acorda pelo rádio (a voz é a lei), o ouvinte anda o dia inteiro pela floresta de narratividades jornalísticas, publicitárias, televisionadas, que, de noite, ainda introduzem as suas últimas mensagens sob as portas do sono. Mais que o Deus narrado antigamente pelos teólogos, essas histórias desempenham uma função de providência e de predestinação: elas organizam de antemão nossos trabalhos, nossas festas e até os nossos sonhos. A vida social multiplica os gestos e os comportamentos *impressos* por modelos narrativos; reproduz e empilha sem cessar as "cópias" de relatos. A nossa sociedade se tornou uma sociedade *recitada*, e isto num triplo sentido: é definida ao mesmo tempo por *relatos* (as fábulas de nossas publicidades e de nossas informações), por suas *citações* e por sua interminável *recitação*.

Esses relatos têm o duplo e estranho poder de mudar o ver num crer, e de fabricar real com aparências. Dupla inversão. De um lado, a modernidade, outrora nascida de uma vontade observadora que lutava contra a credulidade e se fundava num contrato entre a vista e o real, transforma agora essa relação e deixa *ver* precisamente o que se deve *crer*. A ficção define o campo, o estatuto e os objetos da visão. Assim funcionam os *mass media*, a publicidade ou a representação política. Sem dúvida, também ontem havia ficção, mas em lugares circunscritos, estéticos e teatrais: ali a ficção se indicava a si mesma (por exemplo graças à perspectiva, arte da ilusão); ela fornecia, com as regras de seu jogo e as condições de sua produção, a sua própria metalinguagem[21]. Falava somente em nome da linguagem. Narrativizava uma simbólica, deixando a verdade das coisas em suspenso e quase em segredo. Hoje, a ficção pretende presentificar o real, falar em nome dos fatos e, portanto, fazer assumir como referencial a semelhança que produz. E os destinatários (e compradores) dessas legendas não estão mais obrigados a crer no que não veem (posição tradicional), mas a crer no que veem (posição contemporânea).

Essa revirada do terreno onde se desenvolvem as crenças resulta de uma mutação nos paradigmas do saber: a invisibilidade do real, postulado antigo, cedeu o lugar à sua visibilidade. A cena sociocultural da modernidade remete a um "mito". Define o referente social por sua visibilidade (e portanto por sua representatividade científica ou política); articula em cima deste novo postulado (crer que o real é visível) a possibilidade de nossos saberes, de nossas observações, de nossas provas e nossas práticas. Nesta nova cena, campo indefinidamente extensível das investigações óticas e de uma pulsão escópica, subsiste ainda a estranha coalizão entre o *crer* e a questão do real. Mas agora ela se joga no elemento do *visto*, do *observado* ou do *mostrado*. O "simulacro" contemporâneo[22] é, em suma, a localização derradeira do crer no ver, é o *visto* identificado com aquilo que se deve *crer* – uma vez que se abandonou a hipótese que esperava que as águas de um oceano invisível (o Real) viessem habitar as margens do visível e fazer delas os efeitos, os sinais decodificáveis ou os reflexos enganadores de sua presença. Torna-se um simulacro a relação do visível com o real quando desmorona o postulado de uma imensidão invisível do Ser (ou dos seres), escondido por trás das aparências.

A sociedade recitada

Em face dos relatos imaginários, que agora são apenas "ficções", produções visíveis e legíveis, o espectador-observador *sabe muito bem* que se trata de "aparências", resultados de manipulações – *Sei muito bem que é uma patranha – mas assim mesmo* ele supõe que tais simulações tenham um estatuto de realidade[23]: uma crença sobrevive ao desmentido que recebe de tudo aquilo que sabemos sobre a sua fabricação. Como dizia um telespectador: "Se fosse mentira, *a gente saberia*". Ele postulava *outros* lugares sociais capazes de garantir o que ele sabia ser fictício, e isso lhe permitia crer no que via "assim mesmo". Como se a crença não pudesse mais se dizer em convicções diretas, mas somente passando pelo desvio daquilo que se imagina outros acreditarem. A crença não repousa mais em uma alteridade invisível, escondida por trás dos signos, mas em cima daquilo que outros grupos, outros campos, ou outras disciplinas supostamente são. O "real" é aquilo que, em cada lugar, a referência a um outro faz acreditar. O mesmo se dá nas disciplinas científicas. Por exemplo, as relações entre a informática e a história funcionam tendo como base um espantoso quiproquó: à informática os historiadores solicitam que dê crédito a um poder "científico" capaz de dar um peso técnico e real a seu discurso; à história os informaticistas pedem uma validação pelo "real" que é fornecido pelo "concreto" da erudição. Cada um deles, por seu lado, espera do outro uma garantia que lastreie o seu simulacro[24].

Politicamente, acontece a mesma coisa. Cada partido recebe a sua credibilidade daquilo que crê e faz crer a respeito de seu referente (as "maravilhas" revolucionárias efetuadas no Leste?) ou de seus adversários (os vícios e as infelicidades dos malvados adversários). Cada discurso político tira efeitos de real graças ao que supõe e faz supor da análise econômica que o sustenta (e esta mesma análise validada por essa remissão ao político). No seio de cada partido, os discursos profissionais dos "responsáveis" *se mantêm* graças à credulidade que supõem nos militantes de base ou nos eleitores e, reciprocamente, o "sei muito bem que se trata de patranha!" de muitos dos eleitores tem como contraponto o que postulam de convicção ou de saber nos quadros do aparelho político. A crença funciona assim tendo como base o valor do real que se supõe "assim mesmo" no outro, mesmo quando "a gente bem sabe" muito bem, até demais, até que ponto "existe sujeira" no lugar que se ocupa.

A citação será portanto a arma absoluta do fazer crer. Como ela joga com aquilo que o outro supostamente crê, é portanto o meio pelo qual se institua o "real". Citar o outro em seu favor é portanto dar credibilidade aos simulacros produzidos num lugar particular. A esse respeito, as "sondagens" de opinião se tornaram o processo mais elementar e o mais passivo. A autocitação perpétua – a multiplicação das pesquisas de opinião – é a ficção pela qual o país é induzido a crer no que *é*. Cada cidadão supõe de todos aquilo que, sem ele mesmo crer, sabe da crença dos outros. Substituindo doutrinas que se torna-ram inacreditáveis, a citação permite aos aparelhos tecnocráticos tor-nar-se fiáveis a cada um *em nome dos outros.* Citar é dar realidade ao simulacro produzido por um poder, induzindo a crer que outros acre-ditem nele, mas sem fornecer nenhum objeto crível. Mas é também apontar os "anarquistas" ou "desviantes" (citá-los diante da opinião); é apontar à agressividade pública aqueles que, afirmando por seus gestos não acreditar nisso, demolem a "realidade" fictícia que cada um não pode manter "assim mesmo" a não ser a título da convicção alheia. Na medida em que esse instrumento que "faz a opinião" é ma-nipulável por aqueles que o seguram, pode-se com razão perguntar sobre as capacidades que oferece para mudar a "crença" em "descon-fiança", em "suspeita" e até mesmo em delação, como também sobre a possibilidade para os cidadãos de controlar politicamente aquilo que serve de fiabilidade circular e sem objeto à própria vida política.

CAPÍTULO XIV

O INOMINÁVEL: MORRER

Quando se aproxima a morte, o pessoal do hospital se retira. "Síndrome de fuga da parte dos médicos e das enfermeiras"[1]. O afastamento é acompanhado de senhas cujo vocabulário coloca já o vivo na posição do morto: "Ele precisa *descansar...* Deixem o doente *dormir*". *É preciso* que o moribundo fique *calmo* e *descanse.* Além dos cuidados e dos calmantes necessários ao doente, esta senha põe em causa a impossibilidade, para o pessoal hospitalar, de *suportar a enunciação* da angústia, do desespero ou da dor: é preciso impedir que *se diga* isso.

Os moribundos são proscritos (*outcasts*) porque são os desviantes da instituição por e para a conservação da vida. Um "luto antecipado", fenômeno de rejeição institucional, os coloca de antemão na "câmara da morte"; envolve-os de silêncio ou, pior ainda, de mentiras que protegem os vivos contra a voz que poderia quebrar essa clausura para gritar: "Estou morrendo!" Esse grito produziria um *embarrassingly graceless dying**. A mentira ("Não, o doente vai melhorar!") é uma garantia contra a comunicação. Pois a palavra proibida, caso se fizesse ouvir, trairia a luta que mobiliza o hospital e que, supondo que cuidar quer dizer *curar*, não quer saber do fracasso: seria uma blasfêmia.

---

* Uma morte de aborrecedora deselegância" (L.G.).

Uma prática impensável

Pior ainda, morto em *sursis*, o moribundo *cai* fora do *pensável*, que se identifica com aquilo que se pode *fazer*. Saindo do campo circunscrito por possibilidades de intervenção, entra numa região de insignificância. Não se pode dizer mais nada ali onde nada mais pode ser feito. Com o ocioso, e mais do que ele, o moribundo é o imoral: um, cidadão que não trabalha; o outro, objeto que nem mesmo se oferece mais a um trabalho; ambos intoleráveis numa sociedade onde o desaparecimento dos sujeitos é em toda a parte compensado e camuflado pela multiplicação das tarefas. Foi necessário o nazismo, lógico em seu totalitarismo tecnocrático, para tratar os mortos e ultrapassar com os processos de rentabilização o limite que o cadáver, inerte, lhes opõe.

Nesta combinação entre indivíduos sem ação e operações sem autor, entre a angústia dos indivíduos e a administração das práticas, o moribundo reduz a questão do sujeito à extrema fronteira da inação, onde é a coisa mais impertinente e menos suportável. Em nossa sociedade, ausência de trabalho significa absurdo; deve-se eliminá-la para que prossiga o discurso que incansavelmente articula as tarefas e constrói o relato ocidental do "há sempre alguma coisa a fazer". O moribundo é o lapso desse discurso. É, e não pode ser senão obsceno. Portanto, censurado, privado de linguagem, envolto numa mortalha de silêncio: inominável.

A família tampouco não tem nada a dizer. O doente é-lhe arrebatado pela instituição que vai cuidar não do indivíduo mas da sua doença, objeto isolado, transformado ou eliminado pelas técnicas visando a defesa da saúde assim como outros se dedicam à defesa da ordem ou da limpeza. Lançado fora de uma sociedade que, conforme as utopias de antanho, limpa suas ruas e suas casas de tudo o que parasita a razão do trabalho – detritos, delinquência, doença, velhice –, o doente deve seguir a sua enfermidade onde será tratada, nas empresas especializadas onde logo se muda num objeto científico e linguístico, estranho à vida e à língua cotidianas. É posto de lado numa das áreas técnicas e secretas (hospitais, prisões, depósitos de lixo) que aliviam os vivos de tudo aquilo que poderia frear a cadeia da produção e do consumo e que, na sombra onde ninguém penetra, consertam e fazem a triagem daquilo que pode ser reenviado à superfície do progresso. Retido ali, torna-se um desconhecido para os seus. Não mora mais nas casas deles nem no seu falar. Talvez o exilado um dia regresse do país estranho cuja língua, na casa dele, ninguém conhece e que há de ser fatalmente esquecida. Se regressar, será o objeto longínquo, não significável, de um esforço e de um fracasso impossíveis de traçar no espaço e na linguagem familiar.

Considerada por um lado um fracasso ou uma parada provisória da luta médica, subtraída por outro lado à experiência comum, chegando portanto ao limite do poder científico e escapando às práticas familiares, a morte é *o outro lugar*. Numa sociedade que só conhece oficialmente "repouso" como inércia ou desperdício, ela é deixada, por exemplo, às linguagens religiosas fora de moda, entregue a ritos agora desprovidos das crenças que os habitavam. Ela é posta nesses espaços de antanho, também "deslocados" pela produtividade científica, que fornecem ao menos algo para soletrar em alguns signos (agora indecifráveis) esta coisa privada de sentido. Espetáculo exemplar e nacional: a pompa que cercou a morte do General De Gaulle era há muito tempo considerada "superstição" pela maioria dos dignitários que lhe confiavam o seu morto. Aquilo que não podiam nomear, encarregavam disso uma linguagem na qual não podiam crer. Nos repertórios religiosos, diabólicos, de feitiçaria ou de fantasia, léxicos marginalizados, o que se depõe em segredo ou ressurge mascarado é a morte que agora se tornou impensável e inominável[2].

Dizer é crer

O fato de, recalcada, a morte voltar numa língua exótica (a de um passado, de religiões antigas, ou de tradições remotas); o fato de ela ter que ser evocada em dialetos estranhos; o fato de ser tão difícil dizê-la em sua língua quanto morrer "em casa", isto define um excluído que só pode voltar disfarçado. Sintoma paradoxal dessa morte sem frases, toda uma literatura designa o ponto onde se focalizam as relações com o insensato. O texto prolifera em torno dessa ferida de uma razão. Mais uma vez, ele se apoia naquilo que só pode ser calado. A morte, eis a questão do sujeito.

Um sinal: as curas analíticas mostram até que ponto a experiência se articula com a posição do sujeito na hora da morte. O melancólico vai dizer: "Não posso morrer!"[3]; o obsessivo: "Não posso não morrer!"

("Antes de tudo, diz Freud, os obsessivos necessitam da possibilidade da morte para resolver os seus conflitos")[4]. Mas antes de aparecer no campo do intercâmbio psicanalítico, esta posição do sujeito depende da questão edípica: "Quando não sou mais nada, só então me torno verdadeiramente um homem?" Comentário de Jacques Lacan: "Aí começa a sequência da história: o além do princípio do prazer". Mas aí, precisamente, um terceiro silêncio vem somar-se aos da instituição preposta e da linguagem comum: o silêncio do próprio sujeito. Esse, sobretudo, busca um *dizer*. Bóris Vian:

Je voudrais pas crever	Eu bem gostaria de não morrer
non Monsieur, non Madame,	não senhor, não senhora,
avant d'avoir tâté	antes de ter experimentado
le goût qui me tourmente,	o gosto que me atormenta,
le goût qu'est le plus fort.	o gosto mais forte.
Je voudrais pas crever	Eu bem gostaria de não morrer
avant d'avoir goûté	antes de ter provado
la saveur de la mort.	o sabor da morte.

Entre apodrecer na lata do lixo, fantasma subjacente à *struggle for life** generalizada no Ocidente, e morrer, existe a diferença da *palavra* que articula o desmoronamento do ter e as representações da pergunta: "O que é *ser?*" Pergunta "ociosa". Falar que não diz mais *nada*, que possui apenas a perda de onde se forma o dizer. Entre a máquina que para ou estoura, e o ato de morrer, existe a *possibilidade* de dizê-lo. A *possibilidade de morrer* se joga nesse espaço intermediário.

Detendo-se no limiar da diferença entre estourar e morrer, o moribundo se vê impossibilitado de dizer esse nada que ele se torna, incapaz do ato que só produziria a sua pergunta. Bastar-lhe-ia mesmo ter como lugar aquele que receberia na linguagem do outro, no momento em que não tem mais bem algum nem provas a apresentar. Ser apenas *cha-*

---

* "a luta pela vida" (L.G.).

mado – "Lázaro!" – e traçado por seu nome próprio na língua de outro desejo, sem que nada de próprio, tanto na morte como no nascimento, lhe dê esse direito, o que seria uma comunicação além da troca. Aí se poderia confessar do desejo a sua relação necessária com aquilo que não pode ter, com uma perda. Seria "simbolizar" a morte, encontrar para isto palavras (que não "relatam" nenhum conteúdo), abrir na língua da interlocução a ressurreição que não traz de volta à vida.

Mas esse lugar é negado ao isolado. A perda de seus poderes e de suas faces sociais lhe proíbe também o que lhe parecia permitir: o acesso à relação recíproca cujo léxico narra somente "tu me faltas".

Existe no entanto uma coincidência primeira e derradeira entre morrer, crer e falar. Com efeito, ao longo de toda a minha vida, não posso afinal *crer* a não ser em minha morte, caso "crer" designe uma relação ao *outro* que me precede e não cessa de se aproximar. Nada existe tão "outro" como a minha morte, índice de toda alteridade. Mas nada tampouco precisa melhor o lugar de onde posso dizer o meu desejo do outro, minha gratidão de ser – sem fiador nem penhor a oferecer – recebido na linguagem impotente de sua expectativa; nada portanto define com maior exatidão que minha morte o que é *falar*.

Escrever

O "derradeiro momento" é somente o ponto último onde se refugia, se exacerba e se aniquila o desejo de dizer. Sem dúvida, aquilo que da morte tem a forma de expectativa se insinua muito antes na vida social, mas sempre tem que mascarar a sua obscenidade. Sua mensagem se trai nos rostos que se vão desfazendo, mas só têm mentiras para dizer o que anunciam (calem-se, relatos de envelhecimento contados por meus olhos, minhas rugas e inúmeros pesos), e todos evitam fazê-los falar (não nos digam, rostos, aquilo que não queremos saber).

O segredo *imoral* da morte é depositado nas grutas protegidas que lhe são reservadas pela psicanálise ou pela religião. Habita as imensas metáforas da astrologia, da necromancia ou da feitiçaria, línguas toleradas enquanto formam as regiões do obscurantismo de que se "distinguem" as sociedades do progresso. A impossibilidade de dizer remonta então bem antes do momento em que os esforços do locutor se anulam com ele. Acha-se inscrita em todos os procedimentos que encerram a morte ou a expulsam para fora das fronteiras da cidade, para fora do tempo, do trabalho e da linguagem, para salvaguardar um lugar.

Mas quando vou produzir a imagem do moribundo, procedo da mesma forma. Participo da mentira que localiza a morte alhures, no hospital ou nos momentos derradeiros: eu a metamorfoseio na imagem do outro; identificando-a com o moribundo, transformo-a no *lugar onde não estou*. Pela representação, exorcizo a morte, colocada no vizinho, relegada num momento do qual postulo que não é o meu. Protejo o meu lugar. O moribundo de que falo é obsceno, se não sou eu.

A inversão se esboça no próprio trabalho de escrever cujas representações não são mais que o seu efeito e/ou os seus detritos. Eu me interrogo sobre o que fabrico, pois o "sentido" ali está, escondido no gesto, no ato de escrever. Por que escrever, senão a título de uma palavra impossível? No começo da escrita existe uma perda. O que não se pode dizer – impossível adequação entre a presença e o sinal – é o postulado do trabalho sempre recomeçando que tem como princípio um não lugar da identidade e um sacrifício da coisa. A injunção de Joyce: "escreve-o, bom homem, escreve-o!"[5] nasce de uma presença que se arrancou ao sinal. A escritura repete essa falta com cada um de seus sinais gráficos, relíquias de uma caminhada através da linguagem. Ela soletra uma ausência que é o seu preâmbulo e o seu destino final. Ela procede por abandonos sucessivos dos lugares ocupados, e se articula numa exterioridade que lhe escapa, tendo o seu destinatário vindo de outro lugar, visitante esperado mas nunca ouvido nos caminhos escriturísticos traçados na página pelas viagens de um desejo.

Prática da perda da palavra, a escritura só tem sentido fora de si mesma, num lugar outro, o do leitor, que produz como a sua própria necessidade indo ela mesma para esta presença que não poderia ganhar. Vai em direção a uma palavra que não lhe será jamais dada e que, por isso mesmo, constrói o movimento de ser indefinidamente ligada a uma resposta solta, absoluta, a do outro. Dessa perda se forma a escrita. É um gesto de moribundo, uma defecção do ter percorrendo o campo de um saber, modesta aprendizagem do "fazer sinal".

Desta maneira, a morte que não se diz pode escrever-se e encontrar uma linguagem, justamente quando, nesse trabalho da despesa, volta sempre novamente a necessidade de possuir pela voz, de negar o limite do intransponível, que articula entre si presenças diferentes, de esquecer num saber a fragilidade que é instaurada em cada lugar por sua relação com outros.

O poder terapêutico e seu duplo

Dessa escritura "literária" que vai se construindo numa relação com a morte, distingue-se o sistema "científico" (e "escriturístico" também) que parte de uma ruptura entre a vida e a morte, e que encontra a morte como o seu fracasso, sua queda ou ameaça. Há três séculos, foi necessário pôr essa divisão da vida e da morte, para que se tornassem possíveis os discursos plenos da ambição científica, capazes de capitalizar o progresso sem sofrer a falta do outro. Mas a sua mutação em instituições de poder foi a única que lhes permitiu constituir-se.

Assim a ruptura que opôs à morte um trabalho conquistador, e a vontade de ocupar por uma administração econômica e terapêutica o imenso espaço vazio dos campos do século XVIII – região da infelicidade, nova terra dos mortos-vivos – organizaram o saber numa relação com a miséria. Uma institucionalização do saber médico produziu a grande utopia de uma *política terapêutica* abrangendo, da escola até o hospital, todos os meios de lutar contra o jugo da morte no espaço social. Uma transformação geral em poder deu aparência "médica" a uma administração encarregada de *curar* e, mais ainda, de organizar a *ordem* em *prevenção*. Essa campanha sanitária devia preencher todas as brechas por onde o inimigo se insinuava. Inscrevia até a escola como um setor particular de uma "polícia médica", invadia as regiões da vida privada para encher, por medidas sanitárias, todas as vias secretas e íntimas que se abrem ao mal; instituía a higiene como problema nacional em uma luta contra a infelicidade biológica. Esse modelo médico de uma política se referia simultaneamente à ambição ocidental de um *progresso* indefinido do *corpo* (numa economia do desafio que encontrava a sua representação pública no esporte) e à obsessão de uma surda e permanente degenerescência (que comprometia o capital biológico sobre o qual respousava a expansão colonizadora do país).

A escrita, possibilidade de compor um espaço conforme a um querer, se articulava com *o corpo* como em cima de uma página móvel, opaca, fugidia. Dessa articulação o livro se tornava a experiência em laboratório, no campo de um espaço econômico, demográfico ou pedagógico. O livro é, no sentido científico do termo, uma "ficção" do corpo escrevível: é um "cenário" construído pela prospectiva que visa *fazer do corpo aquilo que uma sociedade pode escrever.* Doravante, só se escreve *sobre* o corpo. O corpo deve transformar-se em escritura. Este corpo-livro, relação da vida com o que se escreve, foi tomando aos poucos, da demografia até a biologia, uma forma científica cujo postulado universal é a luta contra o envelhecimento, considerado ora uma fatalidade ora um conjunto de fatores controláveis. Essa ciência é o corpo transformado em página em branco onde uma operação escriturística pode indefinidamente produzir o avanço de um querer-fazer, um progresso. Mas como o papel usado para escrever, este corpo-suporte se gasta. O que se produz como uma gestão de vida, domínio ou escrita do corpo não cessa de falar da morte em ação. O que escapa ou aparece de novo no discurso da ciência confessa o adversário obsessivo que pretende exorcizar. E de todos os lados, prolifera uma literatura em torno da instituição política e terapêutica. Ela faz esse diabo aparecer de novo e relata a inquietante proximidade do exilado. De Nietzsche a Bataille, de Sade a Lacan, essa "literatura" que, desde o século XVIII, mediante a instauração do discurso "científico" se viu expulsa do seu campo "próprio" e constituída como outra, assinala na linguagem o retorno do eliminado. Hoje, é também a região da *ficção*. Confessa do saber o que cala. É "diferente" apenas porque, deixando de tratar objetos produzidos pela operação escriturística, tem como sujeito essa operação; ela fala da própria escrita, trabalho do livro no campo da morte; é o retorno sobre si mesmo do mito escriturístico; é "ficção", no sentido que, no espaço do livro, deixa aparecer de novo o outro indiscreto cujo lugar o *texto* social queria tomar; põe em cena, no próprio lugar de sua eliminação, o excluído inseparável do qual a sexualidade e a morte restabelecem sucessivamente a interrogação. Respondendo à ciência no modo de uma zombaria ainda habitada pelo fantástico que criou ou no modo de uma poética da alteração e do despojamento, o espaço escriturístico se erotiza. Na forma do mito do progresso – o Livro – se desenvolve o jogo perigoso da reconstrução. O próprio corpo, enfim, aí *se escreve*, mas como êxtase nascido da ferida do outro, como "despesa" ou gasto de um prazer indissociável do efêmero, como o inapreensível ponto de fuga que conjuga o "excesso" com o perecível. Numa problemática escriturística, ligada à capacidade de não perder nada do tempo que passa, de computá-lo e acumulá-lo, de rentabilizar a posse para fazer do capital o substituto da imortalidade, o corpo reaparece como o *instante*, simultaneidade da vida e da morte: os dois num mesmo lugar[6].

O perecível

A morte porém não se nomeia. Escreve-se no discurso da vida, sem que seja possível atribuir-lhe um lugar particular. A biologia vai encontrar "a morte imposta a partir de dentro". François Jacob: "Com a reprodução pela sexualidade, é necessário que desapareçam os indivíduos"[7]. A morte é condição de possibilidade da evolução. Que os indivíduos percam o seu lugar, eis a lei da espécie. A transmissão do capital e o seu progresso são garantidos por um testamento, sempre assinado por um morto.

Além dos sinais que, de todos os lados, trazem de volta à escritura a sua relação com a sexualidade e a morte, pode-se perguntar se o movimento histórico que desloca as figuras recalcadas – "No tempo de Freud, a sexualidade e o moralismo; hoje, uma violência tecnológica ilimitada e uma morte absurda"[8] – não é sobretudo a revelação progressiva do modelo que articulava as práticas sociais e que passa para a representação à medida que vai diminuindo a sua eficácia. A decadência de uma civilização construída sobre o alicerce do poder da escritura contra a morte se traduziria pela possibilidade de escrever o que a organizava. Somente o fim de uma época permite enunciar o que a fez viver, como se lhe fosse preciso morrer para tornar-se um livro.

Então, escrever (este livro) é ter que caminhar através do terreno inimigo, na própria região da perda, fora do domínio protegido delimitado pela localização da morte noutro lugar. É produzir frases com o léxico do perecível, na proximidade e até mesmo no espaço da morte. É *praticar* a relação entre gozar e manipular, nesse interregno onde uma perda (um lapso) da produção de bens cria a possibilidade de uma expectativa (uma crença) sem apropriação, mas já agradecida. Desde Mallarmé, a experiência escriturística se desdobra segundo o modo da relação entre o ato de avançar e o solo mortífero onde se traça a sua itinerância. Desse ponto de vista, o escritor é também o moribundo que tenta falar. Mas, na morte que seus passos inscrevem em uma página negra (e não em branco), ele sabe que pode dizer o desejo que espera do outro o excesso maravilhoso e efêmero de sobreviver numa atenção que ele altera.

INDETERMINADAS

"A anarquia do claro-escuro do cotidiano."
Lukács

A *teoria* preconiza uma epistemologia pluralista feita de uma "multiplicidade de pontos de vista, cada um dos quais goza sensivelmente do mesmo poder de generalidade que os outros". Arte da "circulação ao longo das estradas e das fibras", arte do transporte e da intersecção, o progresso seria um "entrecruzamento". Relativo à compleição, levaria a "uma filosofia da comunicação sem substância, isto é, sem fixidez nem referência"[1].

Mas a *técnica* racional não liquida com tanta facilidade o dogmatismo. Ela se defende das interferências que criam opacidade e ambiguidade nas planificações, ou reduzidas ao nível ínfimo. Tem seu jogo próprio, o da *legibilidade* e da *distinção* das funções, na página onde pode *escrevê-las* lado a lado, uma após a outra, de maneira a poder decalcar este quadro no chão ou na fachada, em cidades ou em máquinas.

Legibilidade das relações funcionais entre elementos, e *reprodução* do modelo em ampliações e relevos, tais os dois princípios operatórios da técnica. Certamente, entraram no caminho de uma sofisticação indefinida que atende à diversificação da procura, ela mesma aliás compreendida no sistema, mapeada, e analiticamente repartida num espaço que tem como essência (inclusive no *computador*)[2] ser um artefato legível, um objeto oferecido de um extremo ao outro aos percursos de um olho imóvel. Estranho quiasma: a teoria vai para o indeterminado, e a tecnologia para a distinção funcionalista em que ela transforma tudo e ela mesma se transforma também. Como se uma se comprometesse, lúcida, pelos trilhos sinuosos do *aleatório* e da metáfora[3], enquanto a outra se obstinaria em supor como "natural" a lei utilitarista e *funcionalista* do seu próprio mecanismo. O que ocorre abaixo da tecnologia e lhe perturba o jogo nos interessa aqui. É seu limite, percebido há muito tempo, mas ao qual se deve dar outro alcance que não o de uma *no man's land*. Pois, trata-se de práticas efetivas. Os conceptores conhecem muito bem essa mobilidade a que dão o nome de "resistências" e que perturba os cálculos funcionalistas (forma elitista de uma estrutura burocrática). Não podem deixar de perceber o caráter fictício instilado numa ordem por sua relação à realidade cotidiana[4]. Mas *não* devem *confessá-lo*. Constitui crime de lesa-majestade ironizar a este respeito nos órgãos oficiais, e o culpado será por eles expulso. Não se toca, objeto artístico. Deixemos portanto esta racionalidade funcionalista à proliferação do seu bem-dizer, eufemia[5] sempre remanescente no discurso da administração e do poder, e voltemos antes ao ruído das práticas cotidianas.

Elas não formam bolsões na sociedade econômica. Nada a ver com essas marginalidades integradas logo pela organização técnica para lhes dar significado e torná-las objetos de troca. Por elas, ao contrário, uma diferença incodificável se insinua na relação feliz que o sistema gostaria de ter com as operações cuja gestão pretende assegurar. Longe de ser uma revolta local, portanto classificável, trata-se de uma subversão comum e silenciosa, quase de um rebanho – a nossa. Dela vou destacar apenas dois sintomas: "ubiquidade" do lugar, fracassos no tempo. Significará sugerir que os espaços sociais, estratificados, são irredutíveis à sua superfície controlável e construtível e que avatares reintroduzem o impensado de um circunstancial no tempo calculado. Ilegibilidades de espessuras no mesmo lugar, de astúcias no agir e de acidentes da história. Dessas evocações, a escritura se traça, irônica e passageira, em *graffiti*, como se a bicicleta pintada numa parede, brasão de um trânsito comum, se destacasse para percursos indeterminados[6].

Lugares estratificados

A diferença que define todo lugar não é da ordem de uma justaposição, mas tem a forma de estratos imbricados. São inúmeros os elementos exibidos sobre a mesma superfície; oferecem-se à análise; formam uma superfície tratável. Toda "renovação" urbana dá preferência à tábula rasa em cima da qual vai escrever em cimento a composição feita no laboratório à base de "necessidades" distintas às quais quer dar respostas funcionais. A necessidade, "substância" primeira dessa composição, o sistema a produz também ao separá-la. Essa unidade é própria como uma cifra. Mais ainda, a insatisfação que define cada necessidade exige e justifica previamente a construção que a combina com outras. Lógica da produção: desde o século XVIII, gera o seu espaço, discursivo e prático, a partir de pontos de concentração – o escritório, a fábrica, a cidade. Recusa a pertinência dos lugares que não cria.

Todavia, sob a escritura fabricadora e universal da tecnologia subsistem lugares opacos e teimosos. As revoluções históricas, as mutações econômicas, os caldeamentos demográficos aí se estratificaram e aí permanecem, ocultos nos costumes, nos ritos e práticas espaciais. Os discursos legíveis que antigamente os articulavam desapareceram, ou deixaram na linguagem apenas alguns fragmentos. Esse lugar, na superfície, parece uma colagem. De fato, é uma ubiquidade na espessura. Um empilhamento de camadas heterogêneas. Cada uma, semelhante a uma página de livro, estragada, remete a um modo diferente de unidade territorial, de repartição socioeconômica, de conflitos políticos e de simbolização identificatória.

O conjunto, feito de peças não contemporâneas e ainda ligadas a totalidades em ruínas, é gerido por equilíbrios sutis e compensatórios que garantem silenciosamente complementaridades. Movimentos infinitesimais, atividades multiformes, homólogas à "sopa de elétrons, de prótons e fótons... todos seres de propriedades mal definidas em perpétua interação" graças à qual, segundo René Thom, a teoria física representa o universo. Esses movimentos dão a ilusão, tanto no bairro como na cidade, do "imóvel". Falsa inércia. Esse trabalho e seus jogos só se tornaram invisíveis de onde, na distância de uma classe que se "distinguiu" do resto, a observação só capta a relação entre o que ela quer produzir e o que lhe resiste. A cidade, o bairro, o imóvel não são aliás os únicos a fazerem funcionar juntos os fragmentos de estratos heterogêneos. A menor frase da linguagem comum "anda" da mesma maneira. Sua unidade semântica opera a partir de equilíbrios compensatórios tão sutis, aos quais uma análise sintática ou léxica superimpõe um quadro superficial, o de uma "elite" que toma seus modelos pela realidade. Melhor vale apelar ao modelo, agora onírico (mas teórico porque articula a prática), evocado por Freud a propósito da cidade de Roma, cujas épocas sobreviveriam *todas* no *mesmo* lugar, intactas e animando-se mutuamente[7].

O lugar é o palimpsesto. A análise erudita só conhece o seu texto final; e ainda é para ela apenas o efeito de suas decisões epistemológicas, de seus critérios e de seus objetivos. Não é de se espantar que as operações concebidas em função dessa reconstituição tenham um caráter "fictício" e devam menos o seu sucesso (provisório?) a sua perspicácia que a seu poder de esmagar a compleição desses jogos entre forças e tempos confusos.

O tempo acidentado

Outra figura do transporte das planificações para aquilo que não determinam: o imprevisto. O tempo que passa, separa ou liga (e que sem dúvida jamais foi pensado), não é o tempo programado. Seria um truísmo se não fosse posto entre parênteses pelas programações prospectivas, mesmo quando constroem hipóteses múltiplas. O tempo acidentado aparece somente como a noite que constitui um "acidente" e lacuna na produção. É uma falha do sistema, e seu adversário diabólico: isso a historiografia se encarrega de exorcizar substituindo essas incongruidades do outro pela transparente organicidade de uma inteligibilidade científica (correlações, "causas" e efeitos, continuidades em série etc.). O que a prospectiva não faz a historiografia garante, obedecendo à mesma exigência (fundamental) de cobrir pela produção de uma "razão" (fictícia) a obscenidade do indeterminado.

Esses tempos construídos pelo discurso se apresentam na realidade quebrados e aos solavancos. Submetido a "servidões" e a dependências[8], o tempo da teoria é de fato um tempo *ligado* ao improvável, aos fracassos, aos desvios, portanto deslocado por seu outro. É o equivalente do que circula na linguagem como "metafórica temporal"[9].

E, por um estranho fenômeno, essa relação do controlável com os fracassos constitui precisamente a simbolização, união daquilo que coere sem ser coerente, daquilo que faz conexão sem ser pensável.

A falha ou o fracasso da *razão* é precisamente o ponto cego que a faz ter acesso a uma *outra* dimensão, a de um *pensamento*, que se articula com o diferente como sua inapreensível necessidade. A simbólica é indissociável do fracasso. As práticas cotidianas, fundadas na relação com o ocasional, isto é, no tempo acidentado, seriam portanto dispersas ao longo da duração, na situação de *atos* de pensamento. Gestos permanentes do pensamento.

Assim, eliminar o imprevisto ou expulsá-lo do cálculo como acidente ilegítimo e perturbador da racionalidade, é interdizer a possibilidade de uma prática viva e "mítica" da cidade. Seria deixar a seus habitantes apenas os pedaços de uma programação feita pelo poder do outro e alterada pelo acontecimento. O tempo acidentado é o que se narra no discurso efetivo da cidade: fábula indeterminada, melhor articulada em cima das práticas metafóricas e dos lugares estratificados que o império da evidência na tecnocracia funcionalista.

NOTAS

História de uma pesquisa

1. A obra se divide em dois tomos e três autores: *L'Invention du quotidien*. 1. Michel de Certeau, *Arts de faire*; 2. Luce Giard e Pierre Mayol, *Habiter, cuisiner*, Paris, UGE, 10-18, 1980.

2. Diversos fragmentos dos dois tomos apareceram em *Traverses*, entre 1975 e 1979, e em *Esprit*, em 1978 e 1979. O conjunto da pesquisa é apresentado por Michel de Certeau e Luce Giard em dois artigos simultâneos: "Manières de faire et pratiques quotidiennes" e "Pratiques culinaires: une mémoire", in *Le Progrès scientifique* (revista da DGRST), n. 193, março-abril de 1978, p. 45-56.

3. Emmanuel Le Roy Ladurie, "Le diable archiviste", resenha publicada in *Le Monde*, 12/11/1971, retomado em sua coletânea *Le Territoire de l'historien*, Paris, Gallimard, Bibliothèque des Histoires 1973, p. 404-407. Compare-se com outra análise, radicalmente diferente, de Philippe Boutry, "De l'histoire des mentalités à l'histoire des croyances. *La Possession de Loudun* (1970) in *Le Débat*, n. 49, março-abril 1988, p. 85-96. Quanto ao lugar de Certeau entre os historiadores, cf. Dominique Julia, "Une histoire en actes", in Luce Giard et al., *Le Voyage mystique. Michel de Certeau*, Paris, Cerf e RSR 1988, p. 103-123.

4. Quanto à sua relação com Freud e Lacan, cf. Michel de Certeau, *Histoire et psychanalyse entre science et fiction*, Paris, Gallimard, Folio 1987, cap. V a VIII.

5. Artigos que apareceram em *Etudes* e *Esprit*, entre junho e outubro de 1968, reproduzidos em *La Prise de parole*, Paris, Desclée de Brouwer 1968 (o término da impressão traz a data de 22 de outubro).

6. *La Prise de parole*, n. 71.

7. "La rupture instauratrice ou le christianisme dans la culture contemporaine" (1971), reproduzido em Michel de Certeau, *La Faiblesse de croire*, Paris, Seuil, *Esprit*, 1987, p. 183-226.

8. *La Prise de parole*, p. 10.

9. Ibid., p. 22.

10. Ibid., p. 133.

11. Michel de Certeau, *La Culture ao pluriel*, Paris, UGE, 10-18, 1974, 2. ed., Paris, Christian Bourgois 1980. Os textos de Arc-et-Senans constituem os caps. 9 e 10.

12. *La Culture au pluriel*, 2. ed., p. 247-248.

13. Esta fórmula serve de título para um belo estudo redigido com Dominique Julia e Jacques Revel, em 1970, e reproduzido em *La Culture au pluriel*, cap. 3.

14. Ibid., p. 241-243.

15. Ibid., p. 249.

16. A Délégation Générale à la Recherche Scientifique et Technique, diretamente vinculada ao Primeiro-Ministro, é então encarregada de monitorar e gerir a pesquisa pública por contrato.

17. O grupo se constituiu de economistas (Bernard Guibert, Claude Ménard, Alain Weil) com Certeau e comigo. O trabalho durou pouco menos de um ano, dividido entre o fascínio e a exasperação diante das publicações especializadas em prospectiva e "futurologia".

18. *Pratiques culturelles des Français*, Paris, Secretaria de Estado da Cultura, Serviço de Estudos e Pesquisas 1974, 2 t. O mesmo serviço acaba de dar, numa perspectiva renovada, sequência a esta enquete: *Les Pratiques culturelles des Français*, 1973-1989, Paris, La Découverte et la Documentation Française 1990.

19. Cf. Michel de Certeau, *L'Ecriture de l'histoire*, 3. ed., Paris, Gallimard, Bibliothèque des Histoires 1984, cap. I, p. 33-36 (a propósito da sociologia religiosa de Gabriel Le Bras), cap. 2, p. 84-92 (sobre o recurso ao computador e o que François Furet diz a respeito da história quantitativa).

20. Michel Foucault, *Surveiller et punir* (Vigiar e punir), Paris, Gallimard, Bibliothèque des Histoires 1975.

21. Michelle Perrot, "Mille manières de braconner", in *Le Débat*, n. 49, março-abril de 1988, p. 118.

22. Cf. *La Culture au pluriel*, conclusão. E "Actions culturelles et stratégie politique", in *La Revue nouvelle* (Bruxelas), abril de 1974, p. 351-360. Michel de Certeau apreciava este artigo ao qual remete em *Arts de faire* (Introdução, nota 17, cap. II, nota 5).

23. O cap. IV é consagrado metade a cada um deles. Sobre as menções respectivas de um e de outro, cf. o índice no final do volume. Sobre a relação com Foucault, cf. *Histoire et psychanalyse entre science et fiction, cap*. I a III.

24. Gilles-Gaston Granger, *Essai d'une philosophie du style*, 2. ed., Paris, Odile Jacob 1988, e Gerald Holton, *Thematic Origins of Scientific Thought. Kepler to Einstein*, Cambridge (Mass.), Harvard University Press 1973

(obra parcialmente traduzida em *L'Imagination scientifique*, Paris, Gallimard 1981), cada um à sua maneira procuraram definir essas características de um estilo de pensamento a respeito do qual diz Certeau: "o estilo, essa maneira de andar, gesto não textual, organiza o texto de um pensamento" (p. 78).

25. *La Culture au pluriel*, 2. ed., p. 244-245.

26. Michel de Certeau, *La Fable mystique*, tomo I, 2. ed., Paris, Gallimard, Tel 1987, p. 282 e todo o cap. 7.

27. Este texto, intitulado "Acteurs en quête d'une pièce (suíte)" com data de 14/07/1974, termina por uma bibliografia articulada em duas partes, uma de "obras gerais sob a cultura" (Pierre Bourdieu, Gérard Athabe, Pierre Legendre, Richard Hoggart et al.), a outra sobre "o espaço urbano e sua cultura" (o n. especial dos *Annales* ESC de julho de 1970, e Castells, Cl. Soucy, Ch. Alexander e S. Chermayeff, R. Williams et al.).

28. Mais tarde, um estudante brasileiro que frequentara o Seminário escreveu numa brochura, publicação interna de Paris VII, um maravilhoso retrato do "mestre que não queria ter discípulos".

29. Sobre a maneira de administrar as coisas, cf. Michel de Certeau, "Qu'est-ce qu'un séminaire?", in *Esprit*, novembro-dezembro de 1978, p. 176-181.

30. Cf. Paul Rabinow, "Um prince de l'exil", e Richard Terdima, "Une mémoire d'éveilleur" in Luce Giard (ed.), *Michel de Certeau*, Paris, Centro Georges Pompidou, Cahiers pour un temps 1987, p. 39-43 e 91-96.

31. Espero reunir em um pequeno volume os fragmentos dessas *Arts de dire*, com os outros trabalhos publicados juntos após 1980 sobre a cultura ordinária.

32. *L'Invention du quotidien*, t. 2, p. 235-271 sobre a cozinha e p. 273-295 sobre o bairro.

33. Ele trabalha assim, na Itália, todo ano de 1974 a 1978; em 1975, na Espanha, na Inglaterra e na Dinamarca; em 1977 e 1978, na Suíça. Fora da Europa, acha-se em Quebeque em 1974 e 1975, no Brasil em 1974, em Israel em 1976, nos EUA em 1977 (em Vermont) e também em 1976 e 1978 (na Califórnia). Um lugar especial cabe aos contatos regulares com a Bélgica para os quais Marie Beaumont e Georges Thill, em Bruxelas e Namur, foram a correia de transmissão; a esses dois em particular, à inesquecível generosidade de Maria, ao ambiente ativo e inventivo que os cercava, é que remete intencionalmente a passagem sobre a ampliação da

"sucata", do mundo operário até à instituição científica, onde se gravam "sucessos artísticos" e "os *graffiti* de dívidas de honra" (p. 49).

34. François Hartog, "L'écriture du voyage", in Luce Giard (ed.), *Michel de Certeau*, p. 123-132.

35. François Choay, "Tours et traverses du quotidien", ibid., p. 85-90.

36. Michelle Perrot, op. cit., p. 117.

37. Anne-Marie Charter e Jean Hébrard, "L'Invention du quotidien. Une lecture des usages", in *Le Débat*, n. 49, março-abril de 1988, p. 97, 99, 100.

38. Sobre Michel de Certeau, cf. as três coletâneas que lhe foram dedicadas pelo Centro Georges Pompidou (acima nota 30), em parte por um número do *Débat* (acima nota 37) e sob o título de *Voyage mystique* (acima nota 3). Nesta última coletânea se encontrará a sua "Bibliografia completa" que estabeleci (op. cit., p. 191-243).

Introdução geral

1. Cf. Michel de Certeau, *La Prise de parole*, Paris, Desclée de Brouwer 1968; *La Possession de Loudun*, 3. ed., Paris, Gallimard, Archives 1990; *L'Absent de l'histoire*, Paris, Mame 1973; *La Culture au pluriel*, 2. ed., Paris, Christian Bourgois 1980; *Une politique de la langue* (com Dominique Julia e Jacques Revel), Paris, Gallimard, Bibliothèque des Histoires 1975, etc.

2. Do grego *poiein*: "criar, inventar, gerar".

3. Cf. Emile Benveniste, *Problèmes de linguistique générale*, t. 1, Paris, Gallimard 1966, p. 251-266.

4. Michel Foucault, *Surveiller et punir* (*Vigiar e punir*), Paris, Gallimard 1975 [trad. Vozes].

5. Deste ponto de vista também, os trabalhos de Henri Lefebvre sobre a vida cotidiana constituem uma fonte fundamental.

6. Sobre a arte, da *Enciclopédia* até Durkheim, cf. cap. V, p. 102-107.

7. Para esta literatura, cf. os livrinhos assinalados por *Le Livre dans la vie quotidienne*, Paris, Bibliothèque nationale 1975; e por Geneviève Bollème, *La Bible bleue. Anthologie d'une littérature "populaire"*, Paris, Flammarion 1975, p. 141-379.

8. Essas duas monografias foram redigidas uma por Pierre Mayol, a outra por Luce Giard (a partir de entrevistas colhidas por Marie Ferrier).

9. De Erving Goffman, cf. sobretudo *La Mise en scene de la vie quotidienne*, Paris, Minuit 1973; *Les Rites d'interaction*, ibid. 1974; *Frame Analysis*, Nova York, Harper & Row 1974. De Pierre Bourdieu, cf. *Esquisse d'une théorie de la pratique*, Genebra, Droz 1972; "Les stratégies matrimoniales", in *Annales* ESC, t. 27, 1972, p. 1105-1127; "Le langage autorisé", in *Actes de la recherche en sciences sociales*, n. 5-6, novembro de 1975, p. 184-190; "Les sens pratique", ibid., n. 1, fevereiro de 1976, p. 43-86. De Marcel Mauss, cf. sobretudo "Techniques du corps", em sua coletânea *Sociologie et anthropologie*, Paris, PUF 1950. De Marcel Detienne e Jean-Pierre Vernant, *Les Ruses de l'intelligence. La métis des Grecs*, Paris, Flammarion 1974. De Jeremy Boissevain, *Friends of Friends. Networks. Manipulators and Coalitions*, Oxford, Blackwell 1974. De Edward O. Laumann, *Bonds of Pluralism. The Form and Substance of Urban Social Networks*, Nova York, John Wiley 1973.

10. Joshua A. Fishman, *The Sociology of Language*, Eowley (Mass.), Newbury 1972. Cf. também David Sudnow (ed.), *Studies in Social Interaction*, Nova York, Free Press 1972; William, *Sociolinguistique*, Paris, Minuit 1976, etc.

11. Oswald Ducrot, *Dire et ne pas dire*, Paris, Hermann 1972; David K. Lewis, *Convention: a Philosophical Study*, Cambridge (Mass.), Harvard University Press 1974, como também ibid. 1973.

12. Georg H. von Wright, *Norm and Action*, Londres, Routledge & Kegan Paul 1963; *Essay in Deontic, Logic and the General Theory of Action*, Amsterdã, Holanda do Norte 1968; *Explanation and Understanding*, Ithaca (Nova York), Cornell University Press 1971. Cf. também A.C. Danto, *Analytical Philosophy of Action*, Cambridge, Cambridge University Press 1973; Richard J. Bernstein, *Praxis and Action*, Londres, Duckworth 1972; Paul Ricoeur e Dorian Tiffeneau (ed.), *La Sémantique de l'Action*, Paris, CNRS 1977.

13. A.N. Prior, *Past, Present and Future: a Study of "Tense Logic"*, Oxford, Oxford University Press 1967; e *Papers on Tense and Time*, ibid. 1968. N. Rescher e A. Urquhart, *Temporal Logic*, Oxford, Oxford University Press 1975.

14. Alan R. White, *Modal Thinking*, Ithaca (Nova York), Cornell University Press 1975; G.E. Hughes e M.J. Cresswell, *An Introduction to Modal Logic*, Oxford, Oxford University Press 1973; I.R. Zeeman, *Modal Logic*, ibid. 1975; S. Haacker, *Deviant Logic*, Cambridge, Cam-

bridge University Press 1976; H. Parret (ed.), *Discussing Language with Chomsky, Halliday etc.*, Haia, Mouton 1975.

15. Jacques Sojcher, *La Démarche poétique*, Paris, UGE, 10-18, 1976, p. 145.

16. Cf. Fernand Deligny, *Les Vagabonds efficaces*, Paris, Maspero 1970; *Nous et l'innocent*, ibid. 1977, etc.

17. Michel de Certeau, *La Culture au pluriel:* "Des espaces et des pratiques", p. 233-251; "Actions culturelles et stratégie politique", in *La Revue nouvelle*, abril de 1974, p. 351-360.

18. A análise dos princípios da divisão permite ao mesmo tempo nuançar e precisar essa crítica. Cf. a obra coletiva *Pour une histoire de la statistique*, t. 1, Paris, Inser 1978, em particular Alain Desrosières, "Eléments pour l'histoire des nomenclatures socioprofessionnelles", p. 155-231.

19. Os trabalhos de Pierre Bourdieu, de Marcel Detienne e Jean-Pierre Vernant permitem precisar a noção de "tática", mas para isso também contribuem as pesquisas sociolinguísticas de H. Garfinkel, H. Sacks etc. (cf. acima as notas 9 e 10).

20. Marcel Detienne e Jean-Pierre Vernant, *Les ruses de l'intelligence.*

21. Cf. S. Toulmin, *The Uses of Argument*, Cambridge, Cambridge University Press 1958; Ch. Perelman e L. Olbrechts-Tyteca, *Traité de l'argumentation*, Bruxelas, Universidade livre 1970; Jean Dubois et al., *Rhétorique générale*, Paris, Larousse 1970, etc.

22. Aristóteles, *Retórica* II, 24, 1402a. Cf. W.K.C. Guthrie, *The Sophists*, Cambridge, Cambridge University Press 1971, p. 178-179.

23. Sun Tzu, *L'Art de la guerre*, Paris, Flammarion 1972.

24. R.K. Khawam (ed.), *Le Livre des ruses. La stratégie politique des Arabes*, Paris, Phébus 1976.

25. Cf. Jean Baudrillard, *Le Système des objets*, Paris, Gallimard 1968; *La Société de consommation*, Paris, Denoël 1970; *Pour une critique de l'économie politique du signe*, Paris, Gallimard 1972.

26. Guy Debord, *La Société du spectacle*, Paris, Buchet-Chastel 1967.

27. Roland Barthes, *Le Plaisir du texte*, Paris, Seuil 1973, p. 58.

28. Cf. Gérard Mordillat e Nicolas Philibert, *Ces Patrons éclairés qui craignent la lumière*, Paris, Albatros 1979.

29. Cf. H. Sacks, E.A. Schlegloff etc., citados acima.

30. Cf. abaixo os cap. VII a IX.

31. A essas práticas consagramos monografias onde se encontrará a bibliografia proliferante e disseminada do tema. Cf. o volume 2: *Habiter, cuisiner*, por Luce Giard e Pierre Mayol.

32. Cf., por exemplo, A. Lipietz, "Structuration de l'espace, problème foncier et aménagement du territoire", in *Environment and Planning*, A, 1975, vol. 7, p. 415-425, e "Approches théoriques des transformations de l'espace français", in *Espaces et Sociétés*, n. 16, 1975, p. 3-14.

33. A análise da série *Travaux et recherches de prospective*, Paris, *Documentation française*, em particular os volumes 14, 59, 65 e 66 e de modo especial os estudos de Yves Barel e Jacques Durand serviram de base para esta pesquisa sobre a prospectiva.

34. Witold Gombrowicz, *Cosmos*, Paris, Gallimard, Folio 1971, p. 165-168.

Capítulo I

1. Robert Musil, *L'Homme sans qualités*, trad. Philippe Jacottet, Paris, Gallimard, Folio 1978, t. I, p. 21.

2. Robert Klein, *La Forme et l'intelligible*, Paris, Gallimard 1970, p. 436-444. Cf. também Enrico Castelli-Gattinara, "Quelques considérations sur le Niemand et Persone", in *Folie et déraison à la Renaissance*, Bruxelas, Université Libre 1976, p. 109-118.

3. Sigmund Freud, *Gesammelte Werke*, Londres, t. XIV, p. 431-432. Neste texto de *Mal-estar na civilização*, § 1, Freud remete ao *Futuro de uma ilusão* que, com efeito, no § 1 toma como ponto de partida a oposição entre uma "minoria" e a "maioria" (as "massas") que motiva a sua análise.

4. *O Futuro de uma ilusão*, trad. francesa Marie Bonaparte, Paris, PUF 1971, § 7, p. 53.

5. *Gesammelte Werke*, t. XIV, p. 431.

6. Cf. Michel de Certeau, *L'Écriture de l'histoire*, 3. ed., Paris, Gallimard, Bibliothèque des Histoires 1984, p. 7-8.

7. *Gesammelte Werke*, t. XIV, p. 431.

8. Freud, carta a Lou Andréas Salomé, 28 de julho de 1929, in *Lou Andréas Salomé, Correspondance avec Sigmund Freud*, Paris, Gallimard 1970, p. 225.

9. Ibid.

10. *Gesammelte Werke*, t. XIV, p. 506.

11. Cf. *L'Ecriture de l'histoire*, "La fiction de l'histoire. L'écriture de *Moïse et le monothéisme*", p. 312-358.

12. Cf. a análise do perito à qual é consagrado o volume coletivo *Abus de savoir*, Paris, Desclée de Brouwer 1977.

13. Cf. abaixo a IV parte: *Usos da língua*.

14. Cf. o volume 2: *Habiter, cuisiner*, por Luce Giard e Pierre Mayol.

15. Ludwig Wittgenstein, *Philosophical Investigations*, Oxford, Blackwell 1976, § 116, p. 48.

16. Ludwig Wittgenstein, *Tractatus logico-philosophicus*, Londres, Routledge & Kegan Paul 1961, § 6.53, p. 150-151.

17. *Philosophical Investigations*, § 494, p. 138.

18. Cf. a carta de Ficker sobre o *Tractatus:* "Meu livro traça os limites da esfera da ética de certo modo a partir de dentro, e eu tenho a convicção que esta é a única maneira rigorosa de traçá-los" (cit. em Allan Janick e Stephen Toulmin, *Wittgenstein, Vienne et la modernité*, Paris, PUF 1978, p. 165). Deste modo, diz Wittgenstein, o *Tractatus* compreende duas partes, uma, o livro escrito, e a outra, a essencial, a que não está escrita nem se pode escrever, consagrada à Ética.

19. *Philosophical Investigations*, § 122, p. 49. Cf. Jacques Bouveresse, *La Parole malheureuse*, Paris, Minuit 1971: "Langage ordinaire et philosophie", p. 299-348.

20. Sobre este aspecto da história, cf. Michel de Certeau, *L'Écriture de l'histoire*, p. 63-122, e "Ecriture et histoire", in *Politique aujourd'hui*, novembro-dezembro de 1975, p. 65-77. Deixo de lado os debates filosóficos a propósito de Marx e Wittgenstein (este último, aliás, exprimiu o desejo de trabalhar na URSS). Cf. os estudos de F. Rossi-Land ("Per un uso marxiano di Wittgenstein"), Tony Manser ("The End of Philosophy: Marx and Wittgenstein", University of Southampton 1973) ou Ted Benton ("Winch, Wittgenstein and Marxism", in *Radical Philosophy*, n. 13, 1976, p. 1-6). Pode-se reconhecer em Wittgenstein um materialismo histórico que seria típico deste "burguês", mas nenhuma "ciência" (no sentido marxista) da história.

21. Cf. Ludwig Wittgenstein, *Leçons et conversations*, Paris, Gallimard 1971, p. 154-155. Cf. também a palavra, mencionada por Norman Malcolm, sobre o homem que, para sair de um quarto onde ele acha que está fechado, se poria "a caminhar ao longo das paredes" (em Ludwig Wittgenstein, *Le Cahier bleu et le Cahier brun*, Paris, Gallimard 1965, p. 369).

22. *Philosophical Investigations*, § 109: a tradução inglesa diz: "*looking into the working of our language*", p. 47.

23. Cit. por Norman Malcolm, em Ludwig Wittgenstein, *Le Cahier bleu et le Cahier brun*, p. 367-368.

24. Esta palavra, de origem vienense, designa "todos os tipos possíveis de pensamento, de caráter e linguagem" (cf. A. Janick e S. Toulmin, op. cit., p. 198) ou, de modo mais geral, as estruturações *factuais* (históricas) de nossa existência.

25. Cf., por exemplo, J.L. Austin, *Philosophical Papers*, 2. ed. Oxford, Oxford University Press 1969, p. 181-182.

26. Acerca desta tradição inglesa, cf. GJ. Warnock, *English Philosophy since 1900*, 2. ed., Oxford, Oxford University Press 1969, p. 19-20, 100-102, etc.; e sobretudo Charles E. Caton (ed.), *Philosophy and Ordinary Language*, Urbans (Ill.), 1963, e V.C. Chapel (ed.), *Ordinary Language*, Englewood Cliffs (N.J.), Prentice Hall 1964.

27. Cf. o texto de Adolf Loos traduzido em *Traverses*, n. 7, 1976, p. 15-20.

28. R. Musil, *L'Homme sans qualités*.

29. A palavra "execrar" caracteriza a sua alegria a um estilo de pensamento. Cf., por exemplo, *Leçons et conversations*, p. 63-64; e Jacques Bouveresse, "Les derniers jours de l'humanité", in *Critique*, n. 339-340, sob o título *Vienne, début d'un siècle*, agosto-setembro de 1975, p. 753-805.

30. Cf. o prefácio das *Remarques philosophiques*, Paris, Gallimard 1975, p. 11.

31. *L'Homme sans qualités*, t. 1, p. 74-75.

32. Ibid., p. 75.

33. *Philosophical Investigations*, § 194, p. 79.

Capítulo II

1. Seminário realizado à base de uma enquete feita a partir de 1971 e de um primeiro relatório (*Frei Damião: sim ou não? E os impasses da religião popular*, Recife, policopiado); o conjunto dos documentos coligidos não foi divulgado. Uma análise do mesmo gênero tomou como objeto uma enquete feita na peregrinação popular do Senhor do Bonfim, Salvador, BA. Cf. Fernando Silveira Massote, *Esplosione sociale del Sertão Brasiliano*, tese, Urbino 1978, p. 74-183, sobre a religião.

2. Os dois primeiros versos são tirados da canção anarquista *Amore ribelle*, sendo "a ideia" a sociedade igualitária; os seguintes vêm do *Canto dei Malfatori*. Os dois textos são citados por Jean-Louis Comolli, *La Cecília*, Paris, Daniel et Cie. 1976, p. 99, 103. Quanto ao filme, cf. Michel de Certeau, Jacques Revel et al., in *Ça cinéma*, n. 10-11, 1976, p. 38-44.

3. Cf. Willy Apollon, *Le Vaudou, Un espace pour les "voix"*, Paris, Galilée 1976.

4. Por exemplo, Tomé Cabral, *Dicionário de termos e expressões populares*, Fortaleza, Universidade Federal do Ceará 1972.

5. Cf. Michel de Certeau, *La Culture au pluriel*, 2. ed., Paris, Christian Bourgois 1980: "Des espaces et des pratiques", p. 233-251; "Actions culturelles et stratégie politique", in *La Revue nouvelle*, abril de 1974, p. 351-360, etc.

6. Marcel Detienne e Jean-Pierre Vernant, *Les Ruses de l'intelligence. La métis des Grecs*, Paris, Flammarion 1974.

7. Pierre Bourdieu, *Esquisse d'une théorie de la pratique*, Genebra, Droz 1972; e sobretudo "Les sens pratique", in *Actes de la recherche en sciences sociales*, n. 1, fevereiro de 1976, p. 43-86.

8. Cf. abaixo, IV parte: *Usos da língua*.

9. Assim as pesquisas de A. Charraud, F. Loux, Ph. Richard e M. de Virville no Centro de Etnologia Francesa: cf. também o relatório que produziram: *Analyse de contenu de proverbes médicaux*, Paris, MSH 1972, ou o artigo de François Loux, em *Ethnologie française*, n. 3-4, 1971, p. 121-126. Os mesmos métodos tinham sido antes aplicados a um *Essai de description des contes populaires*, Paris, MSH 1970.

10. Cf., por exemplo, Alberto Mario Cirese, *I Proverbi: struttura delle definizioni*, Urbino 1972, a propósito dos provérbios sardos.

11. Essas unidades foram sucessivamente os "tipos" (Aarne), os "motivos" (Thompson), as "funções" (Propp), as "provas" (Meletinsky) etc.

12. Daniel Paul Schreber, *Mémoires d'un névropathe*, Paris, Seuil 1975, p. 60.

13. Analisar "a marca do processo de enunciação do enunciado" é, como se sabe, o objeto estrito de uma linguística da enunciação. Cf. Oswald Ducrot e Tzvetan Todorov, *Dictionnaire encyclopédique des sciences du langage*, Paris, Seuil 1972, p. 405.

14. Sobre a modalidade pela qual o locutor atribui um estatuto (relativo à existência, certeza, obrigação etc.) ao seu enunciado (*dictum* ou

texts), cf., por exemplo, *Langages*, n. 43, setembro de 1976, e a bibliografia, p. 116-124.

15. Sun Tzu, *L'Art de la guerre*, Paris, Flammarion 1972, obra que data do século IV a.C.

16. R.K. Khawam (ed.), *Le Livre des ruses. La stratégie politique des Arabes*, Paris, Phébus 1976.

17. Deste ponto de vista, a cientificidade seria a generalização de uma astúcia: o artifício não se situa mais no *uso* da língua ordinária (com seus mil "meandros" retóricos), mas na *produção* de línguas próprias (línguas artificiais que asseguram o emprego unívoco e transparente de termos construídos).

18. Lévi-Strauss opõe o *jogo*, "disjuntivo", produtor de diferenças entre campos inicialmente iguais, ao *rito*, "conjuntivo", instaurador ou restaurador de união. Cf. *La Pensée sauvage*, Paris, Pion 1962, p. 44-47.

19. Cf. Roger J. Girault, *Traité du jeu de go*, Paris, Flammarion 1977, 2 t.

20. Cf. Robert Jaulin, *La Géomancie. Analyse formelle*, Paris, Pion 1966; A. Ader e A. Zemplent, *Le Bâton de l'Aveugle*, Paris, Hermann 1972; Jean-Pierre Vernant et al., *Divination et Rationalité*, Paris, Seuil 1974, etc.

21. Seria possível analisar a reciprocidade entre jogos e contos à luz das pesquisas de Nicole Belmont sobre as relações entre "observâncias" e "crenças" populares: "Les croyances populaires comme récit mythologique", in *L'Homme*, t. 10/2, 1970, p. 94-108.

22. Vladimir Propp, *Morphologie du conte* (1928), Paris, Gallimard, Seuil 1970; e a este se deve ajuntar *Le radici storiche dei raconti di fate*, Turim, Einaudi 1949. Sobre Propp, cf. sobretudo A. Dundes, *The Morphology of North-American Indian Folktales*, Helsinque, Academia Scientiarum Fennica 1964; A.J. Greimas, *Sémantique structurale*, Paris, Larousse 1966, p. 172-213; Claude Lévi-Strauss, *Anthropologie structurale deux*, Paris, Plon 1973, p. 139-173; André Régnier, "La morphologie selon V.J. Propp", in *La crise du langage scientifiq*ue, Paris, Anthropos 1974, e "De la morphologie selon V.J. Propp à la notion de système préinterprétatif", in *L'Homme et la société*, n. 12, p. 171-189.

23. É um termo de Régnier, "De la morphologie selon V.J. Propp", p. 172.

24. *Morphologie du conte*, p. 31.

25. Assim, nos contos ciganos, o herói não mente, mas sabe, com proveito, *fazer dizer* às ordens que recebe *outra coisa* do que pensava exprimir o senhor ou o poderoso. Cf. também Denise Paulme e Claude Bremond, *Typologie des contes africains du décepteur. Principes d'un index des ruses*, Ur-

bino 1976; ou, de um ponto de vista teórico, Louis Marin, *Sémiotique de la Passion*, Paris, coed. Aubier etc. 1971; "Sémiotique du traître", p. 97-186.

26. Para Roman Jakobson, as mutações e relações de fonemas nas glossolalias e nas "profecias em línguas" – discursos desprovidos de sentido e que constituem uma "arte popular abstrata" – obedecem a regras tão rigorosas que é possível, a partir daí, procurar os "princípios de composição" (*compositional principles*) mais complexos de espécimes estratificados (sonoros e significantes) da tradição oral (*Selected Writings*, Haia, Mouton, t. 6, 1966, p. 642). Os jogos de letras, nessas fórmulas sem significado (tipo *Am stram gram...*), teriam, pois, o valor de fórmulas algébricas indicando as possibilidades formais de produção de textos. Haveria então uma formalização abstrata inscrita assim nesta literatura "abstrata" e forneceria ela modelos lógicos das práticas fabricadoras de "manifestações" populares?

27. Cf. as análises críticas de Pierre Bourdieu, *Le Métier de sociologue*, 2. ed., Haia, Mouton 1973, prefácio; de Maurice Godelier, *Horizon, trajets, marxistes en anthropologie*, Paris, Maspero 1973, etc.

28. Cf. Michel de Certeau, *La Culture au pluriel: "La beauté du mort"* (em colaboração com Dominique Julia e Jacques Revel), p. 49-80.

29. Miklos Haraszti, *Salaire aux pièces*, Paris, Seuil 1976, p. 136-145. Quanto aos "bousillés", peças de vidro realizadas pelos operários da indústria de vidro por conta própria, cf. Louis Mériaux, "Retrou-vailles chez les verriers", in *Le Monde,* 22-23 de outubro de 1978. E M.-J. e J.-R. Hissard, "Henri H. Perruquiste", in *Autrement*, n. 16, novembro de 1978, p. 75-83.

30. Marcel Mauss, *Sociologie et Anthropologie*, Paris, PUF 1966: "Essai sur le don", p. 145-279.

Capítulo III

1. Cf. particularmente A. Huet et al., *La Marchandise culturelle*, Paris, CNRS 1977, que não se limita a analisar produtos (a foto, o disco, os selos), mas um sistema de repetição mercantil e de reprodução ideológica.

2. Cf., por exemplo, *Pratiques culturelles des Français*, Paris, Secrétariat d'Etat à la Culture. Service des Etudes et Recherches 1974, 2 t. Ainda é fundamental e pioneira, embora pouco estatística e limitada à arte de massa, a obra de Alvin Toffler, *The Culture Consumers*, Baltimore, Penguin 1965.

3. Sobre o tema premonitório da "máquina celibatária" na arte (Marcel Duchamp etc.) ou na literatura (Júlio Verne a Raymond Roussel) do começo do século, cf. Jean Clair et al., *Junggesellen Maschinen. Les Machines célibataires*, Veneza, Alfieri 1975.

4. Cf., por exemplo, a respeito dos Aymarás do Peru e da Bolívia, J.-E. Monast, *On les croyat chrétiens: les Aymaras*, Paris, Cerf 1969.

5. Cf. Michel de Certeau, "La longue marche indienne", posfácio a Yves Materne (ed.), *Le Réveil indien en Amérique latine*, Paris, Cerf 1977, p. 121-135.

6. G. Ryle, "Use, Usage and Meaning", in G.H.R. Parkinson (ed.), *The Theory of Meaning*, Oxford, Oxford University Press 1968, p. 109-116. Boa parte do volume é consagrada ao uso.

7. Richard Montague, "Pragmatics", in Raymond Klibansky (ed.), *La Philosophie contemporaine*, Florença, La Nuova Italia, t. 1, 1968, p. 102-122. Bar-Hillel retoma assim um termo de C.S. Peirce, que tem como equivalentes em Russel os "*egocentric particulars*", em Reichenbach as "*token reflexive expressions*", em Goodman as "*indicator words*", em Quine as "*non eternal sentences*" etc. Há toda uma tradição que se inscreve nessa perspectiva. A ela também se filia Wittgenstein, ele que tinha como *slogan* procurar não o sentido, mas o uso ("*Don't ask for the meaning, ask for the use*"), referindo-se aliás ao uso normal, regulado pela instituição da linguagem.

8. Cf. acima "A enunciação proverbial", p. 75.

9. Cf. Emile Benveniste, *Problèmes de linguistique générale*, Paris, Gallimard, t. 2, 1974, p. 79-88.

10. Fernand Deligny, *Les Vagabonds efficaces*, Paris, Maspero 1970, define com esta palavra os percursos dos jovens autistas com os quais vive, escritas através de madeira, errâncias de quem não pode mais traçar para si um caminho no espaço da língua.

11. Cf. abaixo "Indeterminadas", p. 275.

12. Ibid.

13. "Não existem estratégias senão incluir a estratégia do outro", para John von Neumann e Oskar Morgenstern, *Theory of Games and Economic Behavior*, 3. ed., Nova York, John Wiley 1964.

14. "A estratégia é a ciência dos movimentos bélicos fora do campo de visão do inimigo; a tática, dentro deste" (von Bülow).

15. Karl von Clausewitz, *De la guerre*, Paris, Minuit 1955, p. 212-213. Esta análise se encontra aliás em muitos outros teóricos, desde Maquiavel. Cf. Y. Delahaye, "Simulation et dissimulation", e *La Ruse* (*Cause commune* 1977/1), Paris, UGE, 10-18, p. 55-74.

16. Clausewitz, op. cit., p. 212.

17. Sigmund Freud, *Le Mot d'esprit et ses rapports avec l'inconscient*, Paris, Gallimard, Idées 1969.

18. Aristóteles, *Retórica* II, 24, 1402a: "tornar o mais fraco de dois argumentos o mais forte" (trad. M. Dufour, Paris, Les Belles Lettres, Budé 1967, t. 2, p. 131). O mesmo "achado" se atribui a Tísias, em Platão, *Fedro* 273b-c) (Platão, *Obras completas*, Paris, Gallimard, Pléiade, t. 2, 1950, p. 72-73). Cf. também W.K.C. Guthrie, *The Sophists*, Cambridge, Cambridge University Press 1971, p. 178-179. Sobre a *technè* de Corax, mencionada por Aristóteles a propósito dos "lugares dos entimemas aparentes", cf. Ch. Perelman e L. Olbrechts-Tyteca, *Traité de l'argumentation*, Bruxelas, Université Libre 1970, p. 607-609.

19. Freud, *Le Mot d'esprit*, p. 19-173, sobre as técnicas do chiste.

20. Cf. S. Toulmin, *The Uses of Argument*, Cambridge, Cambridge University Press 1958; Ch. Perelman e L. Olbrechts-Tyteca, op. cit.; Jean Dubois et al., *Rhétorique générale*, Paris, Larousse 1970, etc.

21. Cf. *I-Ching* (*Chou-I*), *O Livro das Mutações* que representa por 64 hexagramas (formados de seis linhas quebradas ou cheias) todas as situações possíveis dos seres no decorrer das mutações do universo.

22. Marcel Detienne e Jean-Pierre Vernant, *Les Ruses de l'intelligence. La métis des Grecs*, Paris, Flammarion 1974.

23. Cf. Maxime Rodinson, *Islam et Capitalisme*, Paris, Seuil 1972.

Capítulo IV

1. Cf. acima cap. II, p. 71, a propósito das táticas para as quais as legendas e a arte de dizer populares oferecem "panóplias", mas em um lugar escondido.

2. Michel Foucault, *Surveiller et punir*, Paris, Gallimard 1975. Sobre a obra anterior de Foucault, cf. Michel de Certeau, *Histoire et psychanalyse entre science et fiction*, Paris, Gallimard, Folio 1987, cap. I.

3. M. Foucault, op. cit., p. 28, 96-102, 106-113, 143-151, 159-161, 185, 189-194, 211-217, 238-251, 274-275, 276, etc.: uma série de "quadros" teóricos baliza o livro: ela demarca um objeto histórico e para ele inventa um discurso adequado.

4. Cf. particularmente Gilles Deleuze, "Ecrivain, non: un nouveau cartographe", in *Critique*, n. 343, dezembro de 1975, p. 1207-1227.

5. Serge Moscovici, *Essai sur l'histoire humaine de la nature*, Paris, Flammarion 1968.

6. Pierre Legendre, *L'Amour du censeur. Essai sur l'ordre dogmatique*, Paris, Seuil 1974.

7. Claude Lévi-Strauss, *Tristes Tropiques*, Paris, Plonn 1958, em particular as páginas que falam do "retorno", meditação sobre a viagem invertida, mudada em investigação da memória.

8. Pierre Bourdieu, *Esquisse d'une théorie de la pratique*, Genebra, Droz 1972. O título do livro retoma o da segunda parte, teórica. Sobre Bourdieu, não são muito numerosas as críticas francesas, diversamente do que se passa com Foucault. Efeito simultâneo dos temores e da admiração inspirados por um império bearnês? O caráter "ideológico" das posições de Bourdieu lhe é censurado por Raymond Boudon (*L'Inégalité des chances*, Paris, Armand Colin 1973; *Effets pervers et ordre social*, Paris, PUF 1977). Numa perspectiva marxista, Christian Baudelot e Roger Establet, *L'École capitaliste en France*, Paris, Maspero 1974; Jacques Bidet, "Questions à Bourdieu", in *Dialectiques*, n. 2; Louis Pinto, "La théorie de la pratique", in *La Pensée*, abril de 1975, etc. De um ponto de vista epistemológico, Louis Marin, "Champ théorique et pratique symbolique", in *Critique*, n. 321, fevereiro de 1974; W. Paul Vogt apresentou as teses de Bourdieu: "The Inheritance and Reproduction of Cultural Capital", in *The Review of Education*, Summer 1978, p. 219-228. E ainda J.-M. Geng, *L'Illustre Inconnu*, Paris, UGE, 10-18, 1978, p. 53-63, sobre a "totalização sociológica" em Bourdieu e a produção de uma "fé sociológica", crítica a qual Bourdieu se apressou a responder em "Sur l'objectivation participante", in *Actes de la recherche en sciences sociales*, n. 23, setembro de 1978, p. 67-69.

9. Pierre Bourdieu, "Les stratégies matrimoniales dans le système de reproduction", in *Annales ESC*, t. 27, 1972, p. 1105-1127; "Le langage autorisé", in *Actes de la recherche en sciences sociales*, n. 5-6, novembro de 1975, p. 183-190; "Le sens pratique", ibid., n. 1, fevereiro de 1976,

p. 43-86. E a epopeia social do "gosto", que é *La Distinction. Critique sociale du jugement*, Paris, Minuit 1979, sobretudo cap. 2 e 3, p. 9-188.

10. Em *Revue française de sociologie*, t. 15, 1974, p. 342.

11. Cf. "Les stratégies matrimoniales".

12. Este é o confronto desejado por Bourdieu, Jean-Claude Passeron e Jean-Claude Chamboredon, no *Métier de sociologue*, 2. ed., Haia, Mouton 1973, p. 108-109.

13. *Esquisse d'une théorie*, p. 11.

14. Cf. Jacques Derrida, *Marges de la philosophie*, Paris, Minuit 1972: "La Mythologie blanche", p. 247-324.

15. Cf. a análise de Bourdieu, *Esquisse d'une théorie*, p. 45-69.

16. Pierre Bourdieu e Jean-Claude Passeron, *Les Héritiers*, Paris, Minuit 1964; *La Reproduction*, ibid., 1970, etc.

17. Cf. as censuras que Bourdieu faz a este estudo quando o publica em 1972 (*Esquisse d'une théorie*, p. 11).

18. "Avenir de classe", in *Revue française de sociologie*, t. 15, 1974, p. 22, 33-34, 42, etc.

19. *Esquisse d'une théorie*, p. 211-227: "Les stratégies matrimoniales", p. 1107-1108; "Le sens pratique", p. 51-52, etc.

20. "Les stratégies matrimoniales", p. 1109, etc.

21. Ibid.

22. Cf. particularmente "Le sens pratique", sobretudo p. 54-75.

23. *Le Métier de sociologue*, p. 257-264.

24. Como se sabe, nas sociedades tradicionais, a "casa" designa ao mesmo tempo a residência (o bem) e a família (o corpo genealógico).

25. "Avenir de classe", p. 11-12. Bourdieu não leva, aliás, em conta os estudos sobre as estratégias individuais de consumidores em nossas sociedades. Cf. ibid., p. 8, nota 11, que se refere a Albert O. Hirschmann, *Exit. Voice and Loyalty,* Cambridge (Mass.), Harvard University Press 1970.

26. *Esquisse d'une théorie*, p. 175-177, 182: "Avenir de classe", p. 28-29, etc.

27. *Esquisse d'une théorie*, p. 202.

28. Ibid., p. 177-179.

29. A ideia e o termo de *exis* (*habitus*) vêm de Marcel Mauss, *Sociologie et Anthropologie*, Paris, PUF 1966, p. 368-369; por seu turno, Panofsky, em textos célebres aliás citados por Bourdieu, tinha sublinhado a importância teórica e prática do *habitus* na sociedade medieval (cf. *Le Métier de Sociologue*, p. 253-256). Em Bourdieu, a ideia já é antiga. Cf. *Le Métier de Sociologue*, p. 16, 84, etc. a propósito dos "esquemas" do sociólogo; ou *L'Amour de l'art*, Paris, Minuit 1969, p. 163, a propósito do gosto. Ela se sustenta hoje em um impressionante aparelho de termos e axiomas *escolásticos*, indícios muito interessantes de uma possibilidade de ler na tecnocracia contemporânea um retorno da ordem medieval.

30. *Esquisse d'une théorie*, p. 175, 178-179; "Avenir de classe", p. 28-29; *La Distinction*, p. 189-195.

31. Cf. o elogio do herói, in "Avenir de classe", p. 28s. Deste modo, podem-se agora estudar "as estratégias do *habitus*", ibid., p. 30 (é meu o sublinhado deste "de").

Capítulo V

1. Kant já o dizia, em sua *Kritik der reinen Vernunft*: o cientista é "um juiz que obriga as testemunhas a responder às perguntas que ele mesmo formulou".

2. Emile Durkheim, *Les Formes élémentaires de la vie religieuse*, Paris, PUF 1968. Cf. também W.S.F. Pickering, *Durkheim on Religion*, Routledge & Kegan Paul 1975.

3. Sigmund Freud, *Totem e tabu*, Paris, Payot 1951.

4. Cf. Fritz Raddatz, *Karl Marx, une biographie politique*, Paris, Fayard 1978.

5. Cf. o catálogo da exposição, *Le Livre dans la vie quotidienne*, Paris, Bibliothèque Nationale 1975.

6. Foi em 1799 que Louis-François Jouffret fundou a Sociedade dos Observadores do Homem.

7. Platão, *Górgias*, 465a. Cf. Giuseppe Cambiano, *Platone e le technice*, Turim, Einaudi 1971.

8. In Jacques Guilherme e Jan Sebestik, "Les commencements de la technologie", in *Thalès*, t. 12, 1966, p. 1-72, encontra-se uma série de exemplos desse estatuto intermediário: as artes constituem objetos de *Descriptions* (p. 2, 4, 32, 37, 41, 46-47 etc.) e, supostamente inacabadas, devem ser aperfeiçoadas (p. 8, 14, 29, 33, etc.).

9. *Encyclopédie*, Genebra, Pellet, t. 3, 1773, art. *"Art"*, p. 450-455.

10. Ibid., art. *"Catalogue"* (por David, segundo um manuscrito de Girard). Cf. J. Guilherme e J. Sebestik, op. cit., p. 23.

11. Fontenelle, "Prefácio" à *Histoire de l'académie royale pour 1699*, onde se acha publicado *Sur la description des arts*. Cit. em J. Guilherme e J. Sebestik, op. cit., p. 33, nota 1.

12. Emile Durkheim, *Education et sociologie*, Paris, Alcan 1922, p. 87s. Cf. Pierre Bourdieu, *Esquisse d'une théorie de la pratique*, Genebra, Droz 1972, p. 211, que reconhece aí uma "perfeita descrição" da "douta ignorância".

13. Emile Durkheim, *Les Formes élémentaires*, p. 495.

14. Christian Wolff, "Prefácio" à tradução alemã de Belidor, *Architecture hydraulique*, 1740, não paginado. Cit. em J. Guilherme e J. Sebestik, op. cit., p. 23, nota 2.

15. H. de Villeneuve, "Sur quelques préjugés des industriels" (1832). Cit. em J. Guilherme e J. Sebestik, op. cit., p. 24.

16. Sob mais de um ponto de vista, a posição do perito é uma variante.

17. Cf. acima "Lógicas: jogos, contos e artes de dizer", cap. II, p. 78.

18. Tema constante em Freud, embora o estatuto desse "saber" permaneça teoricamente indeciso.

19. Sobre esta evolução, desde o projeto de uma *Crítica do gosto* (1787) até a redação da *Crítica da faculdade do juízo* (1790), cf. Victor Dalbos, *La Philosophie pratique de Kant*, Paris, PUF 1969, p. 416-422. O texto de Kant se encontra em *Kritik der Urteilskraft*, § 43, "Von der Kunst überhaupt" (*Werke*, W. Weischedel (ed.), Insel-Verlag, t. 5, 1957, p. 401-402); ou *Crítica da faculdade do juízo*, trad. Philonenko, Paris, Vrin 1979, p. 134-136. A crítica da estética kantiana por Bourdieu, fundamental ("uma relação social negada"), mas praticada com lâmina de sociólogo, situa-se em outra perspectiva, diferente da minha, embora se refira à distinção kantiana entre "a arte livre" e a "arte necessária" (*La Distinction*, Paris, Minuit 1979, p. 565-583).

20. Cf. A. Philonenko, *Théorie et praxis dans la pensée morale et politique de Kant et de Fichte en 1793*, Paris, Vrin 1968, p. 19-24; Jurgen Heinrichs, *Das Problem der Zeit in der praktischen Philosophie Kants*, Bonn, Bouvier 1968, p. 34-43 ("Innerer Sinn und Bewusstsein"); Paul Guyer, *Kant and the Claims of Taste*, Cambridge (Mass.), Harvard University Press 1979, p. 120-165 ("A Universal Voice"), p. 331-350 ("The Metaphysics of Taste").

21. Cit. por A. Philonenko, *Théorie et praxis*, p. 22, nota 17.

22. Kant, *Kritik der Urteilskraft*, § 43.

23. Freud, *Gesammelt Werke*, t. XIII, p. 330; t. XIV, p. 66, 250, etc.

24. Kant, *Kritik der reinen Vernunft*, cit. em A. Philonenko, *Théorie et praxis*, p. 21.

25. Cf. acima, cap. II, p. 71.

26. *Das mag in der Theorie richtig sein, taugt aber nicht für die Praxis.* O texto (Kant, *Werke*, W. Weischedel (ed.), t. 6, 1964, p. 127s) foi reeditado e apresentado por Dieter Heinrich com todo o debate do final de 1793 ao começo de 1794 sobre a relação *teoria/praxis*: Kant, Gentz, Rehberg, *Über Theorie und Praxis*, Frankfurt am Main, Suhrkamp 1967. Vou citar este notável dossiê. Cf. também a preciosa tradução inglesa em um volume especial (bem justificado): Kant, *On the Old Saw: That May Be Right in Theory, but it Won't Work in Practice*, Introd. G. Miller, trad. E.B. Ashton, Filadélfia, University of Pennsilvania 1974, e cf. em francês: Kant, *Sur l'expression courante: il se peut que ce soite juste en théorie...*, trad. L. Guilhermit, Paris, Vrin 1967.

27. Sobre Kant e a Revolução, cf. J.W. Beck, "Kant and the Right of Revolution", in *Journal of the History of Ideas*, t. 32, 1971, p. 411-422; e sobretudo L.W. Beck (ed.), *Kant on History*, Nova York, Library of Liberal Arts 1963.

28. Evangelho de Lucas 2,41-50, sobre o Menino Jesus, "sentado no meio dos doutores, ouvindo-os e interrogando-os". Tema que vai reaparecer na literatura de colportagem com *L'Enfant sage à trois ans*, texto já analisado por Charles Nizard, *Histoire des livres populaires*, Paris, Amyot 1854, t. 2, p. 16-19, e citado por Geneviève Bollème, *La Bible bleue*, Paris, Flammarion 1975, p. 222-227.

29. Kant et al., *Über Theorie und Praxis*, p. 41. O sublinhado é de Kant.

Capítulo VI

1. Cf. acima, cap. I, p. 57.

2. Jack Goody, "Mémoires et apprentissage dans les sociétés avec ou sans écriture: la transmission du Bagre", in *L'Homme*, t. 17, 1977, p. 29-52. E, do mesmo autor, *The Domestication of the Savage Mind*, Cambridge, Cambridge University Press 1977.

3. Marcel Detienne, *Les Jardins d'Adonis*, Paris, Gallimard 1972; *Dionysos mis à mort*, ibid. 1977; Detienne et al., *La Cuisine du sacrifice*, ibid., 1979.

4. Cf. Richard Bauman e Joel Sherzer (eds.), *Explorations in the Ethnography of Speaking*, Cambridge, Cambridge University Press 1974; David Sudnow (ed.), *Studies in Social Interaction*, Nova York, Free Press 1972.

5. Marcel Detienne e Jean-Pierre Vernant, *Les Ruses de l'intelligence. La métis des Grecs*, Paris, Flammarion 1974.

6. Ibid., p. 9-10.

7. "Memória" no sentido antigo do termo, que designa uma presença à pluralidade dos tempos e não se limita, por conseguinte, ao passado.

8. Entre aspas, expressões ou citações tomadas de empréstimo a Detienne e Vernant *Les Ruses de l'intelligence*, p. 23-25.

9. Cf. Michel de Certeau, L'étrange secret. "Manière d'écrire pascalienne", in *Rivista di storia e letteratura religiosa*, t. 13, 1977, p. 104-126.

10. Cf. Maurice Halbwachs, *Les Cadres sociaux de la mémoire*, Haia, Moutou 1975.

11. Cf. Frances A. Yates, *L'Art de la mémoire*, Paris, Gallimard 1975.

12. Cf. abaixo, IV parte: *Usos da língua*.

13. Cf. abaixo; e já acima, cap. II, "Lógicas: jogos, contos e artes de dizer", p. 78.

14. Françoise Frontisi-Ducroux, *Dédale. Mythologie de l'artisan en Grèce ancienne*, Paris, Maspero 1975.

15. Aristóteles, *Fragmentos*, Rose (ed.), Leipzig, Teubner 1886, fragm. 668.

16. Aristóteles, *Metafísica A*, 2, 982b 18.

Capítulo VII

1. Cf. de Alain Médam, "New York City", in *Les Temps modernes*, agosto-setembro de 1976, p. 15-33, um texto admirável; e seu livro *New York Terminal*, Paris, Galilée 1977.

2. Cf. Henri Lavedan, *Les Représentations des villes dans l'art du Moyen Age*, Paris, Van Oest 1942; Rudolf Wittkower, *Architectural Principles in the Age of Humanism*, Nova York, Norton 1962; Louis Marin, *Utopiques: jeux d'espace*, Paris, Minuit 1973, etc.

3. Michel Foucault, "L'oeil du pouvoir", in Jeremy Bentham, *Le Panoptique* (1791), Paris, Belfon 1977, p. 16.

4. Daniel Paul Schreber, *Mémoires d'un névropathe*, Paris, Seuil 1975, p. 41, 60, etc.

5. Já Descartes, em suas *Regulae*, fazia do cego o fiador do conhecimento das coisas e dos lugares contra as ilusões e enganos da visão.

6. Maurice Merleau-Ponty, *Phénoménologie de la perception*, Paris, Gallimard, Tel, 1976, p. 332-333.

7. Cf. Françoise Choay, "Figures d'un discours inconnu", in *Critique*, abril de 1973, p. 293-317.

8. Pode-se relacionar as técnicas urbanísticas, que classificam as coisas espacialmente, com a tradição da "arte da memória" (cf. Frances A. Yates, *L'Art de la mémoire*, Paris, Gallimard 1975). O poder de construir uma organização espacial do saber (com "lugares" determinados para cada tipo de "figura" ou "função") desenvolve os seus procedimentos a partir desta "arte". Ela determina as utopias e se reconhece até no *Panóptico* de Bentham. Forma estável, apesar da diversidade dos conteúdos (passados, futuros, presentes) e projetos (conservar ou criar) relativos aos estatutos sucessivos do saber.

9. Cf. André Glucksmann, "Le totalitarisme en effet", in *Traverses*, n. 9, intitulado *Ville-panique*, 1977, p. 34-40.

10. Michel Foucault, *Surveiller et punir*, Paris, Gallimard 1975.

11. Ch. Alexander, "La cité semi-treillis, mais non arbre", in *Architecture, Mouvement, Continuité* 1967.

12. Cf. as indicações de Roland Barthes, in *Architecture d'aujourd'hui*, n. 153, dezembro de 1970-janeiro de 1971, p. 11-13: "Dizemos nossa cidade (simplesmente) habitando-a, percorrendo-a, olhando-a"; e Claude Soucy, *L'image du centre dans quatre romans contemporains*, Paris, CSU 1971, p. 6-15.

13. Cf. os numerosos estudos consagrados a esse tema desde John Searle, "What is a Speech Act?", in Max Black (ed.), *Philosophy in America*, Londres, Allen & Unwin e Ithaca (Nova York), Cornell University Press 1965, p. 221-239.

14. Emile Benveniste, *Problèmes de linguistique générale*, Paris, Gallimard, t. 2, 1974, p. 79-88, etc.

15. Roland Barthes, op. cit.; Claude Soucy, op. cit., p. 10.

16. "*Aqui e agora* delimitam a instância espacial e temporal coextensiva e contemporânea da presente instância de discursos que contêm eu" (E. Benveniste, op. cit., t. 1, 1966, p. 253).

17. Roman Jakobson, *Essais de linguistique générale*, Paris, Seuil 1970, p. 217.

18. Sobre as modalidades, cf. Hermann Parret, *La Pragmatique des modalités*, Urbino 1975; A.R. White, *Modal Thinking*, Ithaca (Nova York), Cornell University Press 1975.

19. Cf. as análises de Paul Lemaire, *Les Signes sauvages. Une philosophie du langage ordinaire*, Ottawa, Université d'Ottawa e Université Saint--Paul 1981, em particular a Introdução.

20. A.J. Greimas, "Linguistique statistique et linguistique structurale", in *Le Français moderne*, outubro de 1962, p. 245.

21. Num terreno próximo, a retórica e a poética na linguagem gestual dos mudos, cf. E.S. Klima e U. Bellugi, "Poetry and Song in a Language without Sound", *working paper*, San Diego (Cal.), USSD 1975; e E.S. Klima, "The Linguistic Symbol with and without Sound", in J. Kavanagh e J.E. Cuttings (eds.), *The Role of Speech in Language*, Cambridge (Mass.), MIT 1975.

22. Alain Médam, *Conscience de la ville*, Paris, Anthropos 1977.

23. Sylvie Ostrowetsky, "Logiques du lieu", in *Sémiotique de l'espace*, Paris, Denoël-Gouthier, Médiations 1979, p. 155-173.

24. Jean-François Augoyard, *Pas à pas. Essai sur le cheminement quotidien en milieu urbain*, Paris, Seuil 1979.

25. Em sua análise das práticas culinárias, Pierre Bourdieu julga decisivos não os ingredientes, mas o modo como são tratados ("Le sens pratique", in *Actes de la recherche en sciences sociales*, n. 1, fevereiro de 1976, p. 77).

26. J. Sumpf, *Introduction à la stylistique du français*, Paris, Larousse 1971, p. 87.

27. Sobre a "teoria do próprio", cf. Jacques Derrida, *Marges de la philosophie*, Paris, Minuit 1972: "La mythologie blanche", p. 247-324.

28. J.-F. Augoyard, op. cit.

29. Tzvetan Todorov, "Syneddoques", in *Communications*, n. 16, 1970, p. 30. Cf. também Pierre Fontanier, *Les Figures du discours*, Paris, Flammarion 1968, p. 87-97; e Jean Dubois et al., *Rhétorique générale*, Paris, Larousse 1970, p. 102-112.

30. Sobre este espaço que as práticas organizam em "ilhotas", cf. Pierre Bourdieu, *Esquisse d'une théorie de la pratique*, Genebra, Droz 1972, p. 215, etc.; "Le sens pratique", p. 51-52.

31. Cf. Anne Baldassari e Michel Joubert, *Pratiques relationnelles des enfants à l'espace et institution*, Paris, Creceles-Cordes 1976; e dos mesmos autores, "Ce qui se trame", in *Parallèles*, n. 1, junho de 1976.

32. J. Derrida, op. cit., p. 287, a propósito da metáfora.

33. E. Benveniste, op. cit., t. 1, 1966, p. 86-87.

34. O "discurso", para Benveniste, "é a língua enquanto assumida pela pessoa que fala e na condição de intersubjetividade" (ibid., p. 266).

35. Cf., por exemplo, Sigmund Freud, *L'interprétation des rêves*, Paris, PUF 1973, p. 240-300, sobre a condensação e o deslocamento, "processos de figuração", próprios do "trabalho do sonho".

36. Ph. Dard, F. Desbons et al., *La Ville, symbolique en soufrance*, Paris, CEP 1975, p. 200.

37. Cf. também, por exemplo, a epígrafe de Patrick Modiano, *Place de l'Etoile*, Paris, Gallimard 1968.

38. Joachim du Belay, *Regrets*, p. 189.

39. Por exemplo, Sarcelles, nome de uma grande ambição urbanística, assumiu o valor simbolizador entre os habitantes da cidade, tornando-se para toda a França o modelo de um tal fracasso. Esse avatar extremo fornece enfim o "prestígio" de uma identidade excepcional aos cidadãos.

40. Superstição, de *superstare*: manter-se por cima, no modo do mais ou do excesso.

41. F. Lugassy, *Contribution à une psychosociologie de l'espace urbain. L'habitat et la forêt*, Paris, Recherche Urbaine 1970.

42. Ph. Dard et al., op. cit.

43. Ibid., p. 174, 206.

44. Claude Lévi-Strauss, *Tristes Tropiques*, Paris, Plon 1955, p. 434-436.

45. Poder-se-ia dizer o mesmo das fotos de viagem, que substituem (e modificam) as legendas do lugar de partida.

46. Pode-se dizer que são simbólicos os termos cujas relações não são pensadas, mas postas como necessárias. Acerca desta definição do simbolismo como um dispositivo cognitivo caracterizado por um "déficit" do pensamento, cf. Dan Sperber, *Le Symbolisme en général*, Paris, Herman 1974.

47. Francis Ponge, *La Promenade dans nos serres*, Paris, Gallimard 1967.

48. Uma moradora da Croix-Rousse em Lião (entrevista concedida a Pierre Mayol): cf. o volume 2: *Habiter, cuisiner*, por Luce Giard e Pierre Mayol.

49. *Le Monde*, 4 de maio de 1977.

50. Cf. acima nota 48.

51. Cf. as duas análises de *L'interprétation des rêves* e de *Au-delà du principe de plaisis*. Igualmente, Sami-Ali, *L'Espace imaginaire*, Paris, Gallimard 1974, p. 42-64.

52. Jacques Lacan, *Ecrits*, Paris, Seuil 1966, p. 93-100.

53. Sigmund Freud, *Inhibition, symptôme et angoisse*, Paris, PUF 1968.

54. V. Kandinsky, *Du spirituel dans l'art*, Paris, Denoël 1969, p. 57.

Capítulo IX

1. John Lyons, *Semantics*, Cambridge, Cambridge University Press, t. 2, 1977: "Locative Subjects", p. 475-481; "Spatial Expressions", p. 690-703.

2. George A. Miller e Phillip N. Johnson-Laird, *Language and Perception*, Cambridge (Mass.), Harvard University Press 1976.

3. Cf. p. 162s.

4. Albert E. Scheflen e Norman Ashcraft, *Human Territories. How we Behave in Space-Time*, Englewood Cliffs (N.J.), Prentice Hall 1976.

5. E.A. Schegloff, "Notes on a Conversational Practice: Formulating Place", in David Sudnow (ed.), *Studies in Social Interaction*, Nova York, Free Press 1972, p. 75-119.

6. Cf. por ex. Ecole de Tartu, *Travaux sur les systèmes de signes*, Y.M. Lotman e B.A. Ouspenski (eds.), Bruxelas, Complexe e Paris, PUF 1976, p. 18-39, 77-93, etc.; Iouri Lotman, *La Structure du texte artistique*, Paris, Gallimard 1973, p. 309s., etc.

7. Maurice Merleau-Ponty, *Phénoménologie de la perception*, Paris, Gallimard, Tel, 1976, p. 324-344.

8. Charlotte Linde e William Labov, "Spatial Networks as a Site for the Study of Language and Thought", in *Language*, t. 51, 1975, p. 924-939. Quanto à relação entre o fazer e o espaço, cf. também o grupo 107 (M. Hammad et al.), *Sémiotique de l'espace*, Paris, relatório DGRST 1973, p. 28s.

9. Cf., por exemplo, Catherine Bidou e Francis Ho Tham Kouie, *Le Vécu des habitants dans leur logement à travers soixante entretiens libres*, Paris, Relatório Cerebe 1974; Alain Médam e Jean-François Augoyard, *Situations d'habitat et façons d'habiter*, Paris, Ecole spéciale d'architeture 1976, etc.

10. Cf. George H.T. Kimble, *Geography in the Middle Ages*, Londres, Methuen 1938, etc.

11. Roland Barthes, *L'Empire des signes*, Genebra, Skira 1970, p. 47-51.

12. Mapa reproduzido e analisado por Pierre Janet, *L'Evolution de la mémoire et la notion du temps*, Paris, A. Chahine 1928, p. 284-287. O original se conserva em Cuauhtinchan (Puebla, México).

13. Por exemplo Louis Marin, *Utopiques: jeux d'espace*, Paris, Minuit 1973: "Le portrait de la ville dans ses utopiques", p. 257-290, sobre a relação entre as figuras (um "discurso-percurso") e o mapa (um "sistema-texto") em três representações de cidade no século XVII – relação entre um "narrativo" e um "geométrico".

14. Cit. em C. Bidou e F. Ho Tham Kouie, op. cit., p. 55.

15. Cit. Ibid., p. 57, 59.

16. Pierre Janet, *L'Evolution de la mémoire*, em particular as conferências sobre "os processos da narração" e sobre "a fabricação", p. 249-294. A. Médam e J.F. Augoyard, op. cit., p. 90-95, definiram por essa unidade o material de sua investigação.

17. Y.M. Lotman, in Ecole de Tartu, *Travaux sur les systèmes de signes*, p. 89.

18. Georges Dumézil, *Idées romaines*, Paris, Gallimard 1969, p. 61-78, sobre o "lus fetiale".

19. Ibid.

20. Ibid., p. 31-45.

21. G. Miller e Ph. N. Johnson-Laird, op. cit., p. 57-66, 385-390, 564, etc.

22. Chistian Morgenstern, "Der Lattenzaun", in *Gesammelte Werke*, Munique, R. Piper 1965, p. 229.

23. Cf. Nicole Brunet, *Un pont vers l'acculturation. Ile de Noirmoutiers*, DEA, d'Ethnologie, Université de Paris VII, 1979.

24. Cf. Michel de Certeau, *La Fable mystique XVIe-XVIIe siècle*, t. I, 2. ed., Paris, Gallimard, Tel 1987: Cap. 2, "Le Jardin: délires et délices de Jérôme Bosch", p. 71-106.

25. Cf. Françoise Frontisi-Ducroux, *Dédale. Mythologie de l'artisan en Grèce ancienne*, Paris, Maspero 1975, p. 104, e p. 100-101, 117, etc., sobre a *mobilidade* dessas estátuas *rígidas*.

26. Jules Michelet, *La sorcière*, Paris, Calmann-Lévy, s.d., p. 23-24.

27. Cf., por exemplo, a respeito desta ambiguidade, Emmanuel Le Roy Ladurie, *Le Carnaval de Romans*, Paris, Gallimard 1979.

28. Cf. Paolo Fabbri, "Considérations sur la proxémique" in *Langages*, n. 10, junho de 1968, p. 65-75; E.T. Hall, "Proxemics: The Study of Man's Spatial Relations", in I. Gladstone (ed.), *Man's Image in Medicine and Anthropology*, Nova York, International Universities Press 1963, definia a proxêmica como "*the study of how man unconsciously structures spaces – the distance between men in the conduct of daily transactions, the organization of space in his houses and buildings, and ultimately the lay out of his towns*".

Capítulo X

1. Tradução de Grundtvig, *Budskikke i Høinorden* (1864), 31 X 527, cit. em Erica Simon, *Réveil national et culture populaire en Scandinavie. La genèse de la Højskole nordique, 1844-1878*, Copenhague 1960, p. 59.

2. E. Simon, op. cit., p. 54-59.

3. Jacques Derrida, *Positions*, Paris, Minuit 1972, p. 41.

4. Karl Marx, "Manuscritos de 1844", in *Marx und Engels Werke*, Dietz (ed.), t. I, Berlim 1961, p. 542-544.

5. Michel de Certeau et al., *Une politique de la langue*, Paris, Gallimard, Bibliothèque des Histoires 1975.

6. Shakespeare, *The Comedy of Errors*, III, I, 13.

7. Cf. Lucette Finas, *La Crue*, Paris, Gallimard 1972, Prefácio, a propósito da leitura que é inscrição do texto no corpo.

8. Sobre esta história, A. Macfarlane, *The Origins of English Individualism*, Oxford, Basil Blackwell 1978; e já C.B. Macpherson, *The Political Theory of Possessive Individualism. Hobbes to Locke*, Oxford, Oxford University Press 1964.

9. Cf. sobretudo Charles Webster, *The Great Instauration. Science, Medicine and Reform. 1626-1660*, Londres, Duckworth 1975, p. 246-323.

10. Jean-Pierre Peter, "Le corps du délit" in *Nouvelle Revue de Psychanalise*, n. 3, 1971, p. 71-108. As três figuras sucessivas do corpo, conforme

a distinção de J.-P. Peter, poderiam ser ligadas aos três paradigmas da física, da qual são variantes e aplicações, a saber, a física dos choques (séc. XVII), a física das ações à distância (séc. XVIII) e a termodinâmica (séc. XIX).

11. Ch. Webster, op. cit., "Conclusions", p. 484-520.

12. Sobre este poder novo da escrita sobre a história, cf. Michel de Certeau, *L'Ecriture de l'histoire*, 3. ed., Paris, Gallimard, Bibliothèque des Histoires 1984.

13. Cf. as análises de Jean Baudrillard, *L'Echange symbolique et la mort*, Paris, Gallimard 1976: "L'ordres des simulacres", p. 75-95. E *Traverses*, n. 10 intitulado *Le Simulacre*, fevereiro de 1978.

14. Eles oscilam assim, exibidos no papel gelado, no lindo livro de André Velter e Marie-José Lamothe, *Les Outils du corps*, fotos de Jean Marquis, Paris, Hier et demain 1978. Mas também povoam os catálogos técnicos, por exemplo *Chirurgie orthopédique*, catálogo de Chevalier Frères, Paris, 5-7 Place de l'Odéon.

15. Referência a Michel Foucault, *Surveiller et punir* (*Vigiar e punir*), Paris, Gallimard 1975, cujas análises abrem vasto campo que se deve inventariar, além mesmo dos dispositivos panópticos.

16. Segundo uma ideia durkheimiana, o código social se inscreve sobre a natureza individual mutilando-a. A *escritura* teria portanto como forma primeira a *mutilação*, que tem a força de emblema. Cf. Emile Durkheim, *Les Formes élémentaires de la vie religieuse*, Paris, PUF 1968.

17. Cf. Pierre Legendre, *L'Amour du censeur. Essai sur l'ordre dogmatique*, Paris, Seuil 1974.

18. Michel Carrouges, *Les Machines célibataires,* Arcanes 1954 (e a reed. revista e ampliada de 1975); Jean Clair et al., *Junggesellen Maschinen. Les Machines célibataires*, Veneza, Alfieri 1975.

19. *Die Traumdeutung*, cap. 7, sobre o *psychischen Apparat.* A expressão theoritische Fiktion remete especialmente "à ficção de um aparelho psíquico primitivo".

20. Cf. Katherine S. Dreier e Matta Echaurren, "Duchamp's Glass" La Mariée mise à nu par ses célibataires, même. "An Analytical Reflexion" (1954), in *Selected Publications III. Monographs and Brochure*, Nova York, Arno Press 1972.

21. Alfred Jarry, *Les Jours et les Nuits* (1897), Paris, Gallimard 1981.

22. Jean-Claude Milner, *L'Amour de la langue*, Paris, Seuil 1978, p. 98-112.

23. Michel Sanouillet, in Marcel Duchamp, *Duchamp du signe. Ecrits*, M. Sanouillet (ed.), Paris, Flammarion 1975, p. 16.

24. Cf. Jean-François Lyotard, *Les Transformateurs Duchamp*, Paris, Galilée 1977, p. 33-40.

Capítulo XI

1. *Vox*, elogio da voz, na coletânea poética intitulada *Ingenii familia*, que compreende *Ingenium. Liber, Vox. Memoria, Oblivio*, in Gabriel Cossart, *Orationes et Carmina*, Paris, Cramoisy 1675, p. 234.

2. Daniel Defoe, *Robinson Crusoe*, Harmondsworth, Penguin 1975, p. 162.

3. Sobre este aspecto do mito, cf. Claude Rabant, "Le mythe à l'avenir (re)commence", in *Esprit*, abril de 1971, p. 631-643.

4. Cf. cap. X, p. 201.

5. Cf. Michel de Certeau, *L'Ecriture de l'histoire*, 3. ed., Paris, Gallimard, Bibliothèque des Histoires 1984, p. 197s, sobre "duas práticas da língua" e sobre "escritura e oralidade".

6. Michel de Certeau, "Théorie et fiction", e ainda "Le monde de la voyelle", in Michel de Certeau et al., *Une politique de la langue*, Paris, Gallimard, Bibliothèque des Histoires 1975, p. 82-98, 110-121.

7. Ferdinand de Saussure, *Cours de linguistique générale*, Tullio de Mauro (ed.), Paris, Payot 1974, p. 30.

8. Ibid., nota de T. de Mauro, p. 420.

9. Ibid., p. 138-139. Cf. também Claudine Haroche et al., "La sémantique et la coupure saussurienne langue, langage, discours", in *Langages*, n. 24, 1971, p. 93-106.

10. Cf. D. Bertaux, *Histoires de vies ou récits de pratiques? Méthodologies de l'approche biographique en sociologie*, Paris, Relatório Cordes 1976.

11. Louis Hjelmslev, *Prolégomènes à une théorie du langage*, Paris, Minuit 1968, p. 139-142.

12. Marguerite Duras, *Nathalie Granger*, Paris, Gallimard 1973: Introdução a "La femme du Gange", p. 105; e sua entrevista concedida a Benoît Jacquot, in *Art Press*, outubro de 1973.

13. Pierre Jakez Helias, *Le Cheval d'orgueil*, Paris, Pion 1975, p. 27, 41.

14. Ibid., p. 54.

15. Ibid., p. 55.

16. Ibid., p. 69, 75.

Capítulo XII

1. Alvin Toffler, *The Culture Consumers*, Baltimore, Penguin 1965, p. 33-52, segundo as enquetes de Emanuel Demby.

2. *Pratiques culturelles des Français*, Paris, Secrétariat d'Etat à la Culture, Service des Etudes et Recherches, 2 t. 1974.

3. Segundo sondagem de Louis-Harris (setembro-outubro de 1978), o número dos leitores teria aumentado na França em 17% nos últimos vinte anos: a mesma percentagem se acha para os grandes leitores (22%), mas os leitores médios ou fracos aumentaram. Cf. Janick Jossin, in *L'Express*, 11 de novembro de 1978.

4. Jean Ehrard, *L'Idée de nature en France pendant la première moitié du XVIIIe siècle*, Paris, Sepven 1963: "Naissance d'un mythe: l'Education", p. 753-767.

5. François Furet e Jacques Ozouf, *Lire et écrire. L'alphabétisation des Français de Calvin à Jules Ferry*, Paris, Minuit 1977, t. I, p. 349-369, e "lire seulement", p. 199-228.

6. Cf., por exemplo, Jacques Mahler e G. Noizet, *Textes pour une psycholinguistique*, Haia Mouton 1974; e também Jean Hébrard, "Ecole et alphabétisation au XIXe siècle", Comunicação no Colóquio *Lire et écrire*, Paris, MSH, junho de 1979.

7. F. Furet e J. Ozouf, op. cit., p. 213.

8. Michel Charles, *Rhétorique de la lecture*, Paris, Seuil 1977, p. 83.

9. Jorge Luís Borges, cit. em Gérard Genette, *Figures*, Paris, Seuil 1966, p. 123.

10. M. Charles, op. cit., p. 61.

11. Sabe-se que "leitor" (*lector*) é na Idade Média um título para o professor.

12. Cf. sobretudo Alain Bentolila (ed.), *Recherches actuelles sur l'enseignement de la lecture*, Paris, Retz 1976; Jean Foucambert e J. André, *La Manière d'être lecteur. Apprentissage et enseignement de la lecture de la maternelle au CM2*, Paris, Sermap, OCDL 1976; Laurence Lentin, *Du parler au lire. Interaction entre l'adulte et l'enfant*, Paris, ESF 1977, etc. A isto é preciso acrescentar ao menos uma abundante literatura "made

in USA": Jeanne Sternlicht Chall, *Learning to Read: the Great Debate...*
1910-1965, Nova York, McGraw-Hill 1967; Dolores Durkin, *Teaching
Them to Read*, Boston, Allyn & Bacon 1970; Eleanor Jack Gibson e
Harry Levin, *The Psychology of Reading*, Cambridge (Mass.), MIT 1975;
Milfred Robeck e John A.R. Wilson, *Psychology of Reading: Foundation
of Instruction*, Nova York, John Wiley 1973; Lester e Muriel Tarnopol
(eds.), *Reading Disabilities. An International Perspective*, Baltimore, Uni-
versity Park Press 1976, etc., com três Revistas importantes: *Journal of
Reading*, a partir de 1957 (Purdue University, Dept. of English), *The
Reading Teacher*, a partir de 1953 (Chicago International Reading
Association), e *Reading Research Quarterly*, a partir de 1965 (International Reading Association, Neward, Del.).

13. Cf. a bibliografia de F. Furet e J. Ozouf, op. cit., t. 2, p. 358-372.
A ela se pode acrescentar Mitford McLeod Matthews, *Teaching to Read.
Historically Considered*, Chicago, University of Chicago Press 1966. Os
trabalhos de Jack Goody (*Literacy in a Traditional Society*, Cambridge,
Cambridge University Press 1968; *La Raison graphique*, Paris, Minuit
1979, etc.) abrem inúmeros caminhos para uma análise etno-histórica.

14. Além das sondagens estatísticas, cf. J. Charpentreau et al., *Le livre et
la lecture en France*, Paris, ed. Ouvrières 1968.

15. Roland Barthes sem dúvida: *Le Plaisir du texte*, Paris, Seuil 1973;
e "Sur la lecture", *Le Français aujourd'hui*, n. 32, janeiro de 1976, p.
11-18. Acrescente-se, um pouco aleatoriamente, Tony Duvert, "La lecture introuvable", in *Minuit*, n. 1, novembro de 1972, p. 2-21; Octave
Mannoni, *Clefs pour l'imaginaire*, Paris, Seuil 1969, p. 202-217, sobre "a
necessidade de interpretar"; Michel Mougenot, "Lecture/écriture", in *Le
Français aujourd'hui*, n. 30, maio de 1975; Victor N. Smirnoff, "L'oeuvre
lue", in *Nouvelle Revue de Psychanalyse*, n. 1, 1970, p. 49-57; Tzvetan
Todorov, *Poétique de la prose*, Paris, Seuil 1971, com "comment lire?",
p. 241s.; Jean Verrier, "La ficelle", in *Poétique*, n. 30, abril de 1977;
Littérature, n. 7 intitulado *Le discours de l'école sur les textes*, outubro de
1972; *Esprit*, os dois números intitulados *Lecture* I, dezembro de 1974,
e *Lecture* II, janeiro de 1976, etc.

16. Cf., por exemplo, as "propositions" de M. Charles, op. cit.

17. Descartes, *Principes*, IV, art. 205.

18. Pierre Kuentz, "Le tête à texte", in *Esprit*, dezembro de 1974, p. 946-
962; "L'envers du texte", in *Littérature*, n. 7, outubro de 1972.

19. Documentos, bastante raros infelizmente, abrem uma réstea de luz
sobre a autonomia das trajetórias, interpretações e convicções dos lei-

tores católicos da Bíblia. Cf., a propósito do seu pai, "lavrador", Rétif de la Bretonne, *La Vie de mon père* (1778), Paris, Garnier 1970, p. 29, 131-132, etc.

20. Guy Rosolato, *Essais sur le symbolique*, Paris, Gallimard 1969, p. 288.

21. Teresa d'Ávila considerava a leitura uma oração, a descoberta de um outro espaço onde articular o desejo. Mil outros autores espirituais pensam da mesma forma, e até uma criança o sabe.

22. Marguerite Duras, *Le Camion*, Paris, Minuit 1977; "Entretien à Michèle Porte", cit. em *Sorcières*, n. 11, janeiro de 1978, p. 47.

23. Jacques Sojcher, "Le professeur de philosophie", in *Revue de l'Université de Bruxelles*, n. 3-4, 1976, p. 428-429.

24. R. Barthes, *Le Plaisir du texte*, p. 58.

25. Claude Lévi-Strauss, *La Pensée sauvage*, Plon 1962, p. 3-47. Na "Bricolagem" do leitor, os elementos reutilizados, e todos extraídos de corpus oficiais e recebidos, podem *levar a crer* que não há nada de novo na leitura.

26. Cf. em particular Hans Ulrich Gumbrecht "Die Dramenschliessende Sprachhandlung em Aristotelischen Theater und ihre Problematisierung bei Marivaux", e Karlheinz Stierle, "Das Liebesgeständnis in Racines *Phèdre* und das Verhältnis von (Sprach)-Handlung und Tat", ambos in *Poética* (Bochum) 1976.

27. Georges Perec, "Lire: esquisse sociophysiologique", in *Esprit*, janeiro de 1976, p. 9-20, falou maravilhosamente a esse respeito.

28. Sabe-se contudo que os músculos tensores e constritores das cordas vocais e da glote permanecem ativos durante a leitura.

29. Cf. François Richaudeau, *La Lisibilité*, Paris, CEPL 1969; Georges Rémond, "Apprendre la lecture silencieuse à l'école primaire", in A. Bentolila (ed.), *Recherches Actuelles*, p. 147-161.

30. R. Barthes, "Sur la lecture", p. 15-16.

Capítulo XIII

1. Jorge Luís Borges e Adolfo Bioy Casares, *Chroniques de Bustos Domecq*, Paris, Denoël 1970, para o cap. "Esse est percip" (Existir é ser percebido), p. 139-144.

2. Cf. as observações de W.V. Quine e J.S. Ullian, *The Web of Belief*, Nova York, Random House 1970, p. 4-6.

3. Cf. a este respeito Jaakko Hintikka, *Knowledge and Belief. An Introduction to the Logic of the Two Notions*, Ithaca (Nova York), Cornell University Press 1969; Rodney Needham, *Belief, Language and Experience*, Oxford, Basil Blackwell 1972; Ernest Gellner, *Legitimation of Belief*, Cambridge, Cambridge University Press 1974; John M. Vickers, *Belief and Probability*, Dordrecht, Reidel 1976; *Langages*, n. 43, intitulado *Modalités*, setembro de 1976, etc.

4. Cf., por exemplo, R.S. Peters e Peter Winch, "Authority", in Anthony Quinton (ed.), *Political Philosophy*, Oxford, Oxford University Press 1973, p. 83-111.

5. Pierre Legendre, *L'Amour du censeur. Essai sur l'ordre dogmatique*, Paris, Seuil 1974, p. 28.

6. Cf., por exemplo, Dale Carnegie, *Public Speaking and Influencing Men in Business*, Nova York, Association Press 1931; e sobretudo Martin Fishbein e Icek Ajzen, *Belief, Attitude, Intention and Behavior*, Reading (Mass.), Addison-Wesley 1975.

7. Michel Foucault, *Surveiller et punir*, Paris, Gallimard 1975, etc.

8. Kamata Satoshi, *Toyota, l'usine du désespoir*, Paris, ed. Ouvrières 1976: um sistema ainda "paleotécnico" onde se trata de *controlar* todas as atividades e não *ligá-las* por valores visando produzir crentes. Cf. Miklos Haraszti, *Salaire aux pièces*, Paris, Seuil 1976.

9. Na administração local e de modo todo especial no subsistema urbano, Pierre Grémion constata igualmente que os mecanismos de legitimação "Não existem mais": cf. sua obra *Le Pouvoir périphérique. Bureaucrates et notables dans le système politique français*, Paris, Seuil 1976, p. 416s.

10. Michel de Certeau, *La Culture au pluriel*, 2. ed., Paris, Christian Bourgois 1980: "Les révolutions du croyable", p. 15-32. Numa perspectiva lógica, é justamente a esses deslocamentos do crer (*Belief*) de enunciado em enunciado que Quine e Ullian (op. cit., 8-9) consagram as suas primeiras análises.

11. Análise das viagens que conduzem o mito de tribo em tribo, "esgotando-o" aos pouquinhos em tradição legendária, elaboração romanesca ou ideologia política (cf. Claude Lévi-Strauss, *Anthropologie structurale deux*, Paris, Plon 1973: "como os mitos morrem", p. 301-315), deve-se então acrescentar a dos lentos desinvestimentos, mediante os quais a crença se retira de um mito.

12. Cf. Georges Duby, *Guerriers et Paysans*, Paris, Gallimard 1976, p. 184s.

13. Cf. Michel de Certeau, *L'Ecriture de l'histoire*, 3. ed., Paris, Gallimard 1984: "La formalité des pratiques. Du système religieux à l'éthique des Lumières (XVIIe-XVIIIe siècle)", p. 152-212.

14. Jean-Jacques Rousseau, *Le Contrat social*, IV, 8.

15. Cf. Robert N. Bellah, *Beyond Belief. Essays on Religion in a Post-Traditional World*, Nova York, Harper & Row 1970, p. 168-189, a propósito da "religião civil" nos EUA.

16. Maurice Agulhon o demonstrou analisando a persistência de uma "forma" de socialidade meridional, malgrado a variabilidade de seus conteúdos, ora devotos (XVIe-XVIIe séc.), franco-maçons (XVIIIe séc.) e socialistas (XIXe séc.), in *Pénitents et Francs-maçons de l'ancienne Provence*, Paris, PUF 1968.

17. Censura que se pode fazer às finas análises de Yvon Bourdet, excessivamente centradas na psicologia ou na ética da militância, figura isolada do lugar histórico onde se produz: *Qu'est-ce qui fait courir les militants?* Paris, Stock 1976.

18. In Daniel Mothé, *Le Métier de militant*, Paris, Seuil 1973, observa com razão que o militante é pessimista quanto ao presente e otimista quanto ao futuro.

19. Cf. em particular os numerosos estudos de Henri Desroche.

20. *Significar*, no sentido do fragmento de Heráclito: "O oráculo que está em Delfos não fala, não dissimula, significa" (Diels, fragm. 93).

21. Cf. Erwin Panofsky, *La Perspective comme forme symbolique*, Paris, Minuit 1975; E.H. Gombrich, *L'Art et l'Illusion*, Paris, Gallimard 1971, p. 255-360; Robert Klein, *La Forme et l'intelligible*, ibid. 1970.

22. Sobre o simulacro, cf. Jean Baudrillard, *L'Echange symbolique de la mort*, Paris, Gallimard 1976: "L'ordre des simulacres", p. 75-128; e desse mesmo autor, "La précession des simulacres" in *Traverses*, n. 10, 1978, p. 3-37.

23. Cf. Octave Manoni, *Clefs pour l'imaginaire*, Paris, Seuil 1969: "Je sais bien mais quand même", p. 9-33 (sobre a crença).

24. Michel de Certeau, *Histoire et psychanalyse entre science et fiction*, Paris, Gallimard, Folio 1987, cap. IV, "L'histoire, science et fiction".

Capítulo XIV

1. Maurice Berger e Françoise Hortala, *Mourir à l'hôpital*, Paris, Centurion 1974, p. 155.

2. Cf. Michel de Certeau, *L'Absent de l'histoire*, Paris, Mame 1973.

3. Cf. Guy Le Gaufey, "La douleur mélancolique, la mort impossible et le réel", in *Lettres de l'Ecole freudienne*, n. 13, dezembro de 1974, p. 38-49.

4. Cf. Serge Leclaire, *Démasquer le réel*, Paris, Seuil 1971: "Jérôme ou la mort dans la vie de l'obsédé", p. 121-146.

5. James Joyce, *Giacomo Joyce*, Paris, Gallimard 1973, p. 16.

6. Sobre esta estrutura topológica do "*dois* no mesmo lugar", estrutura do sujeito fragmentado, cf. Michel de Certeau, *L'Ecriture de l'histoire*, 3. ed., Paris, Gallimard, Bibliothèque des Histoires 1984, p. 337-352.

7. François Jacob, *La Logique du vivant*, Paris, Gallimard 1970, p. 331-332.

8. Robert Jay Lifton, *Death in Life. The Survivors of Hiroshima*, Nova York 1968, cit. em: A. Alvarez, *Le Dieu sauvage. Essai sur le suicide*, Paris, Mercure de France 1972, p. 281.

Indeterminadas

1. Michel Serres, *Hermès II. L'interférence*, Paris, Minuit 1972, p. 12-13.

2. Manuel Janco e Daniel Furjot, *Informatique et capitalisme*, Paris, Maspero 1972, p. 117-127.

3. Gerald Holton, *Thematic Origins of Scientific Thought*, *Kepler to Einstein*, Cambridge (Mass.), Harvard University Press 1974, sobretudo p. 91-161, sobre os pressupostos imaginários da ciência e a "complementaridade" que articula rigor lógico e estruturas imaginárias. Cf. também sobre o papel da metáfora no raciocínio científico, Mary Hesse, *The Structure of Scientific Inference*, Londres, Macmillan 1974, primeiro e último capítulos.

4. Por exemplo, sobre os percursos *efetivos* que levam um projeto a uma decisão, precisaríamos de muitos "relatos" (edificantes) semelhantes aos que, infelizmente resumidos, Lucien Sfez dava em "anexo" a sua *Critique de la décision*, Paris, Armand Colin 1973, p. 353-356. Mas será possível confessá-lo?

5. À "blasfêmia" (que "deixa escapar" a palavra sutil e "trai" mais que revela) Benveniste opõe "a eufemia" (ex.: "*nom d'une pipe*" em lugar de

"*nom de Dieu*") que "faz alusão a uma profanação linguística sem realizá-la" (Problèmes de linguistique générale, t. 2, Paris, Gallimard 1974, p. 254-257). Um conceito bem-vindo.

6. Cf. o *grafitti* de Ernest Berringer, em Nova York.

7. Cf. Michel de Certeau, *L'Ecriture de l'histoire*, 3. ed., Paris, Gallimard, Bibliothèque des Histoires 1984, p. 312-358.

8. Termos usados por Jean-Claude Perrot em seu estudo magistral: *Genèse d'une ville moderne. Caen aû XVIIIe siècle*, Paris, Mouton 1975, p. 54-98, para designar a relação das "teorias" sobre a evolução urbana com a efetividade do desenvolvimento.

9. Cf. Harald Weinrich, *Le Temps*, Paris, Seuil 1973, p. 225-258.

Conecte-se conosco:

 facebook.com/editoravozes

 @editoravozes

 @editora_vozes

 youtube.com/editoravozes

 +55 24 2233-9033

www.vozes.com.br

Conheça nossas lojas:
www.livrariavozes.com.br

Belo Horizonte – Brasília – Campinas – Cuiabá – Curitiba
Fortaleza – Juiz de Fora – Petrópolis – Recife – São Paulo

  Vozes de Bolso

EDITORA VOZES LTDA.
Rua Frei Luís, 100 – Centro – Cep 25689-900 – Petrópolis, RJ
Tel.: (24) 2233-9000 – E-mail: vendas@vozes.com.br